承德市社科联课题：对承德市各级人事局人事档案数字化管理的调查研究，编

高校
档案管理信息化建设

"十三五"时期是全面建成小康社会的决胜阶段，是全面深化改革、全面依法治国、全面从严治党和实现中华民族伟大复兴的攻坚和关键时期。档案工作要树立创新、协调、绿色、开放、共享发展理念，主动适应经济发展新常态，抓住机遇、改革创新，为全面建成小康社会做出应有贡献。

杨阳 著

吉林文史出版社
JILINWENSHICHUBANSHE

图书在版编目（CIP）数据

高校档案管理信息化建设 / 杨阳著. -- 长春 ：吉林文史出版社，2019.1
ISBN 978-7-5472-5937-5

Ⅰ．①高… Ⅱ．①杨… Ⅲ．①高等学校－档案管理－信息化建设－研究 Ⅳ．①G647.24-39

中国版本图书馆CIP数据核字(2019)第028100号

高校档案管理信息化建设
GAOXIAODANGANGUANLIXINXIHUAJIANSHE

著　　者	杨　阳
责任编辑	程　明
封面设计	百悦兰裳 [BAIYUE LANCHANG]
出版发行	吉林文史出版社
地　　址	长春市生态大街龙腾国际A座出版大厦
网　　址	www.jlws.com.cn
开　　本	787mm×1092mm 1/16
印　　张	19
字　　数	319千字
印　　刷	廊坊市海涛印刷有限公司
版　　次	2019年1月第1版　2019年1月第1次印刷
书　　号	ISBN 978-7-5472-5937-5
定　　价	70.00元

目 录
CONTENTS

认识档案

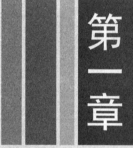

第一节 档案的定义与价值

一、档案的定义

中华人民共和国档案行业标准《档案工作基本术语》对档案的定义："国家机构、社会组织或个人在社会活动中直接形成的有价值的各种形式的历史记录。"这是公认的较为客观、权威的对档案的定义。

通过定义可知：

第一，档案是国家机构、社会组织或个人在其特定的社会活动中连续积累而形成的；

第二，档案是保存备查的历史文件，今天的档案就是昨天的文件，今天的某些文件将是明天的档案；

第三，档案的形式和载体是丰富多样的。档案的形式，在古代有诏、诰、奏折等，近现代有条例、决定、通知、会议纪要、会计凭证等。档案的载体，在古代有陶文档案、甲骨档案、简策档案等，近现代有纸张档案、胶片档案、磁带档案、光盘档案、磁盘档案等；

第四，档案是原始的历史记录，具有原始性和记录性的特点。

随着现代信息技术的发展和传媒的丰富，档案也产生了新的形式，外延也在不断发展，如"口述档案""民生档案""诚信档案"等新名词不断涌现，让人们对档案的本质内涵有了新的思考。人们将这种扩大档案内涵的形象称为"泛档案"现象，也称为档案的"泛化"现象。这种现象的产生体现了档案文化的发展，反映了与公众利益密切相关的、合乎人们口味的大众文化,同时通过电视媒体的传播,深化了大众档案意识,使得社会对档案的关注度大大提升。

二、档案的价值

档案的价值就是档案的利用价值,是档案能够满足社会需求的表现。当档案的原始记录性或知识信息性能够满足某个方面的社会需求时,就形成了档案的价值。档案能够发挥其作用,才能充分体现出其自身的价值,因此,档案的作用就是档案的价值。档案的价值主要包括以下几方面:

1. 凭证价值

档案是原始记录,是历史的真凭实据。这是因为:档案是未经修改过的原稿或原本,是形成者当时、当地、当事直接使用的文件材料转化而来的,它公正、客观地记录了人们当时的思想和活动,是值得信服的历史证据;档案是确凿无疑的原始文件和历史信证,是形成者留下的手迹或当时的照片、录像及原声录音等历史真迹,是可以考查、研究、争辩和处理问题的依据,是不可置疑的凭证价值。

2. 参考价值

由于人类社会活动的多样性,所以档案记录的信息和知识也是极其丰富的。档案中有成功的经验,也有失败的教训;有思想观点,也有实验观察数据;有社会变革,也有生产发展……可以为后人提供广泛的借鉴。所以,档案对于人们查考以往的情况,研究事物的发展和规律,总结和吸取教训,开展新的研究和创造,开创社会主义各项事业的新局面,是必须参考的第一手材料。这是其他文献材料不可比拟的。

第二节 档案的属性和分类

一、档案的属性

档案的本质属性是原始记录性，一般属性是知识性和信息性。

1. 原始记录性

档案是真实、可靠的历史凭证，是查考历史史实最令人信服的依据和信证，是形成者从事某一社会实践活动的实际内容和客观过程，，是形成者的原稿、原作、原声、原貌。正确认识档案的原始记录性对做好档案工作具有重大的意义。首先，便于划清档案和图书、报刊等资料的界限。档案是原稿、原本的第一手资料，是一次文献；图书、报刊等属于二、三手资料，是二、三次文献。其次，有利于维护档案的真实面貌。档案是历史真迹，后人不能按照现时的观点和需要去改变档案，档案工作人员和一切有关人员都要维护档案的真实面貌。

2. 知识性

档案是人类认识和改造世界的历史记录，是人类知识的结晶。它不仅真实地记录着从古至今人们从事社会经济、政治、军事、外交、科学技术、文化教育、艺术、宗教各方面活动的真实情况和发展轨迹，而且还记录着大量有知识价值的事实、数据、成功或失败的经验、科学技术成果和理论学说，是取之不竭的知识宝库。具有原型性、孤本性、继承性等特点。

3. 信息性

档案信息可以理解为消息、情报、知识、数据、资料的总称，是国家信息资源的重要组成部分。档案具有一般信息的共性，如可以扩充、浓缩、扩散、分享、替代等，也可以收集、传递、存储、检索、处理、交换利用等。同时，档案也具有自己明显的特点：是原始的固定信息，通过载体再现事物的原貌和真相，为人们提供依据性和凭证性的信息，是重要的信息资源；是直接信息和间接信息的统一，处于"中介状态"；信息面广，信息量大，内容丰富，形式多样，是取之不尽、用之不竭的信息资源；是回溯性信息。

二、档案的分类

1. 按照档案形成时间标准分类

从档案形成的历史时期划分，我国全部档案可分为中华人民共和国时期的档案和中华人民共和国成立前的档案两大部分。中华人民共和国成立前的档案统称为历史档案，中华人民共和国时期的档案称为现代档案。其中，中华人民共和国成立前的档案又可以分为中华民国时期的档案、明清时期的档案、明清以前时期的档案。

2. 按照档案的来源标准分类

从档案的来源标准来划分，可以分为国家机构档案、党派团体档案、企业单位档案、事业单位档案、名人档案等。每类社会组织档案中，又划分为具体的社会组织档案。

3. 按照档案的内容性质分类

根据档案的内容性质划分，可以分为立法档案、行政档案、军事档案、外交档案、经济档案、科学技术档案、艺术档案、宗教档案等。每种档案，又可具体细分。

4. 按照档案的载体形式分类

根据档案的载体形式可分为石刻档案、泥板档案、甲骨档案、金文档案、简牍档案、缣帛档案、纸质档案、纸草档案、羊皮档案、蜡版档案、棕榈叶档案、桦树皮档案、胶片档案、磁带档案等。

5. 按照档案的记录信息方式分类

根据记录信息方式可分为文字档案、图形档案、声像档案。声像档案又分为照片、录音、录像、影片档案。

6. 按照档案的所有权形式分类

根据档案所有权形式可分为国家所有档案、集体所有档案和个人所有档案。在外国通常分为公共档案和私人档案。对不同所有权的档案，要按照档案法规的规定，分别采取不同的收集和管理办法。属于国家所有的档案，要按规定向国家档案馆移交。属于集体或个人所有的档案，其所有权的转让，一般要在自愿、合法基础上进行，档案所有者可向国家档案馆捐赠、出售或寄存。

第三节 档案价值的鉴定

一、档案价值鉴定工作的基本内容

档案价值鉴定工作的基本内容包括：

1. 建立档案价值鉴定的工作组织，完善档案价值鉴定工作机制

需要按照法律法规的要求，成立档案价值鉴定工作组织，开展档案价值鉴定工作。完善的档案价值鉴定工作机制包括有效的沟通机制、有效的管控机制、经验记录机制、风险防范机制等。

2. 制定科学的档案价值鉴定工作政策和规则，订立合理的工作秩序、制度和标准

档案价值鉴定工作政策应该明确此项工作的主要目的和目标，工作人员的责任和义务，应对重点、难点问题的措施及人、财、物的条件保障；档案价值鉴定

工作的规则，可以使鉴定人员明确在工作中行事的要求和权限，有利于统一鉴定人员的思想和行为，防范违规事件的发生；档案价值鉴定工作程序，能够使工作人员明确工作任务的流程；档案价值鉴定工作的制度和标准，是按照国家的有关法律法规标准，再结合鉴定对象的实际情况，制定出来的。

3. 具体判定档案的保存价值，划定需要保存档案的具体保管期限

档案价值鉴定人员，可以根据对档案保存价值的判断和估价结果，按照档案保管期限表，划定列入保存范围的档案的保管期限。

4. 处置列入销毁范围的档案

档案价值鉴定组织可以根据档案销毁制度和档案安全保密制度的要求，对经过鉴定已经失去保存价值或保存价值不大的档案进行销毁，并做好处理工作。

二、档案价值鉴定工作的要求

1. 以国家和社会的整体利益出发

档案价值鉴定工作是一项直接关系到一个国家和民族的社会历史记忆能否得到有效维护、传承和保护的重要工作，应从国家和社会的整体利益出发，科学地组织和开展，而不应只考虑本单位的利益。

2. 以全面的观点为指导

用全面的观点指导档案价值鉴定工作，就是在判定档案保存价值时，全面分析影响档案保存价值的相关因素，综合判定档案的保存价值。不应从某一个人、某一个机构、某一个机关角度出发去开展鉴定工作，要从全社会的需要出发去开展工作。

3. 以历史的观点为指导

坚持历史的观点，就是根据档案产生的历史条件及其在历史上的作用，科学地评价其对维护人类社会历史记忆的有用性，确定其保存价值。

4. 以发展的观点为指导

以发展的观点为指导，就是要充分考虑到档案保存的未来意义。因此，档案价值鉴定工作人员一定要具有预测未来社会发展需要的能力。

5. 以科学的效益观点为指导

以科学的效益观点为指导，就是要求档案价值鉴定工作人员在进行鉴定工作时，应对列入保存范围的文件和记录的利用价值和利用效益进行充分的预测和评价。只有当档案发挥作用所带来的经济效益和社会效益大于所付出的管理成本时，才能认为档案是具有保存价值的。但是，单纯的效益观点，在档案价值鉴定中要坚决避免。

三、档案价值鉴定工作的规则和方法

1. 档案价值鉴定工作的规则

档案价值鉴定工作的规则，是依据国家档案价值鉴定工作的法律法规和制度要求规定，供档案价值鉴定工作人员共同遵守的制度性行为规范。其内容主要包括：规范有据、统一管控、依理行鉴、标准先行、擅存禁止、证据保全、记忆保健、以我为主、宽严适度、期满重鉴、程序合规、业务留痕等。

2. 档案价值鉴定工作的方法

档案价值鉴定的方法主要有三种，即档案整体价值评估法、档案内在价值鉴定法、相对价值评估法。

（1）整体价值评估法。

这种方法是从整体上评价和预测档案价值鉴定工作的方法的总称。这类档案价值评估方法，主要包括宏观鉴定法、档案双重价值鉴定法两种。宏观鉴定法的主要适用对象是电子文件、记录和档案的价值鉴定；档案双重价值鉴定法的主要适用对象是纸质文件、记录和档案的价值鉴定。

（2）内在价值鉴定法。

内在价值鉴定法是以"内在价值"的属性和特征为标准的档案价值分析方法。影响内在价值的属性或特征主要有物理形式、美学或艺术性、年龄、在展品中具有的使用价值、真实性可疑的日期和作者或其他特征、引起广泛的和实质性的公众兴趣、对一个部门或机构的建立或存续有法律依据意义的文献、作为制定政策文件的意义等。

（3）相对价值评估法。

相对价值评估法是要求档案工作者在正确的档案相对价值鉴定理论的指导下，

从不同角度出发，综合判断和估价档案对人类社会存在和发展所具有的各种积极意义。档案价值鉴定人员可以以来源因素、内容因素、形成时间因素、职能因素、形式因素为导向，对档案进行相对价值判断。

在档案价值鉴定实践中，工作人员会遇到一些较为特殊的矛盾和问题，为解决这些特殊情况，可以选择一些特殊的方法，如弹性方法、典型抽样法、随机抽样法、暂留观察法、"计划生育"法、专家评估法等。

四、档案价值鉴定的标准

档案的价值是客观存在的，但是对档案价值的认识和评价，却带有很强的主观性。因此，建立明确的档案价值鉴定标准十分必要，以提高档案鉴定结论的客观性、可靠性、准确性。其标准主要有档案属性标准、社会需求标准、相对价值标准等。

1. 档案属性标准

档案的属性标准可以从以下几方面进行鉴定。

（1）文件来源标准。

文件来源标准，主要是分析文件的价值，应站在本单位的角度，应看立档单位在社会上的地位和作用及在本单位制发的文件中，具体的撰写者、制发机构对档案价值产生的影响。

（2）内容标准。

内容标准，主要是看文件内容的重要性、独特性、真实性以及文件信息内容的综合性或集中性。

（3）时间与时效标准。

时间与时效标准，主要是看文件形成时间对档案价值的影响，具体表现在文件形成时间的远近，文件形成于特别时期还是一般时期；看档案价值的实效性，表现在档案可以在不同时期满足人们不同需要的阶段性，即现实的使用价值、历史的参考价值和鉴赏的文物价值。

（4）形式特征标准。

形式特征标准，主要是看文件的名称，文件的文本、文件的外形特点等。

档案属性特征的各个方面是相互联系、不可分割的，切忌孤立地、机械地单从某一方面的特征来判定档案的保存价值，要全面地分析，科学地判定档案的价值。

2. 社会需求标准

社会需求和利用对档案的价值有影响、调节和使用作用，其标准主要包括社会需求方向、社会需求面、社会需求时间。

（1）社会需求方向。

社会需求方向，主要是指社会需要利用哪些内容和哪些类型的档案，把握住总的发展趋势。不同历史时期，不同利用者，不同目的者，所需要的档案信息内容不同，因此，档案人员要站在社会需求的高度，把握住各方面利用档案信息的需要。

（2）社会需求面。

社会需求面，是指社会对档案的需求是多方面和多层次的。因此，在鉴定工作中决定档案的留存和确定保管期限时，应以一定的社会需求面为前提，要避免片面地以个别需求为鉴定标准，而要考察每份文件的社会意义。

（3）社会需求时间。

社会需求时间，可以分为近期利用需求与长远利用需求。无论是近期利用需求，还是长远利用需求，都要充分发挥档案馆史料基地的作用。

3. 相对价值标准

档案的相对价值标准，是通过相互比较来衡量档案保存价值的一种标准。标准包括相关档案的保存状况、档案保管的条件和费用等。

（1）相关档案的保存状况。

相关档案的保存状况，主要是看档案的完整程度，档案是否重复，文件的可靠程度，档案内容的可替代程度等。

（2）档案的保管条件和费用。

档案的保管条件和费用，主要是在鉴定工作时，要适当考虑现有的保管条件与设备的承受能力以及在保管过程中所产生的储存费用、处理费用、保护费用、参与咨询费用等。

高校档案管理工作概述

第二章

第一节 高校档案的定义

　　高校档案是高校各项工作的真实历史记录，是广大教职员工在教学、科研、管理、生产各项活动中形成的宝贵财富，它全面、准确地反映了高校工作的面貌和特色，也从侧面反映了我国教育事业的发展情况。高校档案在总结教育工作的经验教训、探索与掌握教育工作的规律方面，编写学校发展史、维护学校和教学及科技人员的合法权益方面，都具有巨大的作用。

　　档案是高校各项管理工作的组成部分，高校工作的顺利进行离不开档案。它的含义主要包括形成范围、形成特性、形态特征等三个方面。

一、形成范围

　　形成范围主要是指高校在从事招生、教学、科研、管理等活动中形成的档案。高校档案是由高校文件材料转化而来的，因此，高校文件材料是高校档案的来源与基础。但高校文件材料并不等同于高校档案，只有按照规定由高校所属部门将属于高校归档范围和对学生、学校、社会具有保存价值的文件材料，经过立卷归档后才能称为高校档案。

二、形成特性

　　直接形成的历史记录是档案的特性，也是高校档案的特性。高校只有在从事招生、教学、科研、管理等活动中直接形成的具有原始性的历史记录才能成为档案，不是直接形成的或不属于原始记录性的文件材料、参考资料则不能成为档案，可以称之为文献或资料。

三、形态特征

形态特征则是指档案的载体形态。高校档案也具有同其他档案一样的载体形态，分为纸质和非纸质。非纸质有照片、影片、录像、录音、磁带、光盘、电脑储存等。经过立卷归档整理后，高校档案又具有了卷、册、袋、盒等形态。

高校的文件材料转化为档案的具体条件：

1. 办理完毕的文件材料，即招生、教学、科研、基建、生产技术、财会等文件材料形成或处理时间告一段落后，才能转化为档案。

2. 对学生、学校、社会具有保存价值的文件材料才能转化为档案，否则，则不能转化为档案。

3. 经过立卷整理的文件材料才能称之为档案，即按照国家主管部门制定的有关规定，遵循一定的原则与方法，将零散的文件材料分类组成卷、册、袋、盒等形式的保管单位，才具备档案特征。

第二节 高校档案的特点与作用

一、高校档案的特点

1. 系统性

高等学校内部机构庞杂，形成的档案门类也比较多，数量也很大，但学校体制比较健全，层次清楚，运转协调，日常工作已经形成了固有的规律，所有的工作都是在校园内部进行的，因此，形成的档案信息也是比较完整、系统的。这一特点表现出了高校档案具有良好的发展条件。

2. 综合性

高等学校的职能部门在各自的职责中形成和积累了大量的档案资料，主要包括人才培养过程中的全部资料，科研过程中取得的应用成果、理论成果材料，学校领导进行决策采取的各种措施和制定的各种规章制度，开展国际、国内科研交流和社会活动形成的文字和其他载体的材料等，按照《普通高等学校档案管理办法》规定，可以将这些材料分为党政管理类、科研类、教学类、基建类、设备类、外事类、财会类等，有的学校还建立了音像档案、名人档案等。总之，高等学校的档案材料范围广、门类多，因此高校档案具有综合性和广泛性的特点。这一特点表现出了高校档案的管理任务较重，要强化科学管理。

3. 社会性

高校所培养的人才，最终走向社会。高校积累了培养造就人才过程的档案材料，反映了学生的学业、学历、文体生活和思想修养、政治素质情况。高校开展的科研活动来自于社会，研究成果服务于社会，高校保存了科研项目和产品的研究试验、试制全过程及成果的鉴定和技术转让等档案材料。高校保存的这些档案材料，决定了高校与社会联系的紧密性。社会利用高校档案也是必然的。

二、高校档案的作用

高校档案在高校招生、教学、科研、管理、编史修志及为社会提供信息等方面都有着重要作用。

1. 在招生和向社会输送人才方面的作用

高校在招生时，要以该校历年招生工作档案作为依据和参考外，还要对招收对象的个人档案进行查阅，全面了解学生的情况，来决定是否招录。学生在学校的各种表现，被学校记录到学生档案中，来为用人单位提供依据。

2. 在教学工作中的作用

在教学实践、教学研究、教学管理等工作中，离不开对档案的利用。教师一般要通过对以往教学档案的利用，不断地总结经验，进而使教学质量得到保证和提高。此外，教学档案也是学校和教育系统进行教学评估的重要依据。

3. 在科研工作中的作用

科研课题的立项审批和结题，都要以相关的档案作为依据或参考，尤其是以往的科研中形成的相关课题档案更是新的研究课题利用的重点。高校科研档案是开展新课题研究的依据，不仅供校内科研人员利用，还对校际乃至国际科学技术领域的开拓创新提供参考。

4. 在高校建设中的作用

基建档案是高校各项建筑工程兴建、扩建、改建和工程维护管理的重要依据。完整、系统、准确的基建档案，能够保证高校内各种建筑工程兴建、扩建、改建和工程维护管理顺利进行。

5. 在学校管理中的作用

学校管理方面的档案，在学校各项管理工作中具有重大作用。高校在各项管理工作中，制定和执行某一方面的规章制度，或是印证和处理某种历史问题和现实问题，都要借鉴历史，以历史记录为凭证。

6. 在维护仪器设备和产品生产中的作用

高校购进的各种高价格的精密、贵重、稀缺仪器设备在使用和维护中必须利用设备档案。在进行产学研的过程中，一般要利用产品的样品或样品照片和录像等档案材料。

7. 在编史修志工作中的作用

编史修志工作是高校的一项重要任务，为了保证这项工作的顺利进行，必须充分利用和依据高校各类档案和相关的参考资料。

综合以上高校档案在各方面的作用，可以概括出高校档案的作用主要体现在凭证作用和参考作用两方面。高校档案的这两方面作用既有区别又有联系，因此有的学者说："许多档案既有凭证作用又有参考作用，利用人员不同，需要处理的问题不同，则档案所起的作用就会不同，各种档案的凭证作用和参考作用的大小也是有区别的，并且会随着岁月的推移而改变。"

第三节 高校档案的分类

一、分类的原则

为了适应高等学校档案工作日益发展的需要,统一全国高等学校的档案分类,实现高等学校档案分类的标准化和规范化,达到加强高等学校档案和档案工作的科学管理,促进整体业务建设的深化,充分发挥高校档案的作用,更好地为学校工作和社会主义建设服务。因此高校档案的分类要具有较强的思想性、科学性、适用性。

1. 思想性

高校档案分类的体系结构和类目设置,都要以辩证唯物主义为指导,以国家的有关档案工作的法规标准为依据。

2. 科学性

各项内容既要实事求是,符合高等学校档案工作的实际,又要遵循档案学基础理论和形式逻辑原则,在理论和实践的结合方面,有较强的科学性。

3. 适用性

在原则统一的同时,要照顾不同类型、规模、层次院校的特点。根据各校档案的实际情况和发展水平,采用多元和灵活的处理方法,给各校在类目设置上以较多的自由度,留有较大的余地。

二、具体分类

1. 党群类：主要包括学校党群部门在工作中形成的文件材料。

2. 行政类：主要包括行政职能部门（教务、科研、开发、基建、设备、外事、财务等部门除外）工作中形成的文件材料。

3. 教学类：主要包括教学管理和教学实践活动中形成的文件材料。

4. 科学研究类：主要包括科学研究管理和科研实践活动过程中形成的文件材料。

5. 产品生产与科技开发类：主要包括产品生产、科技开发管理及活动过程中形成的文件材料。

6. 基本建设类：主要包括基本建设管理和项目建设中形成的文件材料。

7. 仪器设备类：主要包括仪器设备工作管理和仪器设备申请购置、开箱验收、安装调试、管理使用、维修改造、申请报废各个环节中形成的文件材料。

8. 出版类：主要包括出版工作管理和出版活动过程中形成的文件材料。

9. 外事类：主要包括外事工作管理和外事活动中形成的各种文件材料。

10. 财会类：主要包括财务工作管理和会计核算活动中形成的文件材料。

以上的分类属于一级类目，还可以设置二级类目和三级类目。二级类目是对一级类目的细分，三级类目是对二级类目的细分。二级类目和三级类目，各高校可根据本校的具体情况，自行决定和设置。

第四节 高校档案的收集与移交

一、高校档案收集的内容和要求

高校档案的收集是指高校档案馆按照《档案法》和《高等学校档案管理办法》

的规定，通过例行的接收制度和专门的征集办法，把分散在学校各个职能部门、院系、群团组织及个人手中或散落在社会其他组织或个人手中的高校教学、科研、党政管理等活动中直接形成的具有保存价值的各种载体形式的档案集中起来，以实现学校档案的集中统一管理。高校档案收集工作主要包括三个方面的内容。

1. 文件的归档交接

根据《高等学校档案管理办法》的规定，并结合学校的实际工作情况，学校档案馆定期或不定期地接收经学校各部门系统整理立卷的属于应当归档的文件材料。文件的归档交接工作是高校档案馆丰富馆藏的基本手段，也是馆藏档案的主要来源。

2. 撤销机构档案的接收

高等学校撤销机构的档案材料，撤销机关或单位要及时将全部档案材料认真收集、整理、鉴定，并向高校档案馆进行移交，以免造成撤销单位档案的分散、任意销毁或丢失。

3. 历史档案的征集

根据国家档案局提出的"以人为本"的理念和注重保存反映本单位职能活动和历史面貌的文件材料的精神，高校档案馆应当采取各种有效措施，对分散在个人、社会组织或机构单位中的与本校教学、科研、管理等活动有关的各种档案史料进行广泛征集，以满足学校和社会各个方面对档案利用的需要。历史档案征集工作是高校档案馆收集工作的一项重要内容，也是高校档案馆丰富馆藏资源的重要途径。其征集的制度和办法主要依据《中华人民共和国档案法》和《高等学校档案管理办法》。

高校档案收集的要求是收集的档案必须齐全、完整，收集的档案必须要进行规范整理，要重点关注学校重要活动档案的收集，收集的档案要达到标准化要求，要注意收集与本校档案直接有关的资料。

二、高校档案收集的措施和方法

1. 高校档案收集的措施

建立健全立卷归档制度；提高档案收集工作人员的素质，拓宽电子文件的收集渠道；建立督促检查机制，运用经济和行政手段，严把档案收集关，要有良性的激励机制，还要通过学校督办部门签发督办单进行督办。

2. 高校档案收集的方法

（1）定期集中收集法。

定期集中收集法，就是学校各部门将具有保存价值的文件材料，按照规定时间向学校档案馆归档移交。这是高校普遍采用的方法。

（2）追踪收集法。

追踪收集法，主要是对非常规性工作所形成的档案材料或常规性工作遗漏的档案材料的一种随机性收集方法。

（3）超前导入收集法。

超前导入收集法，主要针对的是学校档案部门对某些文件材料归档前发生归档者责任变更时，超前接收管理并按归档时间归档，避免档案收集工作中的脱节，造成档案材料的遗失或归档不合要求。

（4）监控收集法。

监控收集法，主要用于设备开箱验收、房屋竣工验收、科研成果鉴定、产品试制与成果鉴定等，送审的论文、著作、科研成果等，本校人员外出参加的各种重要会议、学术活动、考察等方面。

（5）广告收集法。

广告收集法，通过各种媒体和媒体网络，刊登或发布征集历史档案广告来征集历史档案和历史资料的一种方法。

（6）信誉收集法。

信誉收集法，主要是指学校档案部门认真履行职责，以优质、高效的工作信誉赢得全校教职员工，尤其是学校各部门兼职档案人员和文书人员的信任和支持，促使他们积极主动地将归档的文件材料移交到档案馆归档，从而取得档案收集工作的最佳效果。

三、高校档案的移交

1.档案馆工作人员要按要求，督促各立卷部门和课题组按要求及时移交档案，并认真做好分管类别档案的接收工作。

2.各立卷部门应将各自职能活动中形成的对学校或社会有保存价值的档案材料分类组卷，经检查合格后按时向档案馆移交。

3.为保证移交进馆档案的质量，档案馆有关人员应对立卷部门专职或兼职的档案人员进行立卷业务指导，并在档案移交时，对归档材料进行案卷质量检查，对不合格的归档材料提出改正要求，由立卷人改正后再办理移交手续。

4.接收入馆的档案应该符合下列要求：①归档的文件材料齐全完整，归档的电子档案应进行真实性、完整性和有效性的检验；②文件按其内容的联系，合理整理、立卷；③归档的文件材料，保持文件之间的历史联系，以区分保存价值，分类整理、立卷，案卷标题简明确切，便于保管和利用。

5.党政类和能按自然年度归档的各门类档案在次年六月底前归档；教学类和能按教学年度归档的各门类档案在当年寒假前归档；科研项目和基建项目在完成验收后两个月内归档。人物类档案，由本人整理后可随时归档。

6.移交档案时，交接双方必须当面认真清点，做到移交清册中的档案数量与实际数量一致。立卷人需同时移交目录一式两份，经档案馆人员验收后，双方签字，各执一份。

第五节　高校档案的整理和立卷

一、高校档案的整理

高校档案的整理是一项基础性工作，只有对档案进行科学的整理，才能使档案的保管、利用、开放与充分发挥档案的作用创造条件。

1. 定义

高校档案整理是将收集移交进档案馆的文件材料或档案进行分类、划分保管期限、组卷、排列、编号、装订、编目、上架、编写《立档单位与全宗说明》，使之系统化、条理化的过程。高校档案管理工作可以分为前期归档文件材料的整理和后期档案馆对已经入库档案的整理两个阶段。

高校档案整理工作内容又可分为系统化和基本编目两大部分。系统化即通过对档案内容与形成特征进行科学分析和综合，使之成为具有密切联系的有机整体，能反映学校主要职能活动的历史面貌。基本编目是揭示和反映档案内容和形式的特征，固定档案系统化的秩序，具体包括卷内文件目录、案卷封面的编目和案卷目录的编制。

2. 原则

档案整理的原则是在整理档案的过程中必须遵循的准则，也就是整理各门类档案总的质量要求。

（1）归档文件整理的原则：

①遵循文件材料的形成规律；

②保持文件之间的有机联系；

③区别文件的不同价值；

④便于保管和利用。

（2）档案馆档案整理的原则：

①按照全宗整理的原则；

②充分利用原整理基础的原则。

3. 意义

档案整理工作具有重要意义，对高校档案管理工作的其他环节都有直接的影响。

（1）档案整理是高校档案信息化建设的基础。

一是对纸质档案的整理，为实现案卷集或文件级目录的数字化和档案全文数字化打下了基础；二是对电子文件的整理，为建立目录数据库、全文数据库以及文档数据库创造了条件。

（2）档案整理是档案提供利用的前提。

档案经过系统的整理后，档案管理人员能够及时地为教职工和学生提供所需的档案。

（3）档案整理便于档案的鉴定、保管、统计、检索和编研。

系统整理之后的档案，便于档案的鉴定、保管、统计、检索和编研等环节工作的开展。

二、高校档案的立卷

1. 部门立卷制度的重要性

首先，部门立卷制度可以保证文件材料的自然形成规律，充分体现归档文件材料的历史联系；其次，部门立卷制度可以加强部门对文件材料的保管意识；再次，部门立卷制度可以有效地控制文件数量；最后，部门立卷制度可以推动高校档案信息资源的开发利用工作。

2. 立卷方法

立卷方法主要是以自然件为单位，逐件整理归档。可以按照年度分、级别分、机构分、问题分、期限分。

3. 卷内文件的排列顺序

卷内文件材料按照文号顺序、重要程度或时间顺序排列；同一件文件材料，按照正件在前，附件在后，正本在前，定稿在后，结论、决定、判决性材料在前，依据性材料在后的顺序排列；同一年度、同一问题的请示与批复排列在一起，批复在前，请示在后，批复与其请示不在同一年度的，可分别归档，但必须在备注栏注明参见号；其他文件材料按照文号或时间顺序排列。

4. 卷内编号

卷内文件凡有文字和图表的画面，应一面编写一个页号，空白面不编号。起止页号，除最后一份文件需要填写起止页号外，其余的文件只填写首页号。

5. 检查案卷质量

检查卷内的文件是否齐全、完整；检查卷内文件之间的联系；检查归档的文件材料是否加盖公章，需要签名的地方是否漏签；检查案卷文件的数量，一般不超过 200 页；检查保管期限、密级划分是否恰当；检查文件材料中是否有圆珠笔、铅笔等字迹；检查卷内文件分类组卷是否清楚合理，卷内文件编号有无错漏现象；等等。

6. 案卷的装订

装订案卷时，要先去掉文件材料上的金属物，对破损的文件要进行修补、裱糊，纸张大小不统一的，应按照标准公文加宽、加长，对于易褪化的永久保管文件要复制，装订时做到不漏装张页，不订在文字上，要使案卷结实、整齐、美观。

第六节 高校档案的保管与利用

一、高校档案的保管

1. 高校档案的保管内容

主要有四个方面：一是根据国家对档案保护环境的要求，对档案库房及库房内的环境和设施进行管理；二是对库房内档案科学管理的日常工作；三是对档案流动过程中在各个管理环节中的一般安全防护；四是对破损的档案进行修补和复制，以延长档案的寿命，采取一定的技术手段和措施。

2. 高校档案保管的原则

主要有四个原则：一是按照全宗和专业类项进行保管；二是以防为主，防治结合；三是以便于利用为保管的最终目的；四是保护重点，兼顾一般。

3. 高校档案保管的意义

档案保管工作在整个档案工作中具有重要意义。首先档案保管工作是延长档案寿命，维护档案真实面貌和安全的根本保证；其次，档案保管在高校档案业务工作中占有十分重要的地位,只有重视这项工作,才能保证高校档案的完整与安全,便于档案的利用。

二、高校档案的开发利用

1. 高校档案开发利用的特点

主要有四个特点：一是高校档案的开发利用以为学校开展各项工作创造条件，进而提高工作效率为目的，提高社会效益，同时兼顾经济效益，因此具有目的性和效益性；二是开发利用与档案积累是相辅相成，同步发展的，因此具有同步性；三是高校档案利用的范围和程度是一个由近及远、由内及外、由小到大、由少到多的扩展过程，因此具有渐进性；四是高校档案的开发利用是一个动态的双向的信息交流过程，是以双方及时的信息反馈为基础，因此具有信息反馈性。

2. 高校档案开发利用的法规依据

高校档案开发利用的重要措施就是加强法制建设，依法开发利用档案信息资源。高校档案是国家的宝贵财富，具有一定的机密性和内向性，这就决定了对它的开发利用有一定的限制，不是随意利用的。因此，高校档案信息资源的开发利用必须按照《中华人民共和国档案法》《高等学校档案管理办法》及有关法规、规范为依据。

高校档案的
信息资源及其开发

第三章

第一节 档案信息资源的定义

一、档案信息

1. 信息

信息，指音讯、消息、通信系统传输和处理的对象，泛指人类社会传播的一切内容。人通过获得、识别自然界和社会的不同信息来区别不同事物，得以认识和改造世界。在一切通讯和控制系统中，信息是一种普遍联系的形式，是创建一切宇宙万物的最基本的万能单位。

现代社会，信息与材料、能源共同构成了人类社会发展的三大资源。信息普遍存在于人们的生活当中，无时不在，无处不有，它加快了沟通速度，扩大了交流空间，提高了社会物质财富和精神财富的创造效率，促进了生产力水平的提高，使社会不断向前发展。

2. 档案信息

档案信息包括三个层次的含义：一是指档案的内容信息，也就是档案所记载的一切内容，这是档案信息的主体部分，人们传递、吸收、利用的档案信息也是指这一部分；二是指档案的形式信息，即指档案的外部形式和特征，如文件题名、责任者、形成时间、文件编号、载体物质形态等；三是指档案的再生信息，即对档案的内容信息、形式信息进行加工后产生的信息，它们的存在形式有目录、索引、指南、参考资料等。

档案是内容信息和物质载体的结合物，而档案信息是档案的内容信息。因此，档案信息仅是档案的一个方面，两者是有区别的。但是，二者又有紧密的联系：一是档案信息的存在离不开档案，尽管档案信息不是档案的全部，而且它可以转换成非档案形式的信息，但是它一旦离开了档案，就不能称之为档案信息了；二是档案信息的传递和存贮需要借助于档案的传递与存贮，或者说档案的传递与存贮意味着档案信息的传递与存贮；三是由于档案是内容信息与物质载体的结合体，从信息性或从物质性的角度来认识档案都具有一定的合理性。

档案信息的特点使档案信息具有独特的价值。其主要特点有：

（1）原生性。

作为原始记录的档案客观地记载了人类各种社会实践活动的事实经过，为人们的深入认识提供了素材，因此，相对其他信息而言，档案信息又是原生信息，具有原生性。

（2）回溯性。

档案记载着历史上各种活动的事实和经过，它印证了历史事实而成为人类活动真实的历史标记，因此档案信息属于历史信息，具有回溯性。

（3）内向性。

档案具有一定的机密性，因此它的利用范围和利用程度是有限定的，在相当长的一段时间内，档案不能像其他文献信息那样为社会全体人员所广泛利用，这就造成了档案信息具有内向性的特点。

（4）联系性。

档案信息具有相互联系的特点，这种联系，一是指同一类信息可以在不同的档案全宗里发现；二是指同一事物在时间上的联系；三是指不同事物之间的联系。

（5）价值性。

档案信息的价值是客观存在的，但是要实现档案信息的价值，必须通过加工、处理和传递。只有当人们接受并产生了效益，档案信息才能实现自身的价值。

二、档案信息资源

1. 信息资源

信息资源是指人类社会信息活动中积累起来的以信息为核心的各类信息活动要素（信息技术、设备、设施、信息生产者等）的集合。它广泛存在于经济、社会各个领域和部门，是各种事物形态、内在规律和其他事物联系等条件、关系的反映。随着社会的不断发展，信息资源对国家和民族的发展，对人们工作、生活至关重要，成为国民经济和社会发展的重要战略资源。它的开发和利用是整个信息化体系的核心内容。

信息资源与其他资源相比，主要特点表现在：

（1）信息资源能够重复使用，其价值在使用中得到体现；

（2）信息资源的利用具有很强的目标导向，不同的信息在不同的用户中体现不同的价值；

（3）信息资源具有整合性，人们对其检索和利用，不受时间、空间、语言、地域和行业的制约；

（4）信息资源是社会财富，任何人无权全部或永久买下信息的使用权；它是商品，可以被销售、贸易和交换；

（5）信息资源具有动态性，是一种动态资源，呈现不断丰富、不断增长的趋势。

信息资源的丰富程度、信息的传播速度及应用效率，是衡量一个国家综合国力的重要标志，开发利用信息资源是国家和社会发展的根本途径。

2. 档案信息资源

档案信息资源是信息资源的一个组成部分，其定义分为广义和狭义之分。

广义的档案信息资源是指人类社会活动中积累起来的以档案信息为核心的各类档案信息活动要素的集合。它包括如下几部分：

（1）档案信息要素。

档案信息要素是源于档案的已经经过加工处理有序化并大量积累起来的有用信息的集合，这部分内容在诸要素中处于核心地位。

（2）工作人员要素。

档案信息资源的工作人员要素，是指负责管理档案信息的档案工作者的集合。

（3）技术要素。

档案信息资源的技术要素是指加工、处理和传递档案信息的信息技术的集合。

（4）其他档案信息活动要素。

其他档案信息活动要素，如与档案信息活动相关的设备、设施、活动经费等，都属于这类要素。

狭义的档案信息资源是指来源于档案的，反映事物特征，运动状态、方式及规律的，已经经过加工处理有序化并大量积累起来的有用信息的集合。狭义的档案信息从属于广义的档案信息，包含了档案信息的三个层次。

档案信息资源并不等同于档案信息，而是具备了创造性、规模性以及可开发性三大条件的档案信息。

第二节 档案信息资源的组织和整合

一、档案信息资源的组织

1. 档案信息资源的组织的定义

档案信息资源的组织是将处于无序状态的特定档案信息资源，根据一定的原则和方法，使其有序化、系统化的过程。信息科学中的系统论、控制论、信息论为档案信息资源的组织提供了方法论基础，而计算机技术和人工智能则为档案信息资源的组织提供了先进的技术手段。通过对档案信息资源的内容加以揭示和组织，就可以提供多种检索手段和检索途径，以满足利用档案信息资源的需要，使档案信息资源得到充分开发和利用。

2. 档案信息资源的组织方式

（1）传统档案信息资源的组织方式。

①根据档案信息的特征划分，可以分为分类组织方式、主题组织方式、题名组织方式、责任者组织方式、代码组织方式等。

A. 分类组织方式。这种组织方式是指根据档案分类法对档案信息资源的内容进行揭示，并按照分类法的体系进行排列的方式。现在，主要的档案分类法有《中国档案分类法》《高等学校档案实体分类法》等。

B. 主题组织方式。这种组织方式是将档案信息资源内容根据档案主题词表加以揭示和著录，并根据主题词的字顺进行系统排列的方式。在档案主体法方面我们现在主要使用的是《中国档案主题词表》。

C. 题名组织方式。这种组织方式是以档案的题名为对象对档案信息资源的内容加以揭示和著录，然后依据字顺对档案信息资源进行排列的方式。

D. 责任者组织方式。这种组织方式是以档案的责任者为对象对档案信息资源的内容加以揭示和著录，然后依据责任者名称的字顺对档案信息资源进行排列的方式。

E. 代码组织方式。这种组织方式是利用档案的代码，如档号、文号等组织档案信息资源的方式。

②根据排序方式划分，可以分为字顺组织方式、编号组织方式、时序组织方式、地序组织方式等。

A. 字顺组织方式。这种组织方式是根据款目的字顺对档案信息资源进行组织的方式，主题组织方式、题名组织方式、责任者组织方式都属于这一类。

B. 编号组织方式。这种组织方式是依据特定号码的顺序对档案信息资源进行组织的方式，分类组织方式、代码组织方式都属于这一类。

C. 时序组织方式。这种组织方式是依据档案中所含时间的顺序对档案信息资源进行组织的方式。

D. 地序组织方式。这种组织方式是依据地名顺序对档案信息资源进行组织的方式。

③根据档案信息内容划分，可以分为目录方式、索引方式、文摘方式、综述方式等。

A. 目录方式。这种方式是对档案的内容和形式特征进行揭示，并按照一定的方式加以记录和编排的组织方式。

B. 索引方式。这种方式是根据一定需要，将档案中的主要内容或其他特征摘录下来，标明来源出处，并按照一定次序进行排列，以供查阅的组织方式。

C. 文摘方式。这种方式是对档案信息资源内容进行加工，以简短精确的文字提炼档案信息资源的内容，并按一定次序进行排列以供用户查阅的组织方式。

D. 综述方式。这种方式是对某一时期内、一定范围内的大量原始档案材料中所含的信息进行归纳整理、分析提炼而形成文字的方式。

（2）网络档案信息资源组织方式。

①主页方式。这种方式是一种类似于档案全宗的组织方式。它是将有关某个机构、人物或事件的各种信息组织在一起进行全面介绍或综述，其资源的排列布局及各种信息的详简程度随着建立主页的机构或部门不同而不同。

②文件方式。文件是计算机保存处理结果的基本单位，使用文件方式组织网络档案信息资源可以降低组织的成本和难度，但文件方式在面临信息结构复杂以及信息量非常大的情况时效率比较低下。

③数据库方式。这种方式是利用数据库技术对档案信息资源进行统一管理的组织方式，可以高效地管理大量规范化的数据，很大程度上提高了信息组织的效率。数据库最小的存取单位是字段，字段的灵活组合可以降低网络负载。

④自由文本方式。这种方式是用自然语言深入揭示档案信息资源的知识单元，由计算机自动完成其组织的组织方式，其检索点可以根据实际情况灵活设置，不需要前控，也不需要用规范化的语言对档案信息资源进行前处理。

⑤超媒体方式。这种方式是一种非线性的组织方式，是超文本技术和多媒体技术相结合的产物，它可以组织多种类型的媒体信息，如文字、图形、图像、声音等。它以节点为基本单位，节点之间通过链接联系起来，将网络档案信息资源连接成了一个网状结构，用户可以直接从这一节点跳到另一节点。

⑥主题树方式。这种方式是将已经获得的档案信息资源按照已经确定好的体系结构分别加以排列组织，用户可以直接通过浏览的方式逐层遍历到所需要的信息。它具有比较强的结构性和系统性，用户使用起来非常方便。

3. 高校档案信息资源组织方式的制约因素

数字化时代对高校档案信息资源的组织方式的拓展提出了新的要求，除了以上所述的方式外，还要求加入"百度""谷歌"等搜索引擎；实行网络实名制，输入实习企业的名称、学生姓名即可检索到相关的公开信息；提供网站地图和构建档案网站指引等方式和内容。但是现实中有一些因素制约了这些方式的应用和推广。

（1）认识不足，缺少完善规划。

高校重研究、重教学、重就业，轻档案管理的现象还不同程度地存在，面对数字时代高校自身对档案资源组织方式探索的主动性、紧迫性认识不足，许多高校还没有从主观上真正认识到数字时代来临对于高校档案管理带来的巨大变革。档案部门大多还是习惯于旧有的管理模式，没有对档案信息资源的组织模式进行科学规划和组织，缺少前瞻性和长远规划，数字档案信息建设缓慢，档案信息网络平台建设缺少统一等。

（2）投入不足，缺少相应保障。

高校财力有限，将更多的经费应用于研究、教学和学生的就业指导方面，对于档案工作的投入有限，对数字化先进档案设施器材的投入不够，如扫描仪陈旧，分辨率不高，无法对学生超大的纸质档案扫描，刻录机、文档一体化管理系统配备不到位等。此外，高校数字化档案管理的专业人才匮乏，尤其是熟悉高校档案特点，并学会应用数字时代档案信息组织方式的人员更是稀少，制约了档案数字化、网络化工作的开展。

（3）制度陈旧，标准规范欠缺。

数字时代对于高校的档案管理的制度化、标准化要求更高，档案管理制度和标准规范作为现代档案管理的基础，是实现档案信息资源组织方式的外在保障。目前，高校的档案管理虽然也建立了一些规章制度，但是对于以档案室为中心的档案工作网络，对不同门类、不同载体的档案实行统一管理的氛围并没有形成。对于日常教学和管理中形成的电子文件的真实性、有效性控制，档案信息管理系统的通用性、档案数字化标准、数据库建设标准规范等缺失，制约了高校档案数字化的步伐。

4. 高校档案信息资源组织方式的实施路径

（1）加强学习，做好科学规划。

加强有关高校档案管理方面的法律法规的学习，增强高校档案工作人员的档案意识、责任意识、信息意识，始终坚持以法制为保障，以科学规划为引领，来谋划和部署高校的档案工作。

首先要重点学习、宣传新修订的《高等学校档案管理办法》《全国档案事业发展"十三五"规划纲要》《关于加强和改进新形势下档案工作的意见》《纸质档案数字化加工技术规范》一系列文件的学习。

其次是要结合高校自身实际，综合制订数字化档案资源信息共享工作的意义、目标、原则、任务和建设规范，提升高校档案信息资源的共享水平。

最后，成立高校档案数字化工作领导小组，把档案工作纳入学校发展的整体规划中部署、落实，做好日常工作贯彻的监督检查，切实推动高校档案数字化工作落到实处，提升档案的数字化水平。

（2）加大投入，提升保障水平。

加大高校档案基础工作的投入力度，改善高校档案数字化的软硬件条件。

首先是设立专项资金，加强档案硬件设施的更新换代，如添置高速扫描仪、高分辨率数码相机、刻录一体机，建造专门的档案馆，为档案数字化管理提供专门的工作场所。做好档案应用软件配套工作，根据高校数字化档案管理需要，及时安装文档一体化管理系统、电子文件管理系统、数字档案馆系统等，改善档案网络设施等档案数字化保障水平。

其次是加快档案信息资源建设。以档案数据库为平台，加快高校科技档案、照片、图纸、声像等档案的数字化建设工作，整合档案的数据资源，建立门类齐全的多媒体数据库，为广大师生员工和其他群体利益提供便利。

最后是注重高素质、复合型人才的引进和培养。档案工作人员是高校档案现代化建设的主体和核心，一方面，要加强在职档案人员的计算机应用知识、数字化专业知识和网络信息技术知识的培训，提升档案人员的信息素养。另一方面，要加大人才的引进力度，积极招聘既掌握档案专业知识又熟悉信息技术的复合型人才，为高校档案信息资源的开发提供人才保障和智力支持。

（3）完善制度，健全规范标准。

档案管理制度和标准规范是档案信息高效利用的基础，数字时代高校档案信息资源组织方式的实现和推进也离不开健全的制度保障。

首先是要建立以高校档案馆为中心的档案工作网络，加快形成学生档案、教学科研档案等门类齐全、覆盖各个载体的档案统一管理模式。

其次是加强高校档案数字化的有效管控和数据流管理。出台纸质档案数字化标准规范，明确规定纸质档案数字化操作规程、分辨率、储存格式以及储存载体等，细化现行电子档案管理规范、高校档案数据库建设标准规范和应用系统建设标准等，使档案信息从收集、管理、存储、编研、利用各个环节都有章可循，每件入档的数字档案都严格按照标准规范执行，实现档案信息的互联互通，数字化资源信息共享。

二、档案信息资源的整合

1. 档案信息资源整合的定义

信息资源整合的定义分为狭义和广义之分，狭义的定义是指将某一范围内的原本离散、多元化异构分布的信息资源通过逻辑的或物理的方式组织为一个整体，使之有利于管理、利用和服务；广义的定义是指把分散的资源集中起来，把无序的资源变为有序，使之方便用户，它包含了信息采集、组织、加工以及服务等过程。

根据信息资源整合的定义，可以从两方面来理解档案信息资源的整合，一是围绕特定的主题，对分散形成的档案进行信息资源集中，以集中反映某一实践领域或对象的基本情况；二是根据一定的需要，对各个相对独立的已经实现了一定程度的有序化的档案信息进行融合、类聚和重组，构成一个新的功能更强大、效率更高的档案信息资源体系的过程。

档案信息资源整合是一种管理，其管理理念是取代过去单纯以信息技术进行信息管理的理念，主张对信息资源运用技术、经济、人文的手段进行统筹规划、全面管理。其管理特征是自上而下的、集中式的、可控性的、个性化的、实时性的管理。因此，不能将档案信息资源整合问题简单看成是技术层面的问题，而是一个综合治理的问题。

2. 高校档案信息资源整合的意义

（1）高校档案是高校事业发展的积淀，库存大量的教育教学及科研的档案资料，是衡量高校教学质量、科研水平和管理水平的重要尺度。

由于档案是高校教学管理和实践、教育研究活动的真实记录，是最可靠的第一手材料，是高校工作规范化的具体体现，是高校进行各项评估的有力佐证，具有依据凭证价值，因此，紧紧围绕学校的各项工作，开展档案信息资源的整合，促进高校的发展，是高校档案信息资源整合的重要意义之一。

（2）高校肩负着培养社会主义事业建设者和接班人的历史使命，既是培养高、中级人才的基地，又是发展科学文化事业的重要场所，高校档案室积存着大量的哺育一批又一批中华民族的栋梁之材、熏陶成千上万的莘莘学子过程中积累的宝贵经验，是内容丰富的教育教学资源、文化资源，具有很高的利用价值。

　　档案信息资源整合是为了更好的专题利用，也是档案工作的出发点和最终目的，档案资源整合使记录和反映高效管理、教学管理、思想教育及各个历史时期成功管理的经验、优秀教学的科研成果得到某一专题或某一方面的组合，为高校各项工作和广大师生得到更好的利用，可使高校师生在学习、实验、研究中得到参考和启发，更好地促进师生成才，具有重要的现实意义和深远的历史意义。

3. 高校档案信息资源整合的方法

　　档案信息资源整合应该根据不同类型的服务对象，建立不同类型的信息数据库，使档案信息资源整合达到规范化、特色化、系统化。在信息化、网络化飞速发展的形势下，档案利用者对档案信息的需求越来越多样化、系统化、个性化。因此，要充分发挥档案信息资源整合在信息网络中的作用，分类建立档案信息特色数据库，把学校管理和师生关注需求的各类档案信息，及时编成专题参考资料，着重对教师教学科研工作，学生专业学习研究，学校教育教学管理等价值大，使用频率高的档案信息按类整合开发出来，使其系统化、密集化，形成新的知识源，以满足利用者对档案信息的需求。做好档案信息资源整合的方法有：

　　（1）高校档案信息资源整合要充分利用检索工具。

　　利用检索工具特有的科学方法和手段为人们查找利用提供了渠道，沟通了档案信息资源与利用者之间的关系，检索工具具有桥梁和向导的重要作用。检索工具主要有分类目录、专题目录、案卷目录及全宗介绍、校史等。做好档案信息资源整合，必须依靠现有的检索工具，才能从海量的档案信息资源中提取各种专题或某一方面的相关信息，使档案信息资源整合后形成多元化的一体服务和智能化管理，使档案工作从繁重的手工操作中解放出来，在查找利用中只需输入简单的关键词就可以找到相应的档案信息。因此，整合档案信息资源利用检索工具是最有效的途径。

　　（2）高校档案信息资源整合要层次分明、条目清晰。

　　高校档案信息资源整合就是将存放分散、内容庞杂、数量浩大的档案信息资源进行有目的、有计划地筛选，分析和研究，再进行合理的鉴别，分类目，编制学校管理、教育教学及科研等门类齐全、内容丰富的各类专题档案目录、索引及汇编，供利用者检索和查阅，在此基础上建立各类具有特色的学校档案利用数据库，经过学校档案信息资源的整合使数据库管理分为三级类目结构，即第一级是把一个年度设为一个数据库表，第二级是列入数据库中的类别，第三级是类别下的条目可提供查找内容和档号，做到精确定位，一步到位。

（3）高校档案信息资源整合要显示特色服务。

学校档案利用者的类型主要是教学工作人员、科研工作人员、管理工作人员和学生等，应根据不同特点的利用者建成各类档案信息资源数据库，提供不同的档案信息特色服务。针对教学工作人员，要提供教学方针、政策，教学计划、总结，教学大纲，教学经验交流，教学评估等档案资料；针对管理工作人员，要及时、准确地提供制定教学管理的规章制度，学校发展规划、专业设置、决策中需要参考和依据的基础数据、上级指示及有关政策法规等档案资料；针对教职工职称评定要提供教师考核情况表、科研成果一览表、历年教学质量评比一览表等档案资料。根据以上档案利用者的特点，分别做好档案信息资源的整合，建成各种类型的数据库，开展各种特色的服务。

4. 高校档案信息资源整合的作用

通过高校档案信息资源的整合为利用者服务的实践证明，档案信息资源发挥了不可估量的作用，主要体现在以下几方面：

（1）高校档案信息资源整合有利于高校的发展。

档案工作者不仅要做好档案收集工作，更要做好档案的开发利用工作。高校档案信息资源整合要紧紧围绕学校教育教学这个中心，提供有价值、有特色的服务。档案信息资源整合的信息资料，给学校带来的飞速发展起到了无可替代的作用。在日常工作中为各项工作提供了数以万计的档案资料，如对校史、教育教学评估、招生、毕业生分配、基建维修、职称评定等工作的开展起到了促进作用；为获得国家级重点学校、文明单位等荣誉称号提供了翔实的档案佐证资料，发挥了档案的参考和凭证作用，使学校的发展越来越好。

（2）高校档案信息资源整合有利于解决难题。

高校档案信息资源整合具有专题内容相对集中，档案信息条目清晰、查阅方便，系统性材料齐全、借阅方便的特征，有利于为利用者开展特色服务，依靠档案信息资源整合为利用者解决了很多难以解决的问题。档案信息资源整合是为利用者服务的有效方法。

（3）高校档案信息资源整合促进了服务手段的现代化。

高校档案信息资源整合，借助计算机、网络等现代化技术与设备，积极搞好协作机制，合理地调配各类信息服务单位的资源，利用高校档案信息资源整合的信息与其他高校合作，实现资源共享；与政府部门、宣传部门合作，举办档案展览；与研究部门合作，开展专题编研，联合开发档案信息资源，更好地解决信息需求问题积极推动高校的特色服务。为此，在档案信息资源整合基础上应加强档案数字化建设，扩充网上档案目录，提高文件利用率，将利用率高、知识含量大的科技成果等技术信息进行全文上网服务，针对各类人员的需求，将各种特色档案信息加工成电子文本提供给利用者，充分发挥现代化服务手段的功能作用，积极参加做好为利用者服务的工作，促进人才培养，推动社会的发展。

第三节　档案信息资源开发的意义与原则

一、档案信息资源开发的含义

档案信息资源开发，就是档案部门根据社会需要采用专业方法和现代化技术，发掘、采集、加工、存储、传输所收藏档案中的有用信息，方便利用者利用，以实现档案的价值和作用。这一概念，主要包含以下几方面内容：

第一，档案信息资源开发主体是档案管理部门及其工作人员。

第二，档案信息资源开发的对象是指经过条理化、系统化并保存起来的馆藏档案，档案实体的有序化和科学管理，为档案信息资源开发奠定了良好的基础。

第三，开发档案信息要采用专业方法与现代化技术相结合的方式，既要与时俱进，采用现代化技术手段，对档案信息进行采集、加工、存储和传输，又要对传统的、专业的开发档案信息资源的方法，予以继承和发扬，并将二者有机结合起来。

第四，档案管理部门和档案工作人员对馆藏档案中的有用信息进行浅加工和深加工。浅加工就是对档案进行著录、标引，建立检索系统，将档案信息存储在一定的载体上，即档案信息的检索工作；深加工则是根据社会需要，将庞杂的档案信息进行系统化、有序化，制成档案产品，编写参考资料，参加编史修志，撰写文章和著作。

第五，档案部门收藏的是处于静态的档案信息，经过档案工作人员的采集、加工、存储后，需要正常输出传递给利用者，以满足社会上方方面面的利用需要，这一过程被称为档案信息传输工作。

二、高校档案信息资源开发的意义

高校档案馆开发档案信息资源是高校档案工作的发展与提升，同时，通过档案信息资源的开发，可以促进高校档案馆整体工作向更高水平飞跃。因此，大力开发高校档案馆的档案信息资源，为学校各项工作以及社会需求服务，已经成为各高校档案工作面临的重大课题。对高校档案馆的档案信息资源的开发具有重要意义，主要表现在以下几个方面：

1. 为学校各项工作提供依据与凭证，开创学校工作的新局面

首先，为各级领导做出科学决策提供依据。开发高校档案馆的信息资源，将经过开发加工的档案信息传送给学校领导和有关职能部门，使他们在研究和掌握党和国家方针、政策的同时，及时了解和分析本校的历史，认清当前现状，开阔视野，总结经验，从中寻求学校发展的基本过程和规律；综合分析外部信息和内部信息，预见未来，做出切实可行的科学决策，促进学校工作的发展。

其次，为教学管理、科学研究水平的提高创造条件。将档案信息资源传输给科研、教学人员，可以使他们掌握新成果，了解新动向和发展趋势，为他们提高科研、教学水平创造必要的条件。

2. 扩散档案信息，充分实现高校档案信息资源的价值

对档案工作投入大量的人力、物力和财力就是为了通过对档案馆档案资源的开发，满足各类档案用户的需求，理清"贮藏与开发是手段"与"利用服务是目的"的关系。由于档案原件多是"孤本"，传递信息的功能较低，高校档案馆已然出现了"信息孤岛"的趋势。最大限度地开发档案信息资源，将信息及时有效地传输出去，并可使档案信息扩散，使学校档案信息资源的价值得到充分实现，解决

档案工作封闭与"信息孤岛"带来的隐患。高校档案信息在一定层次上反映一个学校教育科学事业的最新成就和发展水平，具有信息量大、综合性强、指导作用显著的特点。它是重要的政治资源、经济资源与文化资源，一旦成为信息时代深化教育改革和促进学校科技进步的动力，将成为新时期强有力的生产力，在较大程度上发挥它的社会效益和经济效益。

3. 为档案宣传教育提供生动素材，全面提高档案意识

利用被开发的档案信息资源著书立说、演讲报告、举办档案展览、开展教育宣传活动，使更多的档案信息被广大师生员工利用，是对高校档案工作最直接、实际、有力的宣传。不仅可以启迪思想，提高认识，使他们从中获取自己所需要的信息，而且可以增强他们的档案意识，认识到高校档案是学校活动的历史记忆，是高校文化的沉淀，充分调动广大师生的自觉性和积极性，使高校档案馆工作在生存中发展，在发展中生存。

三、高校档案信息资源开发的原则

高校档案信息资源开发的原则是高校档案信息资源开发活动所依据的准则，也是档案信息资源开发的基本要求，它是成功进行高校档案信息资源开发的保障。其原则主要有下面几项：

1. 高校档案信息资源开发的以人为本的原则

档案作为信息资源，它是被人们所利用，为人民服务的。不论是领导决策、重大人事任免事件、各种问题的处理及各项工作的布置、教学改革、学生管理等一系列重大问题都是围绕着人展开，并需要人去做，去创新，去把握，只有做到以人为本，人们的积极性和创造性才能得到最大限度地发挥。

2. 高校档案信息资源开发的坚持效益的原则

提高开发利用档案信息资源的实效性，即所谓的效益原则，它是衡量档案开发利用工作水平的重要标准。这一原则，要求档案工作者在开发利用工作中必须讲求实效，为高校教学、科研、管理工作提供更多的、有价值的、真正需要的档案信息、档案部门工作人员在实际工作中要做到：一是应该坚持开发利用工作与效益的统一，以取得效益为目的，创造性地、有针对性地开展档案开发利用工作；二是要充分认识到档案工作不同于其他工作，应该坚定不移地坚持社会效益与经济效益的统一，以取得最佳综合效益。

3. 高校档案信息资源开发的实践性原则

高校档案产生于学校的各项活动的实践，又作用于学校各项实践，因而导致档案信息资源开发具有广泛的基础。所以说，档案信息资源开发是一项复杂的实践活动。它必须向学校的各部门，面向全体档案利用者。开发档案信息，将档案信息加以"激活"成为活的资源，只有这样，档案信息资源开发才能牢固，才能拓展服务领域，才能取得好的服务效益。

4. 高校档案信息资源开发的实际需要原则

开发高校档案信息资源必须根据教育、教学、科研、管理工作需要及档案馆情况进行。这是有效开发档案信息资源的前提条件，否则开发利用工作就会流于形式或收效很少，甚至适得其反。因为本校形成的档案信息指导和作用于本校的教育、教学、科研和管理实际，能直接推进本校各项工作水平的提高，并创造社会效益和经济效益。高校始终坚持以教学为中心，牢固树立服务宗旨。学校围绕各时期的中心工作要有针对性地积极主动地开发利用档案信息资源，使档案信息开发利用工作形成良性循环，从而提高档案工作的整体水平。

5. 高校档案信息资源开发的为各项工作服务的原则

高校开发利用档案信息资源的工作，实际是提高档案信息为学校的各项工作服务，这是开发利用档案信息资源工作的根本目的和总的指导思想。档案工作是学校整体工作的有机组成部分，必须以积极服务高校的各项工作为中心思想，服务至上，归根到底就是利用者至上。因此，档案工作者必须增强服务意识，大局意识，强化科学管理，明确服务方向，坚定服务思想。这是高校开发档案信息资源的重要原则，只有坚持这一原则，才能积极主动开发档案信息资源，提高服务的有效性。

6. 高校档案信息资源开发的管理育人原则

高校以规范和制度做保障，开发高校档案信息资源，有利于学校各项管理的规范化。校纪校规既是学校各种活动正常运行的保障，又是约束师生员工行为的契约，因而也是校园文化的重要内容和表现形式，规章制度就是维系正常秩序的重要保障。因此，高校必须制定出符合校情，符合社会进步的规章制度，用档案提供的重要文字依据，总结历年来成功的管理经验和管理措施，借鉴前人办学的经验和教训，清理和废止不合理的管理制度，完善和制定新的制度。利用档案资料编辑学校的各种规章制度、学生手册、教学工作手册等重要文件，开展校纪校规教育，开展教风、师风、学风教育，既提高教师的师德水平，也能更好地激发学生的学习热情。

7. 高校档案信息资源开发的文化育人原则

开展高校档案信息资源是高校文化建设的重要内容，也是培养合格人才的根本。高校的教学科研档案，记录着师生在教学科研实践中创造教学科研成果，是高校最高学术水平的真实反映。文化育人的重要组成部分是学术文化，展示学校的教学、科研水平。开发利用科研、教学档案，通过举办教学科研成果展，科学技术研究成果报告会，科学知识学术讲座等活动，大力倡导勤奋学习、热爱科学、追求真理的科学精神，着力于培养学生的应用能力，变被动学习为主动学习，丰富和发展知识，激发学生追求新知识的欲望，养成严谨的治学态度和治学精神，养成对客观事物孜孜以求的探索精神及实事求是的作风，使学生在校园学术文化中汲取养分，巩固所学的知识，完善优化知识的结构，活跃思维，提高学识水平和修养。

8. 高校档案信息资源开发的现代化原则

要运用和改善各种服务手段，提高开发档案信息资源的快速性和准确性。高校档案信息资源的开发利用工作是通过档案人员采取各种服务手段来实现的，传统的服务手段或服务形式，如开辟阅览室，提供档案外借服务，开办代查、代抄档案服务，编纂、公布档案史料，举办展览等服务手段，充分发挥档案信息资源的作用。然而面对当今人们对获得信息及时、迅速、准确的要求，一部分高校档案工作仍采用手工操作方式来进行检索和提供档案信息，显示出来的速度迟缓、准确率低等缺点，已远远不能满足工作要求。而电子计算机采用现代技术管理档案，建立完善的科学检索体系来记录、报道、查找档案资料，能及时、准确、全面地向利用者提供所需的档案，从而全面迅速地促进开发利用档案信息资源。

第四节 档案信息资源开发的途径和要求

一、高校档案信息资源开发的途径

1. 多渠道收集档案信息

档案信息开发，首先要贮存档案信息，要不断丰富馆藏数量和内容。一是扩大接收面，由原来只接收高校机关档案，发展到接收高校相关处室、系的档案；二是扩大接收门类，由接收文书档案扩大到接收科研、教学、财会、外事、基建设备、声像等档案。在想方设法积极接收档案存贮的同时，采取发挥相关处室、系兼职档案员的作用，主动上门收集，增大档案信息贮藏量，为高校领导、科研管理干部和广大教职工提供服务创造条件。

2. 做好档案咨询服务

档案服务作为档案部门的特定产品，要求其必须把满足高校对档案的客观需要作为自身发展的根本要求。因此，高校档案工作者要时刻关注学校各职能部门利用档案的动态，及时掌握档案利用需求重点，调整档案咨询服务内容，有针对性地开展档案服务。档案咨询服务就是通过解答利用者提出的问题，对其查找、利用过程进行指导，提供智能和成果服务。一是代理咨询服务，即档案工作人员按照利用者的要求代查档案，直接提供事实资料和数据，使利用者省时、省力，并能及时获得有效的利用；二是线索咨询，即档案工作人员回答并解决利用者在档案检索时所遇到的问题，使用户快捷、准确地查找到所需要的档案资料。三是利用咨询，即档案工作人员回答用户在利用过程中涉及的各种问题，如档案材料的历史背景、可靠程度、使用状况等，帮助用户做出判断和选择，达到有效利用的目的。

3. 做好档案信息编研

档案信息编研是指以馆藏档案为主要对象，根据学校、社会的实际需要，对高校档案中储存的大量信息进行有目的、有计划地筛选，经过分析、研究、综合、归纳、提炼出典型性、规律性的信息集合，及时地提供利用。这是高校档案信息开发的重要领域，是高校档案部门为高校教学、科研、管理等工作，为社会提供优质服务的重要工作内容。首先，编研时档案工作者要具有超前意识、参与意识、竞争意识、服务意识、精品意识，积极主动地在高校改革中搞调研、搞开发，科学地分析、预测教改动态，把握时机，以最快速度、最好质量及时开发出系统性、可靠性、实用性强的参考资料，为高校教育教学改革服务。其次，编研时恰当的选题是编研工作成功的保证。编研选题应努力围绕高校教育教学改革这个中心，深入进行高层次的创造性的三次信息开发，提供高校改革所需的各种档案信息资源。这样既方便了教职工查阅，也给领导决策提供了依据，充分利用档案为学校各项工作服务。再次，编研时要充分利用现代网络，提高档案信息的利用率。在网络条件下，通过互联网对外宣传档案工作，发布档案信息，交换电子数据，在线查找馆藏档案，网上利用开放档案，有利于提高编研成果的档次和品位，从而更大地方便用户的查询利用。最后，建立服务信息反馈系统，加强与用户的互动交流，广泛征求用户意见和建议，不断完善高校档案信息资源开发利用工作，使之更加趋于合理、系统、科学，更好地满足高校教育教学改革的需求。

4. 举办档案陈列展览

档案陈列展览，是档案宣传的有效手段，是进行爱国主义教育和社会主义精神文明建设的教育基地，是根据某种需要，按照一定主题，系统地陈列档案资料，通过展示和介绍有关档案的内容、成分而提供利用的一种方式。举办高校档案展览是高校对外宣传交流的一个窗口，是对教职员工及学生进行宣传教育的重要途径，是高校档案信息资源开发和利用的表现形式，同时也是展示高校教育教学成果、促进高校教育教学改革深入开展的有效手段。举办科研专题的科研成果档案展览，在学校营造一个浓厚的科研氛围，推动科研成果的转化和应用推广；举办学校校庆专题展览，展出反映学校发展状况的校史资料、教学成果、科研成果，有关的照片、图片及学校荣誉的奖状、奖杯等，使广大师生员工了解本校的历史；筹建校史馆，展示学校历年来的办学情况和取得的成果，让参观者了解学校办学全过程，从而提高学校办学的知名度；展出学校历年获市级以上的优秀教师、优秀党员、历届优秀毕业生、优秀学生干部等的奖状、荣誉证书，使师生能从中得到启示，激励他们奋发进取。

5. 借助网络平台宣传

高校科技教育网的兴起和普及，必将带动高校档案的全面信息化。可以利用校园网的网站技术，通过筛选、整合高校档案信息资源，建立档案数据库，制作档案资料的查询网页，使档案利用新技术走出档案馆，步入校园，便于利用者对高校档案信息资源的利用；可以借助网络技术宣传高校档案信息资源在促进高校教育教学改革中的重要作用，让更多的人了解档案，认识档案，进而实际利用档案，提高高校师生及职工的档案意识，扩大高校档案信息资源的社会利用面。

6. 加强校际交流合作

档案作为高校的一种重要信息资源，校际之间应该加强交流与合作，以达到信息资源共享，推动高校教育教学工作的发展。利用高校的文书档案编写组织沿革、学校大事记、教学经验汇编等作为校际交流资料；利用高校的科技档案，编写教育科研成果汇编，将优秀毕业论文摘要、目录汇编成校际交流材料，这样既促进学校教学、科研的发展，又有利于更好地利用科技档案资源。通过校际交流档案资料，一方面可以使交流双方彼此了解对方的教学、科研、管理等情况；另一方面可以相互吸取办学经验，弥补自身的不足，提高自己的办学质量和效益。

二、高校档案信息资源开发的要求

1. 强化宣传教育，树立开放意识

高校档案事业的发展建设需要从宣传教育入手，按照市场经济体制的客观要求和高校档案的社会属性及特点，把原有的"封闭自守""墨守成规"的老观念改变成积极创新的开拓进取的新观念；把高校档案的单纯业务观念换成密切注视经济建设新情况，为经济建设和社会全面发展服务的观念；把坐、等、靠、要的

观念换成为发展高校档案事业积极主动地争取和创造条件的观念；把高校档案部门不重视经济效益的观念换成重视高校档案具有社会效益的观念；把认为档案部门无所作为的消极思想换成档案工作大有作为的观念。

在认真做好档案宣传工作，进一步增强档案意识的同时，高校档案工作必须树立开放的观念，树立全心全意为人民服务、为社会主义事业服务的思想。搞好高校档案工作的业务建设，区分档案开放利用与限制使用的界限，编制开放目录、档案文献汇编和档案参考资料。特别要重视建立高校档案目录中心，提高档案信息资源开发的整体效益，实现信息共享。因此，搞好高校档案信息资源的开发建设，树立开放意识，树立开放形象是一个重要的方面。

2. 明确高校档案信息工作的基本任务

高校档案信息工作的基本任务既是为校领导决策和教学、科研服务，同时又为社会服务。档案工作人员应该一面把学校各部门各单位的文件材料收集起来，将其系统化，经过整理、储存等工作程序，为学校各项工作，为社会各方面提供有用的信息；另一方面，又应该将学校各部门和个人从事新的实践活动中产生新的信息，加以收集、整理和传递，使信息不断增值扩大，并经过信息的筛选达到信息的优化。高校档案来自社会和学校中的各个部门和各有关个人，它反过来又为社会和学校的各个部门和个人服务，因而，高校档案信息是一个开放的系统。

3. 加强高校档案信息工作的基础建设

基础管理工作和开发利用工作构成了档案信息工作的全部内容。没有完善的基础管理工作，开发利用工作将成为无源之水，无本之木。因此，加强高校基础建设是有效开发档案信息资源的保证。

第五节　档案信息资源开发的障碍和措施

一、档案信息资源开发的障碍

1. 社会环境方面

社会交流与信息意识较差，人们的档案意识淡薄，反映在档案工作方面，则是长期只注意收藏，限制了档案信息资源的开发、交流与利用服务。另外，档案信息资源的开发与利用，要以一定的物质条件为保证，需要投入较多的物力与财力，但是高校对档案事业的投入较少。

2. 档案部门方面

（1）档案工作人员观念上的障碍。

一是受重藏轻用观念的制约，档案部门一直处于封闭状态，这种思想根深蒂固，对档案信息资源开发重视不够；二是"保密保险，利用危险"的心态，使档案人员对档案信息资源开发顾虑重重，束手束脚，甚至不敢或不愿向外界传输档案信息；三是一部分人跟不上新形势，缺乏竞争与开拓创新意识，自我封闭，安于现状，不能与时俱进和强化社会参与意识，限制了档案信息资源开发的积极性和主动性。

（2）工作上面的障碍。

没有建立起丰富的档案信息资源体系；档案业务基础建设中还存在收集不齐全，归档率低，案卷质量不高，查找困难，保护不到位，标准化、规范化、现代化步伐不够快等因素；利用服务方式单一，范围狭窄；检索工具质量不够高和传输档案信息的手段落后等。以上这些因素都限制了档案信息资源的开发。

3. 用户方面

（1）档案意识薄弱。

千百年来，档案一直是封闭的，几乎与外界隔绝，蒙上了一层神秘的面纱，人们对档案的价值与作用知之甚少，再加上对开发利用档案信息的宣传不够，人们不知道该如何去档案馆查阅利用档案以及利用的制度十分严格等众多因素，使用户产生了对档案信息需求动力不足的现象。

（2）用户利用信息的习惯问题。

档案信息来源广，分散杂乱系统性比较差，再加上档案大多是"孤本"，获取档案信息必须要到档案馆去查阅，费时费力，这与人们利用信息、获得信息的易用性相违背。信息时代，人们获取有用信息的渠道有很多，如从网上直接获取和交流信息等。

（3）用户获取档案信息能力的制约。

目前除了专家学者、研究人员、机关工作人员以及文化素质高的群体利用与获取档案信息的能力较强外，一般的普通利用者利用档案信息的能力受到局限。比如，没有古汉语知识，就很难利用明清时期的档案；没有外文阅读能力，就很难获得外文档案的资料信息等。

二、档案信息资源开发应采取的措施

1. 创新观念

（1）继承与创新发展的观念。

伴随着档案事业的发展，在档案信息资源方面有了较大的发展，但与时代的要求还有一定的差距。应该坚持科学发展观，保证可持续发展，紧跟时代步伐，坚持与时俱进，全方位、多层次深入开发档案信息资源，满足新时期方方面面利用档案信息的需求。

（2）被动服务与主动服务并举的观念。

档案工作的根本目的就是服务。长时期内采用等客上门、你查我调的被动服务是不够的，还应该树立主动服务的观念，才能产生自觉的服务行动。应该坚持被动服务与主动服务并举，使档案信息资源在交流服务中发挥更大的作用，体现其自身的价值。

（3）文化的观念。

档案作为一种社会记忆的原始记录，将分散杂乱的档案信息进行重新组合以及对档案信息的二、三次加工，其本身就是一项文化建设和文化创造，反映出档案工作的文化功能，形成的各种成果，就是再创造的文化产品。

（4）信息共享的观念。

共享是由档案信息自身的特性所决定的，它来源于人类社会实践，又服务于人类社会发展的需要。因此，它具有社会属性，应该成为社会的公共财富，为人类所共享。共享可以克服根深蒂固的"重藏轻用"的观念，治愈自我封闭、档案信息利用率低的顽症，促进档案信息的广泛交流和传播。

2. 做好宣传，改善环境

广泛宣传是增强人们档案意识的重要手段，档案部门应把宣传工作作为一项长期任务来抓，不仅要对内，更要面向社会，面向国外，加强对外宣传与交流。此外，还应通过政策和立法来实现环境的改善。档案部门必须进一步加强法规与政策建设，逐步扩大档案开放和档案信息开发的范围，简化利用手续，进一步改善档案信息资源开发的环境。

3. 优化丰富馆藏，建立档案信息资源保障体系

建立档案信息资源保障体系，设立综合档案室，统一管理本校的全部档案。可以实行档案、图书、情报一体化管理，最大限度地整合本校信息资源。坚持丰富和优化馆藏并举，质量与数量并重的方针。合理扩大接收范围，对进馆档案实行质量控制，根据档案自身的价值，对不同级别的全宗采取大部分或少部分进馆的方式。此外，还要完善档案补充机制，除正常接收途径外，还应通过征集、寄存、购买等途径，把社会发展和公众有利用需要的、目前尚不在接收范围的档案收集起来，丰富馆藏。

4. 健全档案信息资源开发机构，配备高素质的专业人才

档案部门应该建立健全档案信息资源开发机构，配备高素质的人员制定相应

的开发规划、措施和制度，以确保开发工作有序进行。开发水平的高低和开发产品质量的优劣，取决于开发人员的专业水平与对现代化技术特别是计算机的掌握程度。高素质人员是开发档案信息资源的人才保障，也是开发工作中最活跃、最关键的因素。因此，要始终把培养人才、建设队伍、提高人员素质放在第一位。

5. 充分利用信息技术

在档案信息资源开发活动中，全面应用信息技术，对档案信息资源进行发掘、加工、处置和传输服务，将使开发过程缩短，投入的人、财、物相对减少，效益明显提高，推动了档案管理模式从面向档案实体的整理、保管为重点，向以档案实体信息化、数字化和面向社会传输档案信息服务为重点的转变过程。应用信息技术手段和高新技术开发档案信息，为这项工作注入了新的活力。

6. 以用户需求为导向

以用户需求为导向，为档案信息资源开发注入新的活力，加速将档案信息转变为直接生产力。根据各方面的需要，全方位、多角度、深层次开发档案信息，形成高质量的各种编研成果，做好主动服务，使档案信息在经济建设、技术进步中发挥更重要的作用。

高校档案的
检索和编研

第四章

第一节　档案检索概述

一、档案检索的定义与内容

1. 档案检索的定义

档案检索是档案工作者把档案材料的内容和形式特征记录下来，存储在各种检索工具中，根据用户的实际需要，方便及时地把档案查找出来，充分发挥档案的作用的工作，它是开展提供利用工作的基本手段，是开发档案信息资源的必要条件。

2. 档案检索的内容

档案检索的内容包括档案信息存储和档案信息查找。

档案信息存储，是指将档案中具有检索意义的特征标识出来，加以编排，形成检索工具或档案信息数据库的全过程。

档案信息查找，是指利用检索工具或档案数据库实际搜取所需档案的过程。

存储是查找的前提，查找则是存储的目的。

二、检索工作在整个档案工作中的地位

档案的收集、整理、保管等环节，是变分散为集中、化零乱为系统，把档案妥善保管起来，以备长远查考利用。但是，档案在档案馆是根据档案的形成

规律，按其基本的整理系统排放和保管的，而档案的利用者和查用的角度却是特定的，必须通过专门的检索工作，才能解决档案保管的一般体系和广泛的特定的查找利用之间的矛盾。所以，档案检索是开放档案信息资源的必要条件，保证利用工作顺利进行的基本手段，它在档案工作中居于重要地位。其主要表现在：

1. 检索是提供利用的先期工作

档案馆为提供利用所做的直接准备工作，具体解决每个案卷或每一份文件的查找，是通过检索来实现的。档案能否及时、准确地提供给利用者，充分发挥其作用，在很大程度上取决于检索工作。因此，有经验的档案工作者，在开展利用工作之前，总是花费大量时间和精力，准备好各种检索手段。

2. 检索是提高档案馆工作水平的重要手段

每个档案馆拥有丰富的藏量固然十分必要，而深入广泛地开发档案信息资源，是各项基础工作的继续和发展，是提高档案馆工作水平、实现科学管理的重要手段。

3. 检索成为档案业务工作中一个独立的重要环节

档案检索也可列入利用工作的范畴。大量地存储档案线索，有计划地建设检索体系，专门为查找档案材料提供手段，深入研究档案的内容，特别是编写大型的工具书，系统地评价档案材料等等，其具体的工作内容和独特的作用，是档案工作中任何一个业务环节不能代替的。

三、档案检索的效率

档案检索的效率，是指在检索过程中满足利用者的全面性和准确性程度，它是衡量档案检索系统以及每一个检索过程质量高低的最基本指标。

档案检索效率通常采用检全率和检准率两个指标来衡量和表示。

1. 检全率

检全率是指满足利用者要求的全面程度，即检出的有关档案与全部有关档案的百分比。与之相对应的是漏检率，即未检出的有关档案与全部有关档案的百分比。

检全率与漏检率的公式为：

$$检全率 = \frac{检出的有关档案}{全部有关档案} \times 100\%$$

$$漏检率 = \frac{未检出的有关档案}{全部有关档案} \times 100\%$$

例如，某一利用者要求查找有关学校规章制度方面的档案，档案馆保存的有关专题档案是 40 件，检索时检出其中的 30 件，有 10 件漏检，那么

$$检全率 = \frac{30}{40} \times 100\% = 75\%$$

$$漏检率 = \frac{10}{40} \times 100\% = 25\%$$

2. 检准率

检准率是指满足利用者要求的准确程度，即检出的有关档案与检出的全部档案的百分比。与之相对应的是误检率，即检出的不相关档案与检出的全部档案的百分比。

检准率与误检率的公式为：

$$检准率 = \frac{检出的有关档案}{检出的全部档案} \times 100\%$$

$$误检率 = \frac{检出的不相关档案}{检出的全部档案} \times 100\%$$

例如，某一利用者要求查找有关某一教授著作方面的档案，档案馆共检出 30 件，利用者查阅后认为其中 20 件是相关的，10 件是不相关的，那么

$$检准率 = \frac{20}{30} \times 100\% = 67\%$$

$$误检率 = \frac{10}{30} = 33\%$$

英国情报学家 C·克勒维当（C.Cleverdon）根据 1963 年美国情报专家对 7 万篇文献的研究结果，得出了检全率和检准率这两个指标之间存在着互逆关系的结论。也就是说如果放宽检索以追求较高的检全率时，检准率就会下降；反之，若是限制检索范围以改善检准率时，检全率就会下降。因此，档案馆在设计档案检索系统和实施每一次检索时，应该从利用者的不同需要出发，确定适当的检全率、检准率指标。

第二节 档案检索语言

在检索过程中，影响检索质量的因素很多，而检索语言处于举足轻重的地位。为了提高档案检索工作的质量，需要专门的检索语言。

一、档案检索语言的含义

检索语言也称为标引语言、标识系统等，它是根据检索的需要而创制的一种专门语言。

档案检索语言的基本特点：

第一，单义性。这是检索语言与自然语言的根本区别所在。档案检索语言对一词多义和一义多词现象严格加以规范，使之达到一词一义的效果。

第二，专业性。它的词汇及编排都要符合档案的特点，便于档案标引与档案查找时使用。

二、档案检索语言的作用

1. 作为概念转换的依据

在使用分类法和主题法检索档案时，必须以检索语言作为概念转换的依据，由此而形成的检索标识才能明确而规范化。这可以保证对同一概念在存储和查检时采用一致的表达形式，以提高检全率和检准率。

2. 揭示检索标识之间的逻辑关系

每一种检索语言都以其特定的体系或其他方法揭示检索标识之间的逻辑关系，如分类法采用等级结构，主题法采用参照系统等，从而使一部检索语言形成一套概念体系，这样有助于满足用户的检索要求，方便扩检和缩检，同时通过概念之间的逻辑关系，可以使每一概念的含义更加明确。

3. 对检索标识进行系统化排列

每一种检索语言都对其包容的全部检索标识进行有规律的系统排列，如分类语言采用系统排列法，主题语言采用字顺排列法。

检索语言有两大类，一类是分类语言；另一类是主题语言。目前，全国档案部门统一使用的是《中国档案分类法》和《中国档案主题词表》。

第三节 《中国档案分类法》简介

一、《中国档案分类法》的分类原则

《中国档案分类法》是以国家机构、社会组织从事社会实践活动的职能分工为基础，并结合档案的内容和特点，分门别类组成的分类表。其分类原则具有以下几点。

（1）分类体系的确立、类目的设置和其序列的先后，都力求具有思想性、科学性、逻辑性、实用性，充分反映我国档案的特点，适应我国社会各项事业利用档案的需要。

（2）分类法的体系和基本类目的设置，是以不同历史时期的国家机构、社会组织从事社会实践活动的职能分工为基础，紧密结合档案内容记述和反映的事物属性关系，采取从总到分、从一般到具体的逻辑体系。

（3）分类法在总体上具有概括性和包容性，能够容纳各个历史时期、各项社会实践活动所形成的各类档案，并力求保持基本类目的稳定性。分类法既能适用于类分档案馆现有档案的实际需要，又给今后档案种类增多和内容的变化留有充分的余地。

（4）分类法的类目名称和标记符号，力求准确、规范、简明、易懂、好记，便于人们掌握和使用。

二、《中国档案分类法》的结构与使用方法

1.《中国档案分类法》的结构

《中国档案分类法》由编制说明、基本大类、主表、辅助表四个部分组成。

（1）编制说明。

编制说明位于分类表的前面，包括分类法的编制目的、原则、体系结构、标记制度、适用范围以及使用分类法应注意的问题的总体说明。

（2）基本大类。

《中国档案分类法》将中华人民共和国成立以来的档案信息依据职能分工原则分为 19 个基本大类。

中国档案分类法 19 个基本大类

A. 中国共产党党务

B. 国家政务总类

C. 政法

D. 军事

E. 外交

F. 政协、民主党派、群众团体

G. 文化、教育、卫生、体育

H. 科学研究

J. 计划、经济管理

K. 财政、金融

L. 贸易、旅游

M. 农业、林业、水利

N. 工业

P. 交通运输

Q. 邮电

R. 城乡建设、建筑业

S. 环境保护、土地管理

T. 海洋、气象、地震、测绘

U. 标准、计量、专利

（3）主表。

主表是《中国档案分类法》的主体，是档案信息分类的具体表现。在每一个大类的下面再进行区分，编排成一个有层次、逐级展开的类目表，形成了一个等级分明、次第清楚的科学系统。

（4）辅助表。

《中国档案分类法》的辅助表，又称为附表、复分表。编制主表时，其中有许多类目的进一步细分都是采用同一标准，而分出来的类目也大致相同。为了节省篇幅和帮助记忆，于是把这些相同或相似的类目集中起来，配以号码，编制成表，附于主表之后。辅助表有综合复分表、世界各国和地区表、中国行政区划表、中国民族表、科技档案复分表。

2.《中国档案分类法》的符号体系

《中国档案分类法》采用汉语拼音字母和阿拉伯数字相结合的混合号码制，用一个字母表示一个大类，以字母的顺序反映大类的顺序。

在工业类等若干大类中采用了双字母制，如 NA 地址、NB 石油等，字母之后，用数字表示下属类目的划分。

类号编制采用层累制原则，即用字母和数字的位数代表类目的级位，一位字母或数字代表一级类，二位代表二级类，依此类推。如：

LA	商业	二级类目
1	国内商业	三级类目
11	商品购销	四级类目
111	工业品购销	五级类目
1111	五金	六级类目
1112	交电	六级类目

3. 编号方法

层累制的优点在于它能够清楚地实现类目之间的从属和并列关系，但是由于每一级只能使用9个数字表示9个同位类，而无法表示同位关系较多的类目，所以，档案分类表采用了两种变通的编号方法。

（1）八分法。

此分法是只有1-8八个数字来标记同位类，当同一级类目的号码顺序超过8时，不用9，而用91、92、93……来标记。例如：

GC8	医学科学
81	基础医学
82	临床医学
……	……

续表

88	神经病与精神病学
891	皮肤科与性病学
892	耳鼻喉科学
……	……

（2）双位制。

此分法是对同一级类目采用两位数字标识。例如：

NK	电子
11	电子材料
12	电子元件
13	电子器件

八分法和双位制都是在同一级类目超过九个时而采用的编号法，二者相比起来，双位制可容纳的类目更多一些，即可扩充性更强。

4. 附注符号

在标记符号中还采用了几种辅助符号：

（1）"+"并列符号，用来把两个或三个互相排列的类号组配起来。

（2）":"关联符号，用来把两个或三个相互关联的类目组配起来，表示两个或三个相交的概念。

（3）"—"综合复分号，用于对主表格类目进行复分。

（4）"/"起讫符号，如"NJ81/87 标准"表示从 NJ81 到 NJ87 一组类目，不做档案分类的实际号码使用。当某组类目数量较多，分类法难以列举齐全时，便使用"/"号预留一些类目，供扩充类目时使用。

（5）"《》"民族复分号，依中国民族表对多民族事物进行复分时使用。

（6）"（）"世界各国和地区复分号，依世界各国和地区表对有关类目进行复分时使用。

（7）"〔〕"中国地区复分号，依中国地区表对有关类目进行复分时使用。

第四节 《中国档案主题词表》简介

一、《中国档案主题词表》的定义

《中国档案主题词表》是一部由反映档案内容的规范词组成的词典，是进行档案主题标引和主题查检的语词控制工具，是供档案馆即文书处理部门标引和检索档案、文件、资料专用的主题检索语言。

二、《中国档案主题词表》的结构

《中国档案主题词表》主要由主表和范畴索引组成。

1. 主表

主表即字顺表，由全部词目排列组成。词目按照汉语拼音结合汉字字形排列。主表中词目结构由汉语拼音、款目主题词、范畴号、注释、词间关系等项目组成，例如：

Duiwaizhengce————— 汉语拼音

〔EA〕———— 范畴号

对外政策 ———— 款目主题词

D 外交政策 ————————— 代项

F 闭关政策 ————————— 分项

　对外开放政策

　和平中立政策

　炮舰政策

　绥靖政策 　　　　　　　　　　　　　　　　　　　词间关系

　殖民政策

　中国对外政策

S 政策 ——————————— 属项

C 和平共处五项原则 ————— 参项

词目结构中注释、范畴号、词间关系三个概念的含义：

（1）注释。

注释是对主题词所做的简要说明，其中包括范围限定注释、含义注释。其目的是明确词义、防止误解，以保证选词的准确性。

（2）范畴号。

款目主题后均注有该主题词在《范畴索引》中的范畴分类号。借助范畴号可以在《范畴索引》中查找与该主题词同属一类的有关主题词。

（3）词间关系。

词间关系是用来说明与款目主题词发生关系的一些词，其中包括等同关系、属分关系、相关关系三种，其含义如下表：

《中国档案主题词表》词间关系表

词间关系	含义	简称	符号
等同关系	正式主题词	用项	Y
	非正式主题词	代项	D

续表

属分关系	下位词	分项	F
	上位词	属项	S
	族首词	族词	Z
相关词	相关关系	参项	C

①等同关系。

等同关系，是指两个或几个概念相同或相近的主题词之间的关系。在主表中正式主题词与非正式主题词必须相互对应。如：

精简机构 ——————————— 正式主题词

  D 紧缩机构 ——————————— 非正式主题词

紧缩机构 ——————————— 非正式主题词

  Y 精简机构 ——————————— 正式主题词

②属分关系。

属分关系，是指概念上具有隶属关系的一系列主题词之间的关系。属概念词即上位词，分概念词即下位词。上位词、下位词在主表中必须相互对应。如：

统一战线 属概念（上位词）

F 爱国统一战线

  国际统一战线

  民族统一战线

爱国统一战线 分概念（下位词）

S 统一战线 属概念（上位词）

③相关关系。

相关关系，是指主题词之间不存在等同关系和属分关系，而具有其他密切的关联，在标引和检索时需要参考的一种相互参照关系。参照关系在主表中必须相互对应，例如：

民主人士

 C 民主党派工作

民主党派工作

 C 民主人士

2. 范畴索引

范畴索引，又称为范畴分类索引，是将主表中的全部主体按照既定的类目分类排列而形成的一种索引。借助分类索引可满足按类查词和族性检索的要求。

查找《中国档案分类法》主表的类目并结合主题词的属性而设置。类目以三级为限。类目符号采用汉语拼音字母和阿拉伯数字的混合号码制，一、二级类目用字母标识，三级类目用数字标识。

第五节 档案著录和标引

一、档案著录和标引的含义和作用

档案著录，是指在编制档案目录时，对档案的内容和形式特征进行分析、选择和记录的过程。内容特征是指对档案主题的揭示，包括档案的分类号、主题词、摘要等；形式特征包括档案的题名、责任者、形成时间、地点、档号、文种、载体等。

在档案著录中对档案内容进行分析和选择，并赋予其规范化检索标识的过程，称为档案标引。其中，赋予其分类标识的过程，称为分类标引；赋予其主题标识的过程，称为主题标引。

档案著录和标引工作的作用是多方面的，具有登记、介绍、报道、交流和检索的作用，但其中最主要的是检索作用。

二、《档案著录规则》简介

为了建立健全档案目录体系，开展档案的交流，逐步实现档案检索的自动化，必须推行档案著录的标准化。我国制定并颁布了国家标准《档案著录规则》，作为全国档案著录的规范性依据。这个规则主要包括以下内容：

1. 著录项目

著录项目是指解释档案内容和形式特征所需要的记录事项。《档案著录规则》中规定的著录项目有：题名与责任者、文本、密级与保管期限、时间、载体形态、丛编、附注、标准编号及有关记载、提要、排检、编号等10大项，共包括23个小项。

2. 标识符号

标识符号是表示不同著录项目和著录含义的标志，其主要作用有：

第一，把概念转换成简洁、概括的书写形式，便于著录，便于输入计算机；

第二，用以固定的著录项目的顺序和识别不同的著录项目。

标识符号分为著录项目标识符和著录内容识别符两种。

（1）著录项目标识符，是注在每个著录项目之前的标识符号，主要有以下几种：

① .— 置于稿本与文种项、密级与保管期限项、时间项、载体形态项、附注项等著录项目之前。

② ‖（是水平方向）置于并列题名之前。

③ ：置于副题名及说明题名文字、文件编号、文种、保管期限、数量及单位、规格等著录项目之前。

④ / 置于第一个责任者之前。

⑤ ；置于多个文件编号之间、多个责任者之间。

⑥ ＋ 置于每一个附件之前。

（2）著录内容识别符，是表示著录项目中需要解释、补充说明、考证、存疑、缺字、起止连接事项等含义的符号。主要有以下几种：

① [] 置于自拟著录内容、文件编号中的年度等著录内容的两端。

② （）置于责任者所属机构名称、责任者真实姓名、责任者职责或身份、外国责任者国别及姓名原文、中国责任者时代、历史档案中的朝代纪年、农历、地支代月、韵目代日转换后的公元纪年等著录内容的两端。

③ ？用于不能确定的著录内容，一般与"[]"号配合使用。

④ 用于每一个残缺文字和未考证出时间的每一数字。未考证出的责任者及难以计数的残缺文字用三个""号。

⑤ · 外文缩写

⑥ — 用于日期起至和档号、电子文档号、缩微号各层次之间等著录内容之间。

⑦ … 用于节略内容。

3. 著录格式

著录格式是著录项目在条目中的排列顺序及其表达方式。《档案著录规则》中规定了文件级和案卷级两种条目著录格式，如表：

文件级条目著录格式

分类号	档案馆（室）代号
档号	缩微号
正题名‖（是水平方向）并列题名：副题名及说明题名文字：文件编号 [载体类型标识]/ 第一责任者；其他责任者 .—文本 .—密级；保管期限 .—文件形成时间 .—数量及单位：规格＋附件 .—（丛编）.—附注	
主题词	
提要	

案卷级条目著录格式

分类号	档案馆（室）代号
档号	缩微号
正题名‖（是水平方向）并列题名：副题名及说明题名文字 [载体类型标识].—密级；保管期限 .—案卷内文件起止时间 .—数量及单位：规格 .—附注	
主题词	
提要	

著录用文字必须规范化。文件编号、时间、载体形态项、排检与编号项中的数字一律用阿拉伯数字。

第六节 档案检索工具

一、档案检索工具的含义和作用

1. 档案检索工具的含义

档案检索工具，是用以揭示档案馆保存档案的内容和成分，是开发档案信息资源的工具。

它的基本职能有两个：

第一，存储，即将档案文件的有关特征著录下来，按照一定的顺序加以排列或进行客观的描述，以二次文献或三次文献的形式将档案信息集中起来。

第二，查找，即向利用者提供查找档案的线索，供利用者了解和查找档案时使用。

档案检索工具既是存储结果的最终体现，又是查找活动的必要条件，对检索效率具有重要的甚至是决定性的影响。

2. 档案检索工具的作用

档案检索工具在档案管理中具有以下几个作用。

（1）桥梁作用。

档案检索工具在数量浩繁、内容丰富的档案文献和利用者之间架设了一道"桥梁"，沟通了二者的借需关系，利用者借助检索工具便可以较为迅速准确地获取所需的档案。

（2）交流作用。

档案检索工具中存储了大量的档案信息，它不仅可以提供查询，同时可以成为档案馆与利用者、档案馆与档案馆之间的交流工具。利用者借助它即可概要了解馆藏档案的内容、价值等信息。

（3）管理作用。

档案检索工具记录了档案的主要内容和形式特征，集中、浓缩地揭示了馆藏情况，档案工作人员可以通过检索工具概要了解馆藏档案的内容、形式、数量等情况，为档案管理业务活动提供一定的依据。

尤其是馆藏性检索工具反映档案的实体顺序，在库房管理、档案数量统计等管理活动中直接发挥作用。

各种检索工具还是档案工作人员查找档案、提供咨询、开展档案编研工作的必要手段。

二、档案检索工具的种类

档案的内容、成分复杂，而人们利用档案的目的和要求不同，只靠一两种检索工具难以满足利用者的需要。为了适应从不同角度、深度、广度查找的种种需要，逐渐形成了多种类型的检索工具。目前比较常见的分类方法有以下几种。

1. 按照体例划分，可以分为目录、索引、指南

（1）目录。

目录是将档案的著录条目，按照一定的次序编排而成的检索工具，有分类目录、主题目录、专题目录。

（2）索引。

索引是将文件或案卷中所反映的某一内部或外部特征分别摘录、注明出处，以一定的顺序编排而成的检索工具。它分为人名索引、地名索引、档案存放地点索引、文号索引等。

（3）指南。

指南是以文章叙述的形式，综合介绍档案情况的一种检索工具，有全宗指南、专题指南、档案馆指南等。

2. 按照载体形式划分，分为书本式检索工具、卡片式检索工具、缩微检索工具、机读式检索工具

（1）书本式检索工具。

书本式检索工具又称簿式检索工具，是将著录条目连续排列并装订成册的检索工具。

（2）卡片式检索工具。

卡片式检索工具，是将一个条目著录一张卡片，将卡片按照一定顺序排列而成的检索工具。

（3）缩微检索工具。

缩微检索工具是以缩微摄影方式制作的、以胶片为载体的检索工具。这种检索工具用于手工检索时使用缩微阅读器放大阅读，也可用于计算机检索。

（4）机读式检索工具。

机读式检索工具，是以特定的编码形式将档案的内容和形式特征存储在计算机存储介质上由计算机识读的检索工具。使用时可以在屏幕上显示，也可以打印输出。

3. 按照检索范围划分，可以分为全宗范围检索工具、档案馆范围检索工具、专题范围检索工具、馆际范围检索工具

（1）全宗范围检索工具。

全宗范围检索工具，是以一个全宗或全宗的一部分档案为对象的检索工具，有案卷目录、案卷文件目录、全宗文件目录、全宗文件卡片目录、重要文件目录、重要文件卡片目录、文号目录、全宗指南等。

（2）档案馆范围检索工具。

档案馆范围检索工具，是以档案馆的全部或部分档案为对象的检索工具，有分类卡片目录、分类目录、主题卡片目录、主题目录、专题卡片目录、专题目录、专题介绍、人名卡片目录（或索引）、地名卡片目录（或索引）、档案馆指南等。

（3）专题范围检索工具。

专题范围检索工具，是以档案馆内有关某一专题的档案为对象的检索工具。如专题目录、专题指南、专题性人名索引、地名索引等。

（4）馆际范围检索工具。

馆际范围检索工具是以全国或某一地区若干档案馆的全部或部分档案（或专题）为对象的检索工具，有全国性的联合目录、地方性的各种联合目录等。

4. 按照功能划分，可以分为馆藏性检索工具、查检性检索工具、介绍性检索工具

（1）馆藏性检索工具。

馆藏性检索工具有案卷目录、案卷文件目录、存放地点索引等。

（2）查检性检索工具。

查检性检索工具有全宗文件目录、分类目录、专题目录、人名目录、全宗文件卡片目录、分类卡片目录、专题卡片目录、主题卡片目录、人名卡片目录等。

（3）介绍性检索工具。

介绍性检索工具有档案馆指南、全宗指南、专题指南等。

随着计算机技术在档案工作中的应用，很多传统手工式的目录被计算机数据库形式所取代，它们已经或即将退出历史舞台，不需要单独编制了。但是了解一下传统的目录，对建立数据库还是很有帮助的。

三、常见档案检索工具的编制方法

1. 案卷目录

案卷目录是以案卷为单位，依据档案整理顺序编排的检索工具。

案卷目录一般采用书本式，其目录表包括：顺序号、案卷标题、年度、卷内文件页数、保管期限、备注等。备注是用来记载案卷中某些需要特殊说明的问题，如移出、销毁、卷内文件的增减、霉烂、字迹模糊等。如下表：

案卷号		题名	年度	页数	期限	备注
档案室编	档案馆编					

2. 全引目录

全引目录，又称为卷内文件目录汇集，即将全宗或全宗的某一部分案卷内的文件目录汇编成册的检索工具，兼有案卷目录和卷内文件目录之功能。

其主要形式，是先列出每一个案卷的卷号、标题、起止日期、页数，接着就在下面列出这个卷的卷内文件目录。

这种检索工具的优点是不仅有案卷号、案卷标题，而且还有卷内每份文件的作者、文号、文件标题、文件成文日期，在页码、解释内容、成分上比较具体，查找案卷或单份文件较方便。如下表：

案卷号	题名		起止日期	卷内页数	保管日期	
	顺序号	文号	责任者	题名	日期	页号	备注

案卷号		题名	年度	页数	期限	备注
档案室编	档案馆编					

3. 全宗目录

全宗目录是一种介绍档案馆所有全宗状况的检索工具，它的内容包括全宗的名称、全宗号、全宗内案卷数量以及起止年代。

编制的目的是向利用者概要地揭示本馆所藏档案的范围以及用于档案的统计和保管工作。

全宗目录适合于档案数量较大，全宗较多的大中型档案馆。

4. 分类目录

分类目录是根据体系分类法的原理，以分类号为排检项，依据档案分类表的体系组织起来的一种检索工具。

分类目录的主要特点是系统地揭示档案的主题内容，具有较强的族性检索功能。

各档案馆的手工检索分类目录大多采用卡片式。

5. 主题目录

主题目录是根据主题法的原理，将档案的主题按照字顺序排列的一种目录。

主题目录的主要特点是能够集中地揭示有关同一事物的档案的内容，具有较好的特性检索功能。

6. 专题目录

专题目录是集中、系统地揭示档案馆内有关某一专门事物、某一专门内容档案的检索工具。如下表：

专题卡片		发生 事件	时间
			地点
类：			
属类：			
全宗名称：			
文件内容与成分简介：			
全宗号：	目录号：	案卷号：	页号：

7. 文号索引

文号索引是揭示档案的文号和档号之间对应关系的一种检索工具，它提供了一条按照文号检索档案的途径。

文号索引一般采用表格形式，所以通常称之为文号档号对照表。也有的档案室以文号为检索项设置较为全面的项目，形成文号目录。

文号索引可以分为号码对应式和位置对应式两种。

位置对应式是在制表时并不一一列出文号，而是用一定的格式确定每一发文号在表格中的位置，然后在该位置上直接填写该份文件的档号。如下表：

	0	1	2	3	4	5	6	7	8	9	10
0											
1											
2											
3											
4											
5											
6					3–2–21–1						
7											
8											
9											
10											

8. 人名索引

人名索引是揭示档案中所涉及的人物并指明出处的一种检索工具。在档案利用中检索人物占有相当的比重，由于在标题中很少反映人名，所以只有编制专门的人名索引才能解决这个问题。

人名索引包括人名和档号两部分，即把人名引向所在档案的档号，利用者通过索引的指引，可以查到某一人物的材料。

人名索引可以分为综合性和专题性两种。综合性人名索引是将馆藏档案中所涉及的全部人名变成索引；专题性人名索引是根据所列专题范围，如任免、奖励、处分等对涉及该专题的人名编制索引。

9. 地名索引

地名索引是揭示档案中所涉及的地名并指明出处的一种检索工具。以编史修志为目的的利用者往往需要反映某一地区各方面情况的档案材料，地名索引可较好地满足这一类利用需求，从地区角度提供较为全面的档案线索。

10. 档案馆指南

档案馆指南是一种全面、系统介绍馆藏档案情况的工具书，又称档案馆介绍。它是档案馆面对社会的一种宣传、报道性工具。借助这种工具，利用者可以较为全面地了解馆藏档案情况及利用档案过程中所需的各种信息。

档案馆指南从揭示馆藏的详简程度上可分为简明指南和详细指南，从揭示档案馆范围上可分为单一性档案馆和复杂性档案馆。

档案馆指南一般包括六部分，即说明或序言、目录、档案馆概况、馆藏档案情况介绍、馆藏资料情况介绍、附录。

11. 全宗指南

全宗指南是揭示档案馆内某一全宗档案情况的工具书，又称全宗介绍。全宗指南的内容主要包括以下三个方面：

（1）立档单位和全宗的历史概况。

在档案利用活动中，对立档单位历史的了解直接关系到对档案内部的理解。因为档案是历史的记录，不了解档案产生单位的性质、职能及机构设置情况，就难以全面认识该机关档案的价值。对立档单位情况的介绍主要包括单位名称、隶属关系、性质、任务、内部组织机构、主要领导人等方面的情况和沿革。

（2）全宗内档案概况。

全宗内的档案包括档案的来源、数量、进馆日期、整理、保管、鉴定情况、完整程度、所编制的检索工具等。

（3）档案的内容和成分。

依照原来的整理体系加以介绍；如果是按照组织机构分类的，则按照机构逐一介绍；如果是按照问题分类的，可按照原先划分的类目逐一介绍。介绍档案内容，原则上是以案卷为单位，也可视实际情况灵活掌握，对于若干个问题相近或相同的案卷可以合并介绍；对有特色和价值较大的文件可单独介绍。

12. 专题指南

专题指南是介绍报道档案馆中反映某一特定题目档案的工具书，又称专题介绍。

专题指南的基本结构由三部分组成，即序言、档案内容介绍、附录。

（1）序言。

序言对该题目的含义、意义、选材范围、档案价值、编写方法做概要说明。

（2）档案内容介绍。

这是专题指南的主体部分，是以专题目录为基础编写的指南，可按照专题目录中划分的类别分别介绍。介绍时可采用简要介绍、详细介绍、重点介绍、全面介绍相结合等方法，可介绍档案的来源、内容、起止时间、价值等方面的情况。

（3）附录。

附录可将专题指南材料来源的全总名单、人名、地名索引等加以编排，以便利用者使用。

第七节 档案目录数据库

一、档案目录数据库的概念和种类

1. 档案目录数据库的概念

档案目录数据库是档案数据库的一种存在形式。一般来说，档案数据库是以一定的组织方式存储在一起的相关档案数据的集合。档案目录数据库是将档案目录信息以一定的组织方式存储在一起的相关数据的集合。

建立档案目录数据库是实现档案信息化管理的一项重要工作内容。它可以有效提高档案服务人员和档案用户对档案信息资源的检索效率，增强检索效果。理解档案目录数据库的概念，主要应把握以下几个方面的含义。

（1）档案目录数据库的数据记录来源。

档案目录数据库的数据记录主要是档案管理部门（包括文档中心、档案室、档案馆等）已收藏的档案资源。

（2）档案目录数据库的数据记录构成。

档案目录数据库的数据记录由若干数据字段组成。每个数据字段包括：字段名称、字段名、字段类型及字段长度等项目。其中，字段名称是指需要著录的著录目录，包括必要项目（必著项）和选择著录项目（选著项），如档案号、提名、责任者、密级、保管期限、电子文档号等；字段名是指标识数据字段名称的一组符号，如"档号"的字段名是"DH""责任者"的字段名是"ZRZ"等；字段类型是指各字段对应内容的数据类型，包括字符型、数字型、日期时间等（常见的数据字段类型可参见表1）；字段长度是指数据字段中可存放数据的最大字节数。

（3）档案目录数据库的数据库结构。

档案目录数据库的基本结构可分为三个层次，即物理数据层、概念数据层和逻辑数据层。物理数据层是数据库的最内层，是物理存储设备上实际存储的数据的集合。这些数据是原始数据，是用户加工的对象，由内部模式描述的指令操作处理的位串、字符和字组成。概念数据层是数据库的中间一层，是数据库的整体逻辑表示。它指出了每个数据的逻辑定义及数据间的逻辑联系，是存储记录的集合。所涉及的是数据库素有对象的逻辑关系，而不是它们的物理情况。逻辑数据层是档案用户可以看到和使用的数据集库，表示一个或一些特定档案用户使用的数据集合，也就是逻辑记录的集合。数据库的数据不同层次简的联系可以通过映射来实现。

常见的档案目录数据库的数据结构种类有："案卷及目录数据库结构""文件级目录数据库结构 I"和"文件级目录数据库结构 II"等数据结构。其中"案卷级目录数据库结构""文件级目录数据库结构 I"适用于立卷方式整理的档案目录；"文件级目录数据库结构 II"适用于依据《归档文件整理规则》（DA/T22–2000）整理的档案目录。

表1——SQL SERVER 数据类型

数据类型	类型	描述
bit	整型	bit 数据类型是整型，其值只能是 0、1 或空值。这种数据类型用于存储只有两种可能值的数据，如 Yes 或 No、True 或 False、On 或 Off
int	整型	int 数据类型可以存储从 –231 到 231 之间的整数。存储到数据库的几乎所有数值型的数据都可以用这种数据类型。这种数据类型在数据库里占用 4 个字节

续表

smallint	整型	smallint 数据类型可以存储从 –215 到 215 之间的整数。这种数据类型对存储一些常限定在特定范围内的数值型数据非常有用。这种数据类型在数据库里占用 2 字节空间
tinyint	整型	tinyint 数据类型能存储从 0 到 255 之间的整数。它在你只打算存储有限数目的数值时很有用。这种数据类型在数据库中占用 1 个字节
numeric	精确数值型	numeric 数据类型与 decimal 型相同
decimal	精确数值型	decimal 数据类型能用来存储从 –1038–1 到 1038–1 的固定精度和范围的数值型数据。使用这种数据类型时，必须指定范围和精度。范围是小数点左右所能存储的数字的总位数。精度是小数点右边存储的数字的位数
money	货币型	money 数据类型用来表示钱和货币值。这种数据类型能存储从 –9220 亿到 9220 亿之间的数据，精确到货币单位的万分之一
smallmoney	货币型	smallmoney 数据类型用来表示钱和货币值。这种数据类型能存储从 –214748.3648 到 214748.3647 之间的数据，精确到货币单位的万分之一
float	近似数值型	float 数据类型是一种近似数值类型，供浮点数使用。说浮点数是近似的，是因为在其范围内不是所有的数都能精确表示。浮点数可以是从 –1.79E+308 到 1.79E+308 之间的任意数
real	近似数值型	real 数据类型像浮点数一样，是近似数值类型。它可以表示数值在 –3.40E+38 到 3.40E+38 之间的浮点数

续表

datetime	日期时间型	datetime 数据类型用来表示日期和时间。这种数据类型存储从 1753 年 1 月 1 日到 9999 年 12 月 3 1 日间所有的日期和时间数据，精确到三百分之一秒或 3.33 毫秒
Smalldatetime	日期时间型	smalldatetime 数据类型用来表示从 1900 年 1 月 1 日到 2079 年 6 月 6 日间的日期和时间，精确到一分钟
cursor	特殊数据型	cursor 数据类型是一种特殊的数据类型，它包含一个对游标的引用。这种数据类型用在存储过程中，而且创建表时不能用
timestamp	特殊数据型	timestamp 数据类型是一种特殊的数据类型，用来创建一个数据库范围内的唯一数码。一个表中只能有一个 timestamp 列。每次插入或修改一行时，timestamp 列的值都会改变。尽管它的名字中有"time"，但 timestamp 列不是人们可识别的日期。在一个数据库里，timestamp 值是唯一的
Uniqueidentifier	特殊数据型	Uniqueidentifier 数据类型用来存储一个全局唯一标识符，即 GUID。GUID 确实是全局唯一的。这个数几乎没有机会在另一个系统中被重建。可以使用 NEWID 函数或转换一个字符串为唯一标识符来初始化具有唯一标识符的列
char	字符型	char 数据类型用来存储指定长度的定长非统一编码型的数据。当定义一列为此类型时，你必须指定列长。当你总能知道要存储的数据的长度时，此数据类型很有用。例如，当你按邮政编码加 4 个字符格式来存储数据时，你知道总要用到 10 个字符。此数据类型的列宽最大为 8000 个字符

续表

varchar	字符型	varchar 数据类型，同 char 类型一样，用来存储非统一编码型字符数据。与 char 型不一样，此数据类型为变长。当定义一列为该数据类型时，你要指定该列的最大长度。它与 char 数据类型最大的区别是，存储的长度不是列长，而是数据的长度
text	字符型	text 数据类型用来存储大量的非统一编码型字符数据。这种数据类型最多可以有 2^{31}–1 或 20 亿个字符
nchar	统一编码字符型	nchar 数据类型用来存储定长统一编码字符型数据。统一编码用双字节结构来存储每个字符，而不是用单字节（普通文本中的情况）。它允许大量的扩展字符。此数据类型能存储 4000 种字符，使用的字节空间上增加了一倍
ntext	统一编码字符型	nvarchar 数据类型用作变长的统一编码字符型数据。此数据类型能存储 4000 种字符，使用的字节空间增加了一倍
binary	二进制数据类型	ntext 数据类型用来存储大量的统一编码字符型数据。这种数据类型能存储 2^{30} –1 或将近 10 亿个字符，且使用的字节空间增加了一倍
varbinary	二进制数据类型	varbinary 数据类型用来存储可达 8000 字节长的变长的二进制数据。当输入表的内容大小可变时，你应该使用这种数据类型
image	二进制数据类型	image 数据类型用来存储变长的二进制数据，最大可达 2^{31}–1 或大约 20 亿字节

2. 档案目录数据库的种类

档案目录数据库根据不同的划分标准，可以区分为不同的种类。依据档案数据记录揭示档案内容和形式特征的深度，可以将档案目录数据库划分为文件级档案目录数据库和案卷级档案目录数据库；依据档案数据记录揭示档案资源的种类或类型，可以将档案目录数据库划分为文书档案目录数据库、科技档案目录数据库、专门档案目录数据库、明清档案目录数据库、革命历史档案目录数据库等；依据档案数据记录揭示档案资源的范围，可以将档案目录数据库区分为全国性档案目录数据库、区域性档案目录数据库、行业性档案目录数据库、档案馆档案目录数据库、档案室档案目录数据库、企业档案目录数据库；依据档案数据记录揭示档案资源的保密层级，可以将档案目录数据库区分为开放型档案目录数据库、保密型档案目录数据库；依据档案数据记录揭示档案资源的深度和广度，可以将档案目录数据库区分为综合性档案目录数据库、专题性档案目录数据库等。

二、档案目录数据库的结构

档案目录数据库主要包括两种类型，即文件级 .DBF 目录数据库结构和案卷级 .DBF 目录数据库结构。

1. 文件级 .DBF 目录数据库机构

文件级档案目录数据库中的数据记录通常由 21 个数据字段组成。其数据记录的字段名称、字段名、字段类型和文字长度可以参见表 2 执行。

表 2——文件级 .DBF 目录数据库结构

序号	字段名称	字段名	字段类型	字段长度	备注
1	档案馆代码	GDM	字符型	6	
2	档号	DH	字符型	24	
3	微缩号 *	SWH	字符型	18	
4	电子文档号 *	DZWDH	字符型	24	
5	题名	TM	字符型	250	
6	文件编号	WJBH	字符型	100	
7	责任者	ZRZ	字符型	100	

续表

8	时间	SJ	字符型	40	
9	保管期限	BGQX	字符型	4	
10	密级 *	MJ	字符型	4	
11	解密划控	JMHK	字符型	1	
12	载体类型 *	ZTLX	字符型	10	
13	载体数量 *	ZTSL	字符型	3	
14	载体单位 *	ZTDW	字符型	10	
15	载体规格 *	ZTGG	字符型	10	
16	稿本 *	GB	字符型	10	
17	分类号	FLH	字符型	24	
18	档案主题词	DAZTC	字符型	100	
19	公文主题词 *	GWZTC	字符型	100	
20	文件状况 *	WJZK	字符型	1	档案室选著
21	附注 *	FZ	字符型	100	

注：带"*"者为选择字段。

2. 案卷级 .DBF 目录数据库结构

案卷级档案目录数据库中的数据记录通常由 16 个数据字段组成。其数据记录的字段名称、字段名、字段类型和字段长度可以参见表 3 执行。

表3——案卷级 .DBF 目录数据库结构

序号	字段名称	字段名	字段类型	字段长度	备注
1	档案馆代码	GDM	字符型	6	
2	档号	DH	字符型	24	
3	微缩号 *	SWH	字符型	18	
4	题名	TM	字符型	250	
5	责任者	ZRZ	字符型	100	
6	起始时间	QSSJ	字符型	20	
7	终止时间	ZZSJ	字符型	20	
8	保管期限	BGQX	字符型	4	
9	解密划控	JMHK	字符型	1	
10	载体类型 *	ZTLX	字符型	10	
11	载体数量 *	ZTSL	字符型	3	
12	载体单位 *	ZTDW	字符型	10	
13	载体规格 *	ZTGG	字符型	10	
14	分类号	FLH	字符型	24	
15	档案主题词	DAZTC	字符型	100	
16	附注 *	FZ	字符型	100	

注：带"*"者为选择字段。

3. 革命历史档案、明清档案、民国档案目录数据库结构

各级国家档案馆在建立中华人民共和国成立前历史档案的目录数据库时，可以根据历史档案的种类，分别采用相关行业标准来进行。其中，革命历史档案的

目录数据库建设，可参照《革命历史档案机读目录软磁盘数据交换格式》（DA/T17.5—1995）执行；明清档案目录数据库的建设，可参照明清档案目录中心数据采集标准《明清档案机读目录数据交换格式》（DA/T33—2005）执行；民国档案目录数据库的建设，可参照民国档案目录中心数据采集标准《民国档案机读目录软磁盘数据交换格式》（DA/T20.4—1999）执行。

三、档案目录数据字段的著录

1. 档案目录数据字段的选择

档案目录数据库的数据记录的数据字段分为必要字段和选择字段两种。其中，必要字段是指在数据记录中必须著录的字段，当前尚未产生的必要字段，如主题词、分类号等，可在完成标引后予以补充；选择字段是指档案部门可以根据实际情况加以取舍的字段，表2和表3中所列字段带"*"者就是选择字段。

2. 档案目录数据字段的著录项目及著录要求

（1）档案馆代码。

档案馆代码的著录可根据《全国档案馆名称代码》（中国档案出版社出版）赋予的档案馆代码著录（档案室此项不著）

（2）档号。

档号的著录可根据《档号编制规则》（DA/T13-94）编制的档号结构进行著录。文书档案的档案号结构一般为："全宗号—案卷目录号—案卷号—件号、页（张）号。"凡是已经进行文书立卷改革的立档单位，且已按照《归档文件整理规则》整理的档案目录，其档号的著录结构为："全宗号—年度—件号"或"全宗号—年度—保管期限—类别—件号。"

①全宗号。

用四位代码标识。其中第一位用汉语拼音字母标识全宗属性，后三位用阿拉伯数字标识某一属类全宗的顺序号。一个档案馆（室）内全宗号不得重复。

②案卷目录号。

可根据全宗内档案整理状况设置。可按不同时间，不同组织结构，不同保管期限，不同专题或不同载体形态设置。一个全宗内不应有重复的案卷目录号。案卷目录号以二位阿拉伯数字标识。

③宗卷号。

一个案卷目录内的案卷号按排列次序流水编号，不得重号，用四位阿拉伯数字标识。

④分卷号。

为选择字段。归档插卷造成案卷号重号时，赋予重号部分案卷的排列顺序号。同一案卷号下各卷依次序流水编分卷号，同一卷号下的分卷号不得重复。分卷号用两位阿拉伯数字标识，分卷号与案卷号间用小数点"."分隔。

⑤年度。

按照《归档文件整理规则》整理的档案，年度指文件形成年度，是一种分类方法。年度以四位阿拉伯数字标识公元纪年，如"2012"。

⑥件号。

用三位阿拉伯数字标识。案卷内文件按排列次序流水编号，同一案卷号下件号不能重复，也不应有空号。

⑦页（张）号。

用三位阿拉伯数字标识。案卷内每页（张）按排列次序流水编号。同一案卷同内内页号不能重复。

（3）缩微号。

档案缩微制品的编号，包括"案卷缩微号"和"文件缩微号"两种。

①用缩微胶卷拍摄的案卷，其缩微号的推荐格式由全宗号、盘号、案卷地址号组成。其中全宗号可依据《档号编制规则》编制；盘号是在一个全宗内，按拍摄先后顺序给每盘缩微品的编号，用三位数表示；案卷地址号即案卷在缩微胶卷中的顺序号。

②用缩微平片拍摄的案卷，其缩微号推荐格式由全宗号、平片号组成。其中，全宗号可根据《档号编制规则》编制；平片号是在一个全宗内，按拍摄先后顺序给每张缩微平片的编号，一般由五位数组成。

③文件缩微号的著录要求：用缩微胶卷拍摄的文件，其文件的缩微号是在案卷缩微号后用连线"—"加上文件件号或所在页号，件号或页号用三位数表示。

④以缩微平片形式拍摄的文件，其文件缩微号是在案卷缩微号后用连线"—"加上文件件号或所在页号，件号或页号用三位数表示。

（4）电子文档号。

档案馆（室）收藏电子文件的一组符号代码。可使用由存储介质代码、全宗号、盘号及电子文件名称四部分组成的格式。其中，存储介质代码用字母表示，"GP"表示光盘，"CD"表示磁带，"CP"表示磁盘；全宗号可根据《档号编制规则》编制；盘号用数字表示，一般为两位数；电子文件名称可根据管理方便的原则自行规定。各个部分之间用"—"号连接，如 CD—A007—03—LDF9002.TXT。

（5）题名。

题名包括正题名、并列题名、副题名及说明题名文字。

①文件题名。

一般照原件著录，如原件没有题名，则应自拟题名，并加"[ ]"号。原题名不能反映文件主要内容时，原题名照录，并据其内容另拟题名，加"[ ]"号附后。

文件除正题名外，有并列题名，副题名，说明题名文件时，应按序依次著录。其中，并列题名是以另一种语言文字书写的与正题名相对照的题名。正题名与并列题名之间加"—"号。副题名是解释或从属于正题名的另一题名。说明题名文字是指在题名前后对档案内容、范围、用途等的说明文件。副题名、说明题名文字前加"："号。

文件题名中的责任者与责任者项的内容重复时可省略不著。但如果责任者名称是题名不可缺少的组成部分，则应将责任者名称作为题名的一部分著录。

②案卷题名。

一般照录原文，原提名不能揭示案卷内容或语句冗长不通时，应修改后再著录。

（6）文件编号。

文件制发过程中，由制发机关、团体或个人赋予文件的顺序号。包括发文字号、科研实验报告流水号、标准规范类文件的统编号、图号等。文件编号除年度用"[ ]"号外，其余照原文字和符号抄录。联合发文或有多个文件编号的文件，一般只著录立档单位的文件编号。

（7）责任者。

对档案内容进行创造、负有责任的团体或个人。个人责任者一般只著录姓名，必要时在姓名后著录与文件相应的单位、职务、职称，并加"（ ）"。团体责任者必须著录全称或不发生误解的通用简称，同一团体责任者的名称前后著录应一致。责任者有多个时，最多著录三个责任者，其中列居首位的责任者及立档单位本身是责任者的必须著录，被省略的责任者用"等"表示，各责任者之间以"；"号相隔。文件所署责任者为代称、别名、笔名时，应照原文著录，另将其真实名称加"（）"附后。未署责任者或原责任者不完整、不准确时，应著录考证出的正确的责任者，并加"[ ]"号。会议文件责任者应写明会议全称、举行的届次数。

（8）时间。

按著录对象的不同，分为文件形成时间和卷内文件起止时间。

①文件形成时间。

一般公私文书、信札为发文时间，决议、决定、命令、法令、规程、规范、标准、条例等规范性文件为通过或发布时间，条约、合同、协议为签署时间，技术评审证书、技术鉴定证书、转产证书为通过时间，获奖证书、发明证书、专利证书为颁发时间，科研实验报告、学术论文为发表时间，工程施工图、产品加工图为设计时间，竣工图为绘制时间，原始实验记录、测定检测数据为记录时间。文件形成时间由八位阿拉伯数字组成，即为YYYYMMDD。其中，"Y"表示年度，为四位数；"M"表示月份，为二位数；"D"表示日期，为二位数。汉字"年""月""日"可省略不著。位数不足者，应补"0"。

文件时间凡出现农历、民国记年或地支代月、韵目代日的，一律转化成公元纪年，不加注。

原文件未署时间或署时间有误者，应著录考证出的准确的文件时间，并加"[ ]"号。文件时间不完整或部分时间字迹不清时，仍著录原时间，原时间中缺少或字迹不清部分以"0"补之，考证出的时间根据不足时，在其后加"？"字符。由若干份文件为对象著录一个条目时，著录其中最早和最迟形成的文件时间，中间用"—"连接。

②案卷内文件起止时间。

其中，起始时间是指案卷内形成最早的文件日期；终止时间是指案卷内形成最晚的文件日期。

（9）保管期限。

根据档案价值确定的档案应该保存的时间。一般分为永久、定期两种。保管期限一般按案卷组成时所定保管期限著录，若已更改的，则应著录新的保管期限。

（10）密级。

密级一般按文件形成时所定密级著录，对已升、降、解密的文件，应著录新的密级，公开级、国内级可不著录。密级按 GB/T7156—1987 文献保管等级代码表划分为 6 个级别，名称代码见表 4。

（11）解密划控。

表 4——文献保密等级代码

名称	数字代码	汉语拼音代码	汉字代码
公开级	0	GK	公开
国内级	1	GN	国内级
内部级	2	NB	内部
秘密级	3	MM	秘密
机密级	4	JM	机密
绝密级	5	UM	绝密

遵照《中华人民共和国档案法》有关规定，根据档案文件形成时间及文件内容确定档案是向社会开放还是继续保密控制使用。档案馆已确定为开放的文件或案卷，此项不著，不开放的文件或案卷则著录"K"字。

（12）载体类型。

档案载体物质形态的种类。分为甲骨、金石、简牍、缣帛、纸、唱片、胶片、胶卷、磁带、磁盘、光盘等。以纸张为载体的档案一般不予著录，其他载体类型据实著录。

（13）载体数量及单位。

数量为阿拉伯数字，单位用档案物质形态的统计单位，如"件""页""张""册""盒""盘"等。

（14）载体规格。

档案载体的尺寸及型号。如：16开、A4、105mm×148mm、3.5英寸。

（15）稿本。

指文件的文稿、文本和版本。分为正本、副本、草稿、定稿、手稿、草图、原图、底图、蓝图、影印本等。稿本应据实著录。

（16）分类号。

根据档案分类法确定的档案所属类目的符号。分类号应依据《中国档案分类法》（第二版）和《档案分类标引规则》（GB/T15418—94）进行标引。

档案分类标引应根据档案的主体内容、价值、实际用途等因素，选定适当的标引深度，一般不超过3个分类号，各分类号之间用"＋"号连接

归类相互交叉情况的处置要求：

第一，采取集中归类与分散归类相结合的办法。例如：机构、人事方面的档案，根据《中国档案分类法》的类目设置，应按党、政、军系列分别归类，但某些系统（如科研系统）的机构、人事档案则在本专业类相对集中。又如，计划、统计、基本建设、设备、经费方面的档案，属于综合性的分别归于"JA计划""JD统计""R城乡建设、建筑业""NJ机械工业""KA财政"，属于各专业的则分别归入相关专业类。

第二，采取规定宜入类目的办法。例如，标准、计量方面的档案，根据《中国档案分类法》类目设置，既可归入"U标准、计量、专利"类，也可归入各专业类下所设的"UA标准""UB计量"类。实际工作中，可根据本部门检索需要，在分类表中规定其中一个类目为实际使用类目，并在另一重复类目下注明"宜入XXX类"。

（17）主题词和关键词。

①主题词是揭示档案主体内容的规范化的词或词组。

主题词应依据《中国档案主题词表》或本专业、本单位的规范化词表及《档案主题标引规则》（DA/T19—1999）进行标引。

一个案卷或文件的主题词一般控制在10个以内，各个主题之间空一个汉字的位置。

专用名词如机构名称、人名、地名、会议名称等，已编入词表的，要选用词表中的正式主题词，例如王尽美（王瑞俊、王灼斋）应标引为"王烬美"；未编

入词表中的，则应选用统一的自然语言进行标引。

词表中若出现两个或两个以上的正式主题词表达统一概念语义时，应在词间规定用（Y）、代（D）关系，避免分散标引。例如，《中国档案主题词表》正式主题词中，有战史、劳模、国民党、政治党、政治局会议，同时也有战争史、劳动模范、中国国民党、中央政治局会议，则应分别规定其中最常用、最通用的一个词为正式主题词，另一个同义词为非正式主题词。

②关键词。

关键词是在标引和检索中取自文件题名或正文用以表达档案主题并具有检索意义的词或词组。关键词可标引分类号的汉语类名。多个关键词之间用"；"间隔。

（18）文件状况。

根据档案载体的完好程度著录。著录时用代码标识。档案完好者，不予著录；档案载体破损不全用"A"表示；档案字迹褪色用"B"表示；档案载体老化用"C"表示；其他用"D"表示。

（19）附注。

对各个数据字段的补充解释与说明。依各项目的顺序依次著录，项目以外需要解释和说明的列在其后。具体情况包括：

①各数据字段需要注明的事项。

主要注明同一文件的不同题名或其他称谓、责任者、时间考证依据或著录来源等。例如："题名又称'三大方案报告'""责任者系根据统计表制发机关确定""文件时间系刊物所载时间"等。

②各数据字段以外需要注明的事项。

主要注明文件附件题名，文件的特殊来源如捐赠、购买、交换、复制、寄存等，文件的真伪判断等情况。例如，"此件复制于中央档案馆"，"该件由×××于×××年捐赠"等。

四、档案目录数据交换格式及要求

1. 交换档案目录数据的文件格式

《档案目录数据采集规范》（DB37/T536—2005）规定扩展名为 .DBF 的Xbase 关系型数据库文件作为档案目录数据交换的文件格式。

2. 档案目录数据交换要求

档案目录数据交换一般应满足如下几点要求：

第一，目录数据交换文件的组织方式是以 .DBF 为扩展名的关系型数据文件。

.DBF 数据文件名：

用于数据交换的 .DBF 数据库文件以数据交换年度进行分存贮介质容量时，可分割为若干个子库文件存储，并按顺序进行编号。子库文件从 01—99 编号，如无子库文件，不编号。文件名格式中，除以下几种情况外所有项目都必须著录：

①建库单位是档案馆，可以不著录全宗号。

②建库单位的全宗号如还未确定，可以不著录全宗号，允许文件名末尾加建库单位的简称。

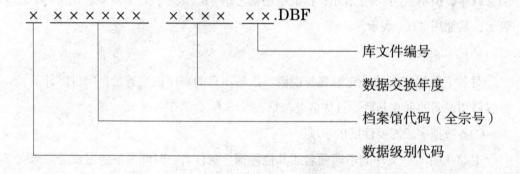

③不进馆的档案数据库可以不著录档案馆代码和全宗号，允许文件名末尾加建库单位的简称。

数据级别分为文件级和案卷级。文件级用汉语拼音字母"w"表示，案卷级用汉语拼音字母"A"表示。

例 1：建库单位是某省委，数据级别是文件级数据库，档案代码是 223001，某省委全宗号是 0101，数据库交换年度是 2014 年，子库文件编号为 2 号。

库文件名著录为：w2230010101201402.DBF。

例 2：建库单位是某市档案馆，数据级别是案卷级数据库，档案代码是 223010，数据库交换年度是 2013 年，子库文件编号为 1 号。

库文件名著录为：A223010201201.DBF。

例3：建库单位是某省住建委，数据级别是文件级数据库，档案馆代码是223001，全宗号还未确定，数据库交换年度是2005年，子库文件编号为1号。

库文件名著录为：w223001200501某省住建委.DBF

例4：建库单温是中国人民大学，数据级别是案卷级数据库，数据库交换年度是2008年，子库文件编号为1号。

库文件名著录为：A200801中国人民大学.DBF

第二，经过加密处理的数据，交换时必须提供解密手段，保证可读性。登记备份的目录可加密备份，移交时应注明密级。

第三．经过压缩处理的数据，交换时必须提供解压缩手段。

第四，档案目录数据交换建议使用光盘、优盘或移动硬盘，不推荐使用3.5英寸软盘。

注意：网上传递仅限于没有密级的目录数据。

第五，档案目录数据交换盘应带有外部标识，注明全宗名称、全宗号、相关年度及盘号。馆际之间档案目录数据交换要注明档案馆代码。

第六，档案目录数据交换盘应经过材质、内容、病毒等检测，材质符合要求、内容完整检验，确认为无病毒盘才能接收。

第七，《档案目录数据采集规范》涉及的各种符号，如"＝""＋""[ ]""."等，录入时，一律用"半角"。

第八节 档案编研概述

一、档案编研的定义

档案编研是档案部门根据馆（室）藏档案和社会需求，在研究档案内容的基础上，编写参考资料、汇编档案文件、参与编史修志、撰写论文专著等。

档案编研的内容有：一是熟悉档案馆藏档案资源构成，研究档案馆藏档案资源内容，这是档案编研工作的基础性工作。二是形成不同层次的、形式多样的编研成果。编研主要包括编写档案参考资料，汇编档案文集和编纂档案史料，参加历史研究和编史修志，撰写有关文章和著作。

二、档案编研工作的意义

1. 档案编研工作是科学开发利用档案资源的有效方法

档案工作不只是收发借还的服务方式，而要充分利用档案信息资源，在深入研究档案内容的基础上，根据档案馆藏需求，深入发掘档案资源，从各门类档案中，各种载体形式档案中以及相关资料中提取开展编研工作的信息资料，通过档案的编研成果服务于各项事业。

2. 档案编研工作是保存、积累、介绍经验的重要措施

档案编研成果具有存史、资政、文化和教化等功能，如档案中有许多珍贵的

历史资料、重大历史事件、一定影响力的典型人物等，通过编研工作，把这些专题资料提供给利用者，使他们有更全面地了解。在工作中，档案部门能够综合分析，而进行充分利用档案信息资源，将档案中有价值和推广意义的信息撰写成编研成果，为单位决策和提高工作查证提供利用，使许多重要的档案资料复制和流传。

3. 档案管理的基础工作随着档案编研得到加强

档案部门对档案的收集、整理、归档、保管、提供利用等都是档案管理的基础工作，档案的齐全完整是做好档案编研工作的前提。通过编研工作，可以看出档案归档是否完整准确、检索工具是否齐全，从而加强档案管理的基础工作。

第九节 高校档案编研工作

一、高校档案编研工作的形式

高校档案门类繁多，数量浩瀚，内容丰富，范围广泛，这就决定着高校档案编研的多样性。

1. 编研工作在形式上应该具有本校档案的特色

无论是编制多种检索工具，还是汇集档案文献、编写档案参考资料，都应该以本校档案的核心、实质部分为重点，以教学、科研及其管理和对外教育、学术交流为主要目标，真正反映出高校档案编研的特色。

2. 编研形式与实际需要相统一

档案编研成果是否有实用价值，取决于它的形式与内容是否符合本校工作的实际需要。要做到编研形式与利用的需要相一致，就必须根据学校档案的"三用性"即重复用、经常用和系统用，来思考编研的形式和内容。

（1）重复用。

重复用，是指一项工作的进行、一个问题的处理、一项决策的制订过程，必须以档案为依据、凭证与借鉴，从而需要重复查阅利用有关的档案。

（2）经常用。

经常用，是指档案作用的依据性、凭证性和不可代替性，决定着档案的常用性。

（3）系统用。

系统用，是指提高高等教育水平、探索高教规律、开展人物研究、编写校史等，都需要系统地查阅利用有关的档案材料。

二、高校档案编研的具体内容

1. 党政管理类

（1）历年的组织机构图，它可以说明学校的组织沿革。

（2）人事任免令，包括历届校长、党委书记、处、科级干部任免及高级专业技术人员（教授、副教授）和中级职称人员名册。

（3）历年来各类人员统计。

（4）历年调入、调出、离、退休人员名单。

（5）历届党、团员代表大会简介。

（6）历年大事记汇编。

2. 教学类

（1）历年导师招收博士后、博士、硕士研究生的人数。

（2）历年本科生、专科生招生人数。

（3）历年函授、夜大招生人数。

（4）历年毕业生人数。

（5）历年授予博士、硕士、学士学位情况。

（6）历年本科毕业生分配去向。

（7）学籍处理情况（退学、休学、复学、留级、转学、专业人员名册）。

（8）历年对学生处分、奖励情况。

（9）历年编写教材情况。

（10）研究生论文简介。

（11）本科生优秀论文目录汇编等。

3. 科研类

（1）历年重大科研成果选编。

（2）学术论文目录。

（3）经济效益统计。

4. 基本建设类

（1）基建档案简介。

（2）历年基本建设情况。

（3）历年教职工宿舍居住情况。

（4）现有校舍情况。

5. 仪器设备类

（1）设备档案简介。

（2）设备说明指南。

6. 产品生产类

（1）产品简介。

（2）目录汇编。

7. 出版类

学报目录汇编等。

8. 外事类

（1）历年出国参加国际会议情况。

（2）历年出国访问、讲学情况。

（3）历年教师出国学习情况。

（4）历年出国工作、定居人员情况。

（5）历年邀请外宾讲学、访问情况。

9. 财会类

（1）历年教育事业费用支出决算。

（2）预决算目录汇总等。

三、高校档案编研工作的要求

1. 研究档案编研工作理论，进一步提高对编研工作的认识

虽然现在人们在开发档案信息资源和搞档案利用工作，但对于适应信息时代的客观要求，有效服务于学校的教学、科研和其他各项管理工作，体现高层次信息资源开发的编研工作，却没有放到应有的突出位置。因此，编研工作的理论应在指导业务的基础上，展示更新更高的研究成果。现实呼唤理论，理论推进实践，体现档案事业发展的编研工作应在整个档案工作中占有更为显著的位置，这也应该成为档案界同仁的共识。

2. 遵循档案编研工作原则，保证编研工作有法可依

档案的编研工作需要遵循存真、适用、优化和合法的原则。编研工作要坚持辩证唯物主义和历史唯物主义观点，保证编研素材的真实性和客观性。在众多编研素材中对比筛选，选择对编研内容最为有利的材料，确保其适用，从而保证编研成果质量。编研过程中应该考虑编研成果的合法性。在人们法律意识日益增强和档案法律法规逐步完善的今天，搞好档案编研这项开发工作，在市场经济条件下更需要法律的调整和规范。必须遵守《知识产权法》《档案法》《保密法》《专利法》等法律、法规的规定要求，以确保档案编研工作有章可循、有法可依。

3. 开拓档案编研工作思路，使编研工作规范化、科学化

（1）实行规范化管理是由编研工作的性质决定的。

现代社会要求信息交流必须真实、准确、简洁、适用、及时。这就要求档案编研工作必须以科学化、规范化为基础。作为一项创造性的脑力劳动，编研工作需要编研人员发挥才智，建立规范化、制度化的工作程序，这样，才能更好地满足社会对档案信息的需求。实现这一目标的根本途径，只能是建立在科学基础上的规范化、制度化的编研工作。

（2）实行规范化管理是由编研工作本身的特点决定的。

"编"就是对档案文献进行整理加工和汇集，"研"就是对档案内容的研究与考证。二者互为一体，又互为递进。"编"是"研"的基础和前提，"研"是"编"的深化与加工。"编"与"研"必须实现有机结合、同步发展，才能创造出高质量的成果。

（3）编研既有独立性，又与档案工作的其他环节紧密联系。

编研工作属于出成果的最后阶段，与其他档案工作环节相比，编研工作具有一定的独立性，但又需要建立在其他环节的基础之上。没有相应的制度，没有一定的规范，编研就无法同其他环节协调，必然出现脱节，甚至会因为相互之间的牵制而给整个档案工作带来不好的影响。

4. 档案编研工作规划要具有超前性

随着高校各项事业的快速发展，档案工作的服务领域不断拓宽，档案编研工作要面对各种各样的新情况和新问题，要及时对编研规划做出相应的反映和调整。要深入细致地进行调查研究，了解各类档案用户的利用需求，甚至要了解当前和今后一个时期利用者对档案信息的需求情况，形成思路，超前规划，有针对性地开展编研工作，及时准确地将最新、最有价值的档案编研成果提供给利用者

高校档案信息化

第五章

第一节 档案信息化的概念和内容

计算机技术和通信技术的广泛应用，从根本上改变了信息产生、传输、存储的方式，这种方式的改变推动了社会经济结构、生产方式以及人们生活方式和工作方式的彻底变革，这一过程被概括为"信息化"。信息化已经成为各行各业建设的重点，成为世界各国的发展战略。档案信息化则是国家信息化、地区信息化、行业信息化、机构信息化的重要组成。

一、档案信息化的概念

档案信息化是指应用信息技术生成、管理、开发利用档案的过程。具有以下特点。

1. 它是动态的概念

信息化是一个渐进的过程，档案信息化会随着信息化的推进而不断发展。因此，无法回答某一国家、某一地区、某一行业、某一单位是否实现了档案信息化，只能分析档案信息化建设的状态和水平。

2. 它的前提是信息技术的应用

信息技术应用是档案信息化的起点，也是最基本的特征。信息技术在档案管理中的应用是全方位的，涵盖档案从生成到永久保存或销毁的整个过程，如电子文件的生成、纸质馆藏数字化、档案自动索引、档案信息网络检索等。

3. 它是一个多要素综合作用的过程

在应用信息技术生成、管理、开发利用档案的过程中，除了信息技术外，还有许多非技术因素在起作用，包括符合档案信息化要求的档案管理业务、人才、标准规范、政策法规、管理体制和机制等。档案信息化的成果，基本上取决于非技术因素的支持程度，取决于技术和非技术因素之间的匹配程度，而与技术本身的先进程度关系较小。

二、档案信息化建设的内容

档案信息化的涵盖面很广，所有与应用信息技术的生成、管理、开发利用档案有关的活动都属于其内容。档案信息化的内容主要包括基础设施建设、档案信息资源建设、应用系统建设、标准规范建设、人才队伍建设等。

1. 基础设施建设

主要指档案信息网络系统和档案数字化设备。它是档案信息传输、交换和资源共享的基础条件，只有建设先进的档案信息网络，才能充分发挥档案信息化的整体效益。

2. 档案信息资源建设

档案信息资源建设是档案信息化建设的基础和核心，是一项长期的工作。档案信息是国民经济和社会发展的战略资源之一，它的开发和利用是档案信息化建设取得成败的关键，也是衡量档案信息化水平的一个重要标志。档案信息资源建设主要内容包括馆藏档案的数字化和电子文件的采集和接收。档案信息资源建设主要形式包括馆藏档案目录中心数据库建设、各种数字化档案全文及专门数据库建设。

3. 应用系统建设

应用系统建设主要内容包括档案信息的收集、档案信息的管理、档案信息的利用、档案信息的安全等方面，它关系到档案信息化建设的速度与质量、集中体现了档案信息化建设的效益和档案信息服务的效果。

4. 标准规范建设

标准规范建设是对电子文件的形成、归档和电子档案信息资源标识、描述、存储、查询、交换、网上传输和管理等方面，制定标准、规范，并指导实施的过程。档案信息化的标准、规范相当于信息高速公路上的"交通规则"，对于确保计算机管理的档案信息和网络运行的安全、畅通，具有十分重大的意义。

5. 人才队伍建设

档案信息化建设，人才是关键。人才是最宝贵的资源。它不仅需要档案专业人才、计算机专业人才，更需要既懂档案业务，又熟悉信息技术的复合型人才。

第二节 档案信息化的意义与发展原则

档案信息化是档案管理发展的必然选择，是档案管理部门面对信息技术革命的积极回应。其意义主要有以下几点。

一、档案信息化的意义

1. 催生新的理论

档案信息化的开展，尤其是电子文件的探索，孕育出了新来源观、后保管模式、文件连续体等一批新的基础理论，这些理论已经对档案管理实践产生了全面而深刻的影响。

（1）新来源观。

新来源观，即来源不仅指文件的形成机关，还包括它的形成目的、形成过程等。应用领域也不只限于实体整理与分类，在检索、鉴定、著录、凭证性确认等活动中也具有重要作用。它的典型应用就是《国际档案通用著录标准》中强调的"多级著录"，美国、加拿大、澳大利亚等国家档案馆的机读目录系统就是严格按照全宗、类、案卷、文件这样的层级来展现的，因此来体现文件之间的有机联系。

（2）后保管模式。

后保管模式，也是档案记录革命的产物。它是将重点从档案的实体保管转移到信息利用上，从档案的内容转移到其形成过程、文件反映的职能、文件之间的联系上。档案管理者也由被动的保管员转变成关于业务职能、文件联系的知识的主动提供者。

（3）文件连续体。

文件连续体，它构建了一个由文件形成者、业务活动、价值表现和文件保管四个坐标轴，生成、捕获、组织、利用四个维度组成的立体化的理论模型，用以描述文件生成、管理、保存中的各种要素及其相互影响。它提醒文件、档案工作者要以整体、联系的观念管理文件和档案，要在文件生成的同时或之前就参与或介入文件管理。

2. 促进管理效率的提高

档案信息化过程中管理效率的提高主要表现在以下几方面。

（1）档案管理的自动化和档案实体管理的简化。

档案管理系统可以实现许多管理过程的自动化，如归档、存储、鉴定、统计分析等，还可以简化档案实体管理，如立卷、实体分类等，从而减少工作人员的劳动，缩短时间，提高效率。

（2）历史档案原件得到保护。

主要是两个方面：第一，代替原件提供利用。利用者可以直接查看数字化的版本，从而减少对原件的损害。第二，以电子的方式传承历史。无论保护措施多么完善，档案载体的寿命都是有限的。但是将其数字化，并且格式选择得当，就会使档案信息永久存在。

3. 促进服务水平的提高

档案信息化过程中档案服务水平的提高主要表现在以下几方面。

（1）能够满足多元化利用需求。

档案管理系统具有很强的数据处理能力，可以实现目录数据的一次输入、多次输出，可以从多个角度查检档案，有助于满足用户多元化的检索需求。

（2）能够提高查询效率。

在档案信息化的条件下，不仅缩短了查询时间，查全率和查准率也有所提高。

越是跨时空、大规模、综合性的查找，这种优越性就表现得越明显。

（3）服务内容和手段的丰富。

档案工作者可以将多种媒体形式的开放档案全部发布，将这些档案信息与其他数字信息有机整合，并以超链接、超媒体的方式提供便捷的访问途径，还可通过电子邮件、微信等手段提供服务。

4. 促进交流与合作

档案信息化的技术应用、系统设计到利用需求，都在变化着，新问题也在不断涌现，这就要求档案界加强与外部的交流与合作，学习经验，交流心得，寻求各方面的支持。因此，这对于档案工作和档案工作者来说既是机遇又是挑战。

5. 促进人员素质的提高

从电子文件管理到数字档案馆建设，从对业务流程和业务系统的支撑到公共服务，对档案工作人员在专业素质、综合素养等方面都提出了更高的要求。

6. 有助于提升公众信息生活的品质

档案是文化艺术宝库，通过信息技术搭建的平台，使这座文化艺术宝库的用户数量正在呈直线上升。它不仅可以满足历史工作者的需求，还能够满足广大人民追根溯源的需求，提高其民族文化的认同感，提高其信息生活的品质。

7. 推动信息产业的发展

档案信息化对于软硬件产品的需求是推动信息产业发展的重要力量。同时，档案也是数字内容产业的原始素材，部分历史档案可以做增值开发。

二、档案信息化的发展原则

档案信息化的意义深远，任务繁重，要实现它的稳定和快速发展，必须要遵循一定的原则。其原则主要有以下几项。

1. 注重效益

档案信息化的效益主要体现在两个方面：一是合理的投入产出比；二是工作成果的可持续性。进入"十一五"之后，国家和地方都非常重视档案信息化的发展，投入了大量的资金进行信息化建设。但是出现了许多问题，如因格式选择不当导致电子文件无法阅读成为"死档"；对数字化对象的范围鉴选不当，导致数字化资源束之高阁等。因此，档案部门要特别重视信息化效益，保证投入的有效产出比以及档案信息化的可持续发展。

2. 统筹规划

国家和地方以及行业都有必要开展相应的档案信息化规划工作。档案信息化是一个长期发展的系统工程，要素众多，投资不菲，为充分发挥各方面的积极性，避免重复建设和盲目建设，促进信息交换与共享，提高档案信息化的整体水平，需要对各阶段的目标、任务、措施进行总体规划和部署，分步实施，有序推进。

3. 需求导向

从规划到实施，从法规建设到标准制定，从系统开发到资源构建，都应切实以需求为导向，认真调研，广泛论证，集思广益。只有面向档案管理和开发利用的主要需求，解决工作中存在的实际问题，才能提高信息化项目的实际效果，实现合理的成本效益比，并有助于档案信息化的持续推进。

4. 保障安全

在电子环境中，档案安全保护的任务主要有保密、防止数字信息的丢失、失真和不可用。在信息时代，档案安全保护的难度加大，因此要求在健全法规、统一标准的基础上，加强档案信息的安全保障工作，正确处理信息开放与安全保密的关系，搭建信息安全保障体系，从各方面全面维护数字档案信息资源的安全。

第三节 高校档案信息化的含义和意义

档案工作作为高校快速发展的重要组成部分，也必将向数字化管理方向转变。因此，要加快高校档案信息化建设步伐，充分发挥高校档案信息资源的重要价值和作用。

一、高校档案信息化的含义

高校档案信息化，就是档案部门在高校档案管理过程中全面应用现代信息技术，把从高校各部门收集起来的信息资源充分开发出来，通过计算机网络和终端实现档案信息资源的有效利用和共享，提供更为便捷、生动、丰富的档案信息服务。

高校档案信息化主要有三方面的内容：一是要实现档案信息的数字化和网络化；二是实现档案信息在接收、传递、存储、浏览、著录、查询等方面的一体化管理；三是实现档案信息数据库资源共享。

二、高校档案信息化的意义

高校档案信息化的意义与其他档案信息化的意义大体上基本相同，但是它有自己独特的意义，主要有以下两点。

第一，高校档案信息化是高校档案事业适应社会发展的必然选择，是档案事业发展的客观要求。

随着高校发展速度的加快，规模的加大，高校档案的数量和门类也随之增加，出现了各种形式的档案载体。另外，档案的利用率和服务对象也逐步增加，传统的档案管理模式不能满足需要，这就要求采用新技术来改变现有的管理模式和方法。这是落实国家档案局关于《全国档案信息化建设实施纲要》和《档案事业发展"十三五"规划》的迫切需要。

第二，高校档案的信息化建设是教育事业发展，加强高校的内涵建设和深化高校教学改革的要求。

现在，高校档案信息的价值已经逐渐被人们所认识，在高校的建设与发展、人才培养评建等重要工作中都需要借助档案提供有力的信息和数据支撑材料。通过查阅这些资料有助于高校领导了解具体情况、进行科学决策；有助于专家组和校内、校外人士对高校做出一个全面、公正、客观、准确地评判；有助于深化教学改革，调整专业设置、明确专业发展规划和培养出社会急需、专业对口、就业率高的人才。

第四节 档案信息化发展战略

一、世界各国制订信息化发展战略

世界各国都十分重视信息技术，已经认识到它对政治、经济、社会等领域全面而深刻的影响。信息技术这种广泛的渗透性，正演变成影响国家综合实力、国际竞争力的关键因素。所以，世界各国，如美国、俄罗斯、日本、欧盟、韩国、印度等，都针对信息技术革命延续制订了发展战略。

二、我国档案信息化的发展战略

2002 年发布的《全国档案信息化建设实施纲要》从六个方面制订了我国档案信息化发展战略：档案信息化基础设施建设、档案信息资源建设、档案管理应用系统建设、档案信息化标准规范建设、档案信息化人才队伍建设、档案信息安全保障体系建设。

在国家档案事业发展"十五""十一五""十二五""十三五"规划中都强调了档案信息化建设的重要性。在加快档案信息化入法的基础上完善档案信息化标准规范体系，使档案信息化成为技术标准清楚、质量要求准确、可操作性强的建设项目；加快档案信息资源体系、服务体系、安全保障体系的建设；加强档案信息化的理论体系研究；推进档案信息化成果共享与交流，搭建交流平台；探索档案信息化建设评估体系，把评估作为一种控制手段，建设一个科学、合理、可行的评估体系。

第五节 高校档案管理中信息化技术的应用

一、构建档案信息数字化

数字化是高校档案管理工作的一种趋势，要实现文档信息完整完善的存储，就必须结合光盘存储技术、计算机网络技术、宽带数据通信传输技术，让各种形式的信息资源数字化。数字化高校档案信息管理系统，使用多种软件开发工具，将档案目录建库、纸质、图片、播音信息数字化，使得来馆查档者可在阅览室直接上机，检索浏览馆藏档案信息。档案管理工作的数字化，可以大大地提高档案的检索利用效率，丰富了档案开发利用的手段，加快了档案信息化管理和规范化管理的步伐，同时一批珍贵档案原件得到了有效的保护。

二、信息技术在档案工作中发挥的重要作用

第一，利用各种信息技术，可以使档案工作部门快、精、准地完成各项任务，实现档案工作技术走向现代化道路的目标。

第二，信息技术的应用，可以使档案管理工作规范化、标准化、高效化。

第三，信息技术的应用，可以提高工作人员专业素质。在信息化管理的过程中，要及时对档案工作人员进行专业知识和技能的培训，让他们学习先进技术和操作方法。培养一批具有良好思想政治素质和职业道德、热爱档案事业、掌握系统的档案专业知识和最新科学管理技术的档案专业人才。

高校档案
电子文件管理

第六章

第一节 电子文件的概念和特点

一、电子文件的概念

电子文件是指在数字设备及环境中生成，以数码形式存储于磁带、磁盘、光盘等载体，依赖计算机等设备阅读、处理并可以在通信网络上传递的文件。

电子文件主要有两个特征：

第一，电子文件是由电子计算机生成和处理，其信息以二进制数字代码记录和表示，因此亦可称为"数字文件"。这是电子文件与以往所有其他形式文件的基本区别，也是电子文件信息与其他数字信息的共同点。数字信息使用 0 和 1 两种数码的组合来记录信息，每一个 0 或 1 叫作 1 个比特，需要记录的信息用一串比特存储于计算机存储器（包括内存储器和各种外存储器）中，并可通过通信网络进行传输。

第二，电子文件是文件的一种类型，应该具有文件的各种属性，特别是要有特定的用途和效力。这是电子文件与其他数字信息的基本区别，也是电子文件与其他形式文件的共同点。

电子文件的种类主要有文本文件、图像文件、图形文件、影像文件、声音文件、超媒体链接文件、程序文件、数据文件等。

二、电子文件的特点

1. 形式的多样性

电子文件可以以文本文件、图形文件、表格文件、影像文件、多媒体文件等形式存在和传输。此外，数量众多的数据和某些重要的电子邮件也属于电子文件的范畴。

2. 内容的易更改性

电子文件为我们编辑、修改文件提供了十分便利的条件，但是它难以保证文件的原始性、真实性和凭据性。

3. 对外围设备和操作环境的依赖性

电子文件数据存储于光盘、磁盘等介质中，是一种以数字代码形式存在的观念型非直读型信息，它必须完全依靠存储介质和相关的计算机软硬件系统才具有生命力。

4. 技术寿命的不稳定性

电子文件的保存条件和环境要求与纸质档案不同，它对保存场地的面积要求不高，而对环境的温湿度、防磁性等条件的要求很高，如果达不到特定的存储要求，容易造成载体损伤致使信息丢失。另外，由于技术过时也可能导致电子文件无法读出。技术过时表现有两个方面：一是技术革新，使旧的存储技术消失；二是由于商业性原因，某些由单个厂家生产或销售的电子文件设备会由于厂家的破产或改变产品生产而很难找到配套产品。对电子文件中信息的长期存取而言，技术过时比载体损伤危害更严重。

5. 多种信息媒体的集成性

以往的文件是平面的，文字和图形在平面的纸张或其他载体上呈现出来。而电子文件是多媒体的，是立体的。运用多媒体技术可以把各种形式的信息，包括图文信息、音频信号、视频和动画图像等加以有机的立体组合，使电子文件声像并茂，真实地再现当时的活动情况，从而强化了文件对社会生活的记忆和再现功能。可以说，电子文件是一种全方位的记忆和再现，实现了文件功能的革命性变化。

6. 信息与载体的不可分离性

电子文件的被处理与远程传输，都是电子文件容易复制的一种表象产生的错觉，事实上，任何时候都没有出现过信息与载体分离的情况。而且，电子文件的信息形式不可能独立于载体被实体集成。

7. 信息的可识读性

在计算机系统中，信息以"0""1"的数字代码表示，和人的肉眼所看到的完全不同，不同类型的信息有各自的编码方案。只有通过特定的程序对这些代码解释还原，人方可识读和理解。因此，想要使用电子文件，必须保证它可以识读。

8. 载体的可转换性

电子文件可以根据需要在不同的载体上同时存在或相互转换，不同载体上的信息，包括字体、签名、印章在内，可以完全一致，载体的转换不会影响电子文件信息的原始性。此外，由于磁性载体和光学载体的寿命比较短，因此电子文件转换载体是必须的。没有一份电子文件拥有恒久不变的载体，电子文件不可能有固定不变的实体形态和物理位置。

9. 信息的易变性

电子文件的信息容易改变，主要原因有：一是人为有意改动；二是系统的无意改动，计算机技术发展速度快，在转换过程中由于操作和其他方面的原因，可能导致信息的改变、损失，甚至是丢失。人为改动是可以避免的，但是系统改动则是不可避免的。

10. 信息存储的分散性

电子文件信息存储的分散性主要表现在两个方面：一是电子文件的内容、结构、背景信息分散保存；二是一份电子文件的信息可能来自其他多个文件。文件信息的分散存储，在归档保存时容易出现部分信息缺失的情况，影响文件质量及其功能的发挥。

11. 信息的可共享性

共享性是指多人同时、异地利用一份文件。电子文件的出现，打破了必须在固定场所、固定的时间内、查阅固定份数的文件的利用限制。同一文件可同时在多台处于不同地点的计算机屏幕上显现，使用者不必亲临文件的保存地，也不必受限于高校档案部门的作息时间。但是，这种共享性给它的安全性带来了一定的威胁，给不法分子提供了机会，给病毒入侵提供了渠道。

第二节 电子文件管理的目标和原则

一、电子文件管理的目标

1. 保证电子文件的真实性

电子文件的真实性是指文件内容、逻辑结构和背景信息经过传输、迁移等处理后依然保持不变，与形成时的原始状态一致。真实性是保证电子文件业务有效性和法律证据性的基础，是实现无纸化业务活动顺利开展、实现信息化的先决条件，是电子文件反映和证实机构历史真实面貌，构成社会价值，得以作为社会记忆长久保存的前提。

2. 保证电子文件的完整性

完整性是实现电子文件证据价值、情报价值和长期可读的重要保障，不完整的电子文件往往不能证实自身的真实性，也不能如实反映机构活动的真实面貌。

3. 保证电子文件的长期可读性

电子文件的可读性是指文件经过存储、传输、压缩、解压缩、加密、解密、载体转换、系统迁移等处理后能够以人可以识读、可以理解的方式输出，并保持其内容的真实性。电子文件的可读性是其存在和价值的基础，如果文件不能顺利读出，文件中的信息便成了"死信息"，再有价值的东西也失去了存在的意义。保证电子文件可读性的措施应该贯穿于全部管理工作的始终。

4. 促进工作效率的提高

电子文件是为了执行业务和管理活动而产生的，其基本职能是支持机构职能活动的开展。电子文件的管理应该和电子文件的产生、应用一样，继续服务于机构提高业务效率的目标。科学的电子文件的管理应该具有发挥电子文件现行作用和保持其历史价值的双重功能，而这不可偏废，管理活动务必在二者间寻找平衡点。

5. 方便查询和利用

电子文件管理系统和管理者是文件和文件利用者之间的中介，理应为利用者提供高质量的文件信息。查询和利用的过程正是实现电子文件信息价值的过程，因此，方便查询和利用是电子文件管理的重要目标。

二、电子文件的管理原则方法

1. 全程管理原则

电子文件的管理，要遵循全程管理的原则，一是追求整体效益最佳化的要求。打破现行文件与档案管理分段、脱节的管理模式，注重各个阶段管理活动和管理要素的统筹兼顾；二是保证电子文件质量的要求。电子文件管理过程中任何一项具体操作的失误都有可能对电子文件造成不良后果。因此，对电子文件各个生命阶段都进行统一的质量要求和管理要求，并对文件的全过程进行监控、跟踪和记录，及时发现和纠正错误。

2. 前端控制原则

电子文件的管理，要遵循前端控制原则。电子文件的前端是形成时期，中端是处理、鉴定、整理、编目等具体管理活动，终端是永久保存和销毁。对电子文件的形成时期就开始进行管理，一是保证电子文件长期真实、完整、可读、可用的有效策略；二是能够化被动的收集、保管为主动监管、控制，有助于提高管理效率，提升管理质量。

3. 流程优化原则

文件管理流程是指文件生命周期中，对文件的一系列相关的管理活动的有序组合。各高校的档案管理部门应该综合考察业务、技术、制度、标准、人员、文化多个要素，通过合并、消减、前置、并行、自动化等手段，优化设计电子文件管理流程，并将电子文件的管理流程的优化纳入机构业务流程的整体优化中。

4. 以电子文件管理软件为中心的管理原则

电子文件管理系统是处于整个管理体系的中心位置，合理的电子文件管理系统是相关制度、标准、方法的执行者，是电子文件管理活动重要的承担者。电子文件管理功能系统主要由形成电子文件的业务系统和独立的电子文件管理系统组成。这两个系统之间有数据接口，能够保障数据顺畅、无损传递。

5. 以元数据为基本工具的原则

元数据是描述文件的背景、内容、结构以及整个管理过程的数据，被广泛地应用在数据库、图书馆、情报、文档管理等信息资源管理领域。它是电子文件管理的基本工具，可以保证电子文件的真实性、可读性、完整性、可用性，为电子文件管理流程的集成和优化提供基础和保障。

第三节 电子文件的形成与分类

一、电子文件的形成

电子文件的形成是对电子文件从无到有的统称，一般包括创建、流转、传输三个部分。

1. 创建

电子文件的创建是指计算机系统中拟制文件或接收外来部门或机构来文的过程。经过创建的电子文件应该在软件系统中进行登记。主要包括以下内容。

（1）命名。

这是新增的管理内容，是操作系统识别电子文件的主要标志。要制订文件命名规则，防止重名或无法体现内容等。

（2）存储格式。

在电子文件创建的时候就要确定好存储格式，或是通用格式，或是开放格式，以免在格式转换中造成信息丢失。电子文件常用的存储格式见下表。

电子文件存储格式

电子文件种类	开放格式	常用的封闭格式
文本文件	.txt .xml .odt .uof .pdf	.doc .ceb
图像文件	.jpeg .tiff .bmp .gif .svg	.psd
声音文件	.mp3 .wav	.wma .mov .rm
视频文件	.mpeg1 .mpeg2 .mpeg4	.avi .asf .mov .rm

（3）分类。

国际上通用的方法是根据文件反映的智能判断文件在整个分类体系中的位置。

（4）价值鉴定。

根据电子文件的价值鉴定结果，赋予其保管期限。

（5）保存位置。

电子文件档案应该集中存储，不能随意地放在个人的计算机中，以便保护和控制。

（6）形成元数据。

以上的管理活动中会产生很多有价值的元数据，例如作者、标题、时间、存储格式、编号、类别、存储位置等，对这些要进行集中管理。

2. 流转

流转是电子文件由部门内部多个人员处理生效的过程，也是可以借助信息系统规范业务流程、大幅提高效率的阶段。流转的过程中容易生成很多个版本，要保证归档的是最终版本，并保存必要的修改痕迹。流转也是生成元数据的重要环节，如审批人、审批过程、审批意见等，要保存好这些元数据，不要丢失。

3. 传输

传输是指电子文件在不同部门之间的传递过程。电子文件的传输主要有两种形式，一是通过公共网络，如电子邮件、即时通信等，但是这种传输并不安全；二是通过专门网络传递，如虚拟专用网或企业网、专门的传输软件等，这种传输安全性较高。

二、电子文件的分类

1. 按照电子文件的信息存在形式分类

（1）文本文件。

文本文件是指使用文字处理软件生成的，由字、词、数字或符号表达的文件。文本文件是通过特定的编辑软件形成的，存储内容由 ASCII 标准代码和 GB2312–80 标准汉字代码构成。用不同文字处理软件编辑的文本文件一般不能交换使用，纯文本文件不包含格式代码，在使用时不受计算机硬件和软件类型的限制。通常以 ".txt" 的形式予以标识。

（2）数据文件。

数据文件是以数据库形式存在的具有文件属性的记录。它在事务处理系统中单独承担着文件职责。一般是以数据库的形式存在的。读取数据库中的数据时，可以根据查询要求一次读出一个记录，也可以读出一批相关的记录。如文件数据库、各类人员情况数据库、各种资料数据库等。数据库因管理程序不同而具有不同的格式，不同的数据库之间需要通过转换程序才能进行信息交换。数据库的形成一般有两种方式，一是人工输入数据，利用相应的数据库应用程序形成数据库；二是使用条形码扫描器、A/D 变换器等传感设备自动采集数据。此外，使用已有的数据借助某些软件包也可形成新的数据库。

（3）图形文件。

图形文件是指运用计算机辅助设计或绘图软件产生的文件和根据一定算法绘制的图表、曲线图等。如设计模型、图纸等即为图形文件。图形文件由代表绘图坐标的矢量和一些参数组成，可以使用特殊的代码格式存储，也可以使用纯文本文件的代码存储，以便在不同的软件包之间进行信息交换。

（4）图像文件。

图像文件是指通过扫描仪扫描的各种原件画面、使用数字设备采集或制作的画面、用数码相机拍摄的照片等。纸质文件、缩微胶片均可经过扫描转换成数字图像文件。图像文件的分辨率与存储空间成正比，不同格式的图像文件不能任意进行交换使用。彩色图像文件的内容一般是用表示图像像素的代码形式存储的，能否正确复现色彩与显示器的性能有关。

（5）影像文件。

影像文件是指使用视频捕获设备录入的数字影像或动画软件形成的二、三维动画等动态画面的文件。如数字影视片、动画片等。视频捕获设备可将模拟影像转换成数字影像。影像文件需要较大的存储空间，其分辨率与存储空间成正比。影像文件有不同的格式或标准，播放时需要使用相关的设备和程序。

（6）声音文件。

声音文件是指采用音频设备录入并转换为数字形式的文件或用编曲软件生成的文件。用音频设备录入或用编曲软件生成的文件，采样频率是单位时间内的采样次数，主要有 11kHz、22kHz、44kHz 三种。采样速率是指每个采样的大小，采样者可自行设定速率值，现大多使用 128kbps。采样频率和速率越高，音质越好，文件所占存储空间就越大。用编曲软件生成的文件一般被称为 MIDI 文件。还有一些音乐文件是将上述通过压缩或转换成的。声音文件播放时需要使用相关的设备和程序。

（7）命令文件。

命令文件是一种计算机软件，是指为处理各种事务采用计算机语言编写的程序。形成过程一般是由程序员编写"源程序"输入计算机，再通过相应的编译程序编译后才能执行。"源程序"是纯文本文件，由特定的计算机指令序列构成，具有可移植性，一般不受计算机类型的限制。编译后的软件在不同类型的计算机上一般不能兼容。"源程序"能表明版权的归属，对于计算机软件的开发者来说具有重要的保存价值。

（8）多媒体文件。

多媒体文件是指借助计算机多媒体技术制作的由文本、图像、影像、声音等两种及两种以上信息形式的文件。这种文件使用多媒体技术制作，具有较复杂的结构，必须使用多媒体计算机复现。

（9）超文本文件。

超文本文件是指包含对其他文件链接功能的文件，这种文件是一种全局性的信息结构，它将文档中的不同部分通过关键字建立链接，使信用得以用交互式搜索，用户可以通过超文本文件的链接直接获取或发送相关信息，例如网页就是使用超文本技术制作的。

2. 按照文件的功能分类

按照文件的功能分类，可以分为主文件和支持性、辅助性、工具性文件。

（1）主文件。

主文件是指表达作者意图、行使职能的文件。对于纸质文件而言，任何一份文件都是主文件，可以独立地发挥作用。而电子文件生成、运行和存在于一定的软硬环境中，需要以相应的支持性、辅助性、工具性文件作为读取和处理条件。

（2）支持性、辅助性、工具性文件。

支持性文件主要是指生成和运行主文件的软件，如文字处理软件、表格处理软件、图形软件、多媒体软件等。辅助性、工具性文件主要是指在制作、查找主文件过程中起辅助、工具作用的文件，如计算机程序类文件往往附带若干辅助设计文件、图形文件，数据库往往附带若干辅助数据库和相应的索引文件、备注文件等。

主文件和支持性、辅助性、工具性文件是相互作用、相辅相成的。没有主文件，支持性、辅助性、工具性文件不能独立地行使文件的职能，甚至失去存在或保存的必要；同样，没有支持性、辅助性、工具性文件，主文件可能无法正常运行和查找，甚至根本不能生成和打开。

3. 按照文件的生成方式分类

按照文件的生成方式分类，可将电子文件分为直接生成的原始文件和将纸质或其他载体（如胶片）文件重新录入生成的转换文件。

第四节 电子文件的鉴定与归档

一、电子文件的鉴定

电子文件因其形成和管理的特殊性，其鉴定工作更具难度和复杂性，为保证归档电子文件准确、完整、系统，电子文件的鉴定主要是在归档前完成。

1. 电子文件鉴定工作的类型

电子文件的鉴定可以分为全面集中鉴定和单项随时鉴定。

（1）全面集中鉴定。

全面集中鉴定，是指由各方工作人员组成鉴定小组，对需要归档的文件或保管期限已满的档案进行全面鉴定。其特点是多维性、间隔性、相对模糊性。

（2）单项随时鉴定。

单项随时鉴定，是指相关管理人员出于某种特定原因，对文件的某种状态进行专项检查分析，以确定是否采取相应措施。其特定是连续性、分散性、相对清晰性。

2. 电子文件鉴定工作的程序

电子文件的鉴定在程序上与传统文件大不相同，除了保留三级鉴定环节外，还增加了电子信息系统设计和电子文件形成时的鉴定环节，即把鉴定提前到文件生命周期最初的阶段。

根据国际档案理事会电子委员会制定的《电子文件管理指南》，电子文件的生命周期可以划分为三个阶段：概念阶段、形成阶段、维护阶段。相应地，电子文件的鉴定贯穿其各个阶段，各有特点。

（1）概念阶段，是电子文件的设计阶段，即电子文件管理信息系统的研制、设计、安装阶段。

（2）电子文件的第二次鉴定主要是在形成阶段进行。

（3）电子文件的第三、四次鉴定主要在维护阶段进行，档案部门肩负起了对电子文件进行维护的职责。

3. 电子文件鉴定的方法

（1）内容鉴定法。

这种鉴定方法是以美国国家档案馆为代表，是指通过审阅文件的内容判断其价值，要求全面审阅和分析文件的正文以及文件题名、名称等形式特征，从文件反映的内容信息判断其价值。

（2）职能鉴定法。

职能鉴定法是按照立档单位在机关体系中的地位和各项职能的重要性来确定档案的价值，这是由波兰的档案学者卡林斯基于20世纪30年代提出的，后来经德国、加拿大、美国等档案学者的完善，加入了新的思考角度，视野更为宏观。它更适用于电子文件价值的鉴定，是电子文件鉴定的基本方法。

内容鉴定法和职能鉴定法的区别在于按照职能对文件进行鉴定应侧重于文件本身还是文件内容。

4. 电子文件鉴定工作的范围

第一阶段：归档前的鉴定，这是电子文件鉴定工作的重要环节。

首先，文件形成单位按照规定的项目，对电子文件的真实性、完整性和有效性进行检验，负责人签署审核意见，检验和审核结果填入《归档电子文件移交、接收检验登记表》。

其次，参照国家关于纸质文件材料归档的有关规定，确定电子文件的归档范围，并包括相应的背景信息和元数据。

最后，根据电子文件的内容，划分保管期限和密级。

第二阶段：归档后的鉴定，即在电子档案管理过程中的鉴定，主要任务是对已到保管期限的电子档案重新审查鉴定，对失去保存价值的电子档案予以处理。

5. 电子文件鉴定工作的内容

（1）电子文件的鉴别。

电子文件的鉴别主要是解决"哪些信息需要鉴定""哪些信息构成一份文件"的问题，这是电子文件首先要处理的工作。其实质是明确机构形成电子文件的需要，就是将信息系统中的文件信息和非文件信息区别开，即用抽象概括的方法说明机构需要形成哪些电子文件，然后适用演绎的方法判断哪些是我们需要鉴定的文件。具体过程如下：

第一，调查分析机构的职能结构和业务活动，明确各项活动中要求形成的电子文件，从而确定电子文件的生成节点；

第二，根据调查分析的结果，设计文件登记模块，赋予每一份电子文件唯一的文件号。

由于计算机系统程序是人为设计的，人的思维局限也会造成计算机系统程序的局限。因此，被计算机系统剔除的信息最好需要人工再次鉴别，防止遗漏，同时还可以借机调整和改进计算机系统的设计。

（2）电子文件的内容鉴定。

电子文件的内容鉴定是以内容分析为核心，科学地判断电子文件信息的有用程度，即"哪些文件可以保存下来""这些文件应当保存多长时间"，这是电子文件鉴定的主体部分，其最终的鉴定成果是根据文件的不同价值，划分文件的保管期限。

电子文件的内容鉴定，应该以自动鉴定方式为基础，结合人工鉴定共同进行。主要步骤有：

①制订电子文件保管期限表。

电子文件保管期限表的制订工作应在电子文件管理系统设计的调查阶段进行。

电子文件保管期限表的具体内容有：

第一，根据机构职能图中显示的职能、工作和环节，明确机构的主要职能活动，重要工作内容和关键的工作步骤；

第二，根据机构业务流程图中展示的电子文件生成节点，明确电子文件的种类，结合机构的主要职能活动，重要工作内容和关键的工作步骤，将这些环节中生成的电子文件确定为有价值的文件保存；

第三，对于某些特殊的电子文件，如微观文件和程序文件，应该具体地分析确定其保管期限。

制订电子文件保管期限表的要求：

第一，将保管期限表的制订工作纳入电子文件系统的设计工作，与电子文件鉴别工作同步进行，在电子文件管理系统设计的调查阶段，应着手制订电子文件保管期限表；

第二，研究和鉴定各种类型的纸质文件保管期限表，重点分析纸质文件中与电子文件相对应类型的电子文件的保存价值；

第三，电子文件保管期限表是集体合作的工作，除相关档案人员外，还应指定电子文件形成部门的专业人员或邀请档案行政管理部门和档案部门的有关人员对电子文件保管期限表的制订进行具体指导；

第四，电子文件保管期限表应该详细，具有可扩展性、操作性强的特点，档次区分的跨度可以小一些，以便随时更改和补充。

②将电子文件保管期限表纳入其管理系统并予以保护。

③电子文件形成时的即时鉴定。

在电子文件鉴定自动化系统中，文件一旦形成，系统即将文件与保管期限表的条款对照鉴定，划分其保管期限，然后文件才能进入正常的处理流程。

④保管期限已满的鉴定。

这项工作由档案人员承担。

⑤进档案部门鉴定。

按照国家集中保管档案的规定，凡是具有长久保存价值的档案在机关档案室保存一定时期后就需要向相应的档案馆移交。

6. 电子文件的技术鉴定

技术鉴定所承担的工作就是从技术的角度对电子文件的各方面技术状况进行全面检查，包括对电子文件信息的真实性、完整性和有效性的认定以及对电子文件载体性能的检测。为保证电子文件的产生、处理过程符合规范，应建立规范的制度和工作程序，并结合相应的技术措施。

（1）真实性鉴定。

电子文件的真实性是指对电子文件的内容、结构和背景信息进行鉴定后，确认其与形成时的原始状况一致。具体的鉴定内容包括：

第一，依据电子文件管理系统所记载的文件生成、修改和批准时间，分析文件是否是最终版；

第二，检查文件是否按照预先确定的标准格式和模块编辑、保存；

第三，检查电子文件管理系统中对文件生成、管理和利用过程的追踪记录，分析是否有非法操作；

第四，检查文件的数字签名，以验证文件的来源以及文件在传输过程中是否发生变化。

（2）完整性鉴定。

电子文件的完整性是指对电子文件的内容、结构、背景信息和元数据等无缺损，为确保文件完整性，除了建立电子文件完整性管理制度外，还应采取相应的技术措施采集背景信息和元数据。电子文件的完整性鉴定可以从两方面进行：一是检查文件各个要素是否完备，包括可视和不可视的部分；二是分析联系某份文件各个要素的手段是否有效，包括超链接、标签等。

（3）有效性鉴定。

电子文件的有效性是指对电子文件应具备的可理解性和可利用性，包括信息的可识别性，存储系统的可靠性、载体的完好性和兼容性等。

第一，检查与电子文件配套的软件、相关电子文件、文字材料是否齐全完整。

第二，检查电子文件的信息存储格式是否符合归档要求。

第三，核实归档或迁移时所填写的文件运行的软硬件环境，版本号是否正确。

第四，对于加密文件，如果特殊需要未予解密，还应检查其密码是否可靠保存。

第五，检测在指定的环境平台上能否准确读出电子文件，对于较小的错误，可清洗后再读，以确认其可读性。

（4）介质状况检测。

对电子文件介质状况的检测，主要是对介质物理性能的检测和对介质规格的检查。

7. 电子文件的处置

电子文件的处置是对鉴定的结果进行科学合理的处理工作，该项工作应该按照文件的规定，有所依据进行，主要依据有两个方面：一是电子文件保管期限表；

二是鉴定报告。电子文件的最终结果就是对文件保存或销毁以及对保存文件保管期限的确定。

（1）销毁。

电子文件的销毁一般是在计算机中进行，主要包括信息删除和介质销毁两种。电子文件的销毁必须在形成、利用文件的业务活动结束后进行，必须经过授权，销毁过程必须有记录，事后还应检查审计。销毁属于保密范围的电子文件，应该与文件的密级相适应，不能破坏其信息的密码性。凡是决定要销毁的电子文件，除非特殊规定，其所有备份都必须销毁。

（2）保存。

电子文件保存方法主要包括文件管理系统中保存、脱机保存、迁移、缩微、转换成纸质文件等。

（3）移交。

移交是指部门将其电子档案交给其他部门保存。移交方式可采用文件实体移交，文件信息的管理职责移交或二者共同移交。具体方式有向档案部门移交、向有关部门移交。

8. 电子文件鉴定的全程监控

对电子文件鉴定进行全程监控，可以保证鉴定过程的合理、有序以及鉴定结果的公正。监控措施有对电子文件鉴定过程的记录和对记录材料的审查。

（1）记录鉴定过程的材料。

记录鉴定过程的材料有文件管理系统中的跟踪记录、鉴定报告、销毁记录、迁移记录、缩微记录等。

（2）审查工作。

审查工作包括检查鉴定报告、分析是否现实、可行，符合效益要求；检查文件系统中审计跟踪记录，确定有无错误操作；检查在销毁、脱机、缩微本等处理工作中形成的文件，确认操作是否规范。纠正或调整主要是对文件保管期限的调整、漏删文件的删除等工作。

二、电子文件的归档

归档是文件形成部门向档案部门移交具有保存价值文件的业务工作，它标志着文件管理责任由文件生成部门向档案部门的全面移交。

电子文件的归档是将应该归档的经过整理的电子文件，确定档案属性后，从计算机或网络的存储器上拷贝或刻录到可移动的磁、光、介质上，以便长期保存的工作过程。不同环境条件下产生的电子文件其归档的方法也不相同。

1. 电子文件的确认和采集

电子文件的收集积累的一个重要前提就是对电子文件的确认，这也是文档一体化管理基本要求。鉴于电子文件的数字数据是可以流动的，应将它采集到一定载体上，通过一定软件以人可识别的方式显示出来。

（1）电子文件确认与采集的要求

①文件必须具有一定的信息内容，能准确反映在特定时间内，行使职责，参与活动和处理事务中发生的事实。

②当需要时，能以电子数字方式再现，以便文件的每一部分汇集起来，以易于被人理解的方式存在。

③文件能被放入背景之中，背景确定了文件由谁产生，这不仅是业务处理工作的组成部分，还便于帮助用户对文件内容的理解。

④结构作为文件的格式，必须予以采集，以备该文件今后拷贝到所需要的最新硬件和软件中。

⑤能被一体化地进入部门或个人的文件保存系统中。

（2）电子文件的背景信息和元数据

①背景信息。

电子文件形成部门采集的主要背景信息包括：文件形成机构、与文件有关或曾经有关的机构、文件履行机构职责与目的、文件的年代、与文件有关的时期、与机构职能有关的文件价值和重要性、曾与文件有过关系的文件价值保存系统、该文件与其他文件和资料之间的关系、对该文件有影响的法律、协议、实践、程序、计划、条件和默契等。

②元数据。

元数据可分为三种类型：实体限定、属性限定、关系限定。实体限定包括数据库内实体名与描述或每个单个电子表格的名与描述；属性限定包括每一个电子表格的每列、每个实体的每个属性的数据模型以及名与描述；关系限定包括有关实体名及对关系有影响力的每一个实体内属性的名，与关系的目的的描述在一起的属性名。

电子文件元数据的作用：构建信息发现机制，即检索机制；维护信息可识读性；保障数字信息的真实性、凭证性。

2. 电子文件收集积累的要求

根据《电子文件归档与管理规范》的规定，电子文件收集积累应该符合以下要求：

①记录了重要文件的主要修改过程和办理情况，有查考价值的电子文件及其电子版本的定稿均应该被保留。

②当公务或其他事物处理过程中只产生电子文件时，应该采取严格的安全措施，保证电子文件不被非正常改动。

③对在网络系统中处于流转状态，暂时无法确定其保管责任的电子文件，应该采取捕获措施，集中存储在符合安全要求的电子文件暂时存储器中，以防散失。

④对用文字处理技术形成的文本电子文件，收集时应该注明文件的存储格式、文字处理工具等，必要时同时保留文字处理工具软件。

⑤对用扫描仪等设备获得的采用非通用文件格式的图像电子文件，收集时应该将其转换成通用格式，如无法转换，则应将相关软件一并收集。

⑥对用计算机辅助设计或绘图等设备获得的图形电子文件，收集时应该注明其软硬件环境和相关数据。

⑦对用视频或多媒体设备获得的文件以及用超媒体链接技术制作的文件，应同时收集其非通用格式的压缩算法和相关软件。

⑧对用音频设备获得的声音文件，应同时收集其属性标识、参数和非通用格式的相关软件。

⑨对通用软件产生的电子文件，应同时收集其软件型号、名称、版本号和相关参数手册、说明资料等。

⑩ 计算机系统运行和信息处理等过程中涉及的与电子文件处理有关的参数、管理数据等应与电子文件一同收集。

⑪ 对套用统一模板的电子文件，在保证能恢复原形态的情况下，其内容信息可脱离套用模板进行存储，被套用模板作为电子文件的元数据保存。

⑫ 定期制作电子文件的备份。

3. 电子文件的登记

根据《电子文件归档与管理规范》的规定，电子文件的登记方法如下：

①每份电子文件均应在《电子文件登记表》中登记。

②电子文件登记表应该与电子文件同时保存。

③电子文件登记表如果制成电子表格，应该与备份文件一同保存，永久保存的电子表格应该附有纸质等拷贝件，并与相应的电子文件拷贝一起保存。

④电子文件稿本代码：M– 草稿性电子文件；U– 非正式电子文件；F– 正式电子文件。

⑤电子文件类别代码：

T– 文本文件；

I– 图像文件；

G– 图形文件；

V– 影像文件；

A– 声音文件；

O– 超媒体链接文件；

P– 程序文件；

D– 数据文件。

4. 电子文件归档管理制度的制定

在制定有关电子文件归档法律法规时，应明确以下几个方面问题：

①确立档案管理部门在电子文件管理中的地位，赋予档案部门接收、保管电子文件的职能。

②明确电子文件归档与管理的方式方法。

③明确电子文件的法律效力。

第五节 电子文件的著录

电子文件的著录，是指获取、核对、分析、组织和记录关于文件内容、结构、背景和管理过程的信息，以准确描述电子文件的过程。由此看来，电子文件的著录信息就是元数据。

一、电子文件著录的特点

电子文件著录具有全面性、全程性、综合性的特点。

1. 全面性

电子文件的全面性包含两方面含义：一是描述对象的全面性，具体包括文件内容、结构、背景和文件在形成后所经历的整个管理过程；二是作用的广泛性，著录最基本的作用是描述电子文件，在此基础上可以有多种用途，除了挑选具有检索意义的著录信息编制检索工具之外，还包括保障电子文件的真实、完整和可读等。

2. 全程性

电子文件的著录不再发生于归档后的某一个时间点，而是贯穿于文件的整个生命周期。文件一经产生，其著录便已开始；文件一旦发生变化，其变化情况就被记录在案。

3. 综合性

电子文件的著录综合采用人工著录和系统自动著录相结合的手段。随着自动化程度的加深，人工直接著录将减少，系统自动著录将增加，电子环境中大多著录信息都可以由系统自动生成或捕获。

二、电子文件的著录项目

电子文件的著录标准是按照《档案著录规则》执行的。1985年颁布了国家标准的《档案著录规则》（GB/T3792.5—1985），在1999年颁布的《档案著录规则》（DA/T18—1999）增加了新的项目，即"电子文档号"，此为必要项目。现在，澳大利亚、英国、加拿大等国家已经出台了元数据标准，我国一些地方和行业也出台了自己的元数据标准，2008年3月国家档案局公布了《电子文件元数据标准》征求意见稿。

附

档案著录规则（DA/T18—1999）

1. 范围

本标准规定了单份或一组文件、一个或一组案卷的著录项目、著录格式、标识符号、著录用文字、著录信息源及著录项目细则。

本标准适用于各类档案的著录。对于某些内容和形式极其特殊的档案，可遵照本标准制定细则。

本标准不包括以全宗和类别为对象的著录，也不包括目录组织的方法。

2. 引用标准

下列标准所包含的条文，通过在本标准中引用而构成为本标准的条文。本标准出版时，所示版本均为有效。所有标准都会被修订，使用本标准的各方应探讨使用下列标准最新版本的可能性。

GB/T 3792.1—1983 文献著录总则

GB/T 7156—1987 文献保密等级代码

GB/T 9704—1988 国家机关公文格式

GB/T 15418—1994 档案分类标引规则

GB/T 3860—1995 文献叙词标引规则

DA/T 1—1992 档案工作基本术语

DA/T 19—1999 档案主题标引规则

3. 定义

本标准采用下列定义。

3.1 著录

在编制档案目录时，对档案内容和形式特征进行分析、选择和记录的过程。

3.2 著录项目

揭示档案内容和形式特征的记录事项。包括题名与责任说明项、稿本与文种项、密级与保管期限项、时间项、载体形态项、附注与提要项、排检与编号项。

3.3 条目

又称款目，档案著录的结果，是反映文件或案卷内容和形式特征的著录项目的组合。

3.4 著录格式

著录项目在条目中的排列顺序及其表达方式。

3.5 档案目录

按照一定的次序编排而成的条目汇集，是档案管理、检索和报道的工具。

4. 著录项目

档案著录项目共分七项，每项分若干著录单元(小项)。

4.1 题名与责任说明项

4.1.1 正题名

4.1.2 并列题名★

4.1.3 副题名及说明题名文字★

4.1.4 文件编号★

4.1.5 责任者

4.1.6 附件★

4.2 稿本与文种项

4.2.1 稿本★

4.2.2 文种★

4.3 密级与保管期限项

4.3.1 密级★

4.3.2 保管期限★

4.4 时间项

4.5 载体形态项

4.5.1 载体类型 ★

4.5.2 数量及单位 ★

4.5.3 规格 ★

4.6 附注与提要项

4.6.1 附注 ★

4.6.2 提要 ★

4.7 排检与编号项

4.7.1 分类号

4.7.2 档案馆代号 ★

4.7.3 档号

4.7.4 电子文档号

4.7.5 缩微号

4.7.6 主题词或关键词

4.8 4.1~4.7 中有"★"号者为选择著录项目或单元（小项）

5. 著录用标识符

5.1 为识别各著录项目、单元（小项）及其内容，添加如下规定的标识符。

. － 置于下列各著录项目之前：稿本与文种项、密级与保管期限项、时间项、载体形态项、附注项。

= 置于并列题名之前。

： 置于下列各著录单元之前：副题名及说明题名文字、文件编号、文种、保管期限、数量及单位、规格。

/ 置于第一个责任者之前。

； 置于多个文件编号之间、多个责任者之间。

， 用于相同职责、身份省略时的责任者之间或同一责任者的不同职责、身份之间。

＋ 置于每一个附件之前。

[ ] 置于下列著录内容的两端：自拟著录内容、文件编号中的年度、责任者省略时的"等"字。

（ ） 置于下列著录内容的两端：责任者所属机构名称、责任者真实姓名、责任者职责或身份、外国责任者国别及姓名原文，中国责任者时代、历史档案中的朝代纪年、农历、地支代月、韵目代日转换后的公元纪年。

？ 用于不能确定的著录内容，一般与"[ ]"号配合使用。

－ 用于下列著录内容之间：日期起止和档号、电子文档号、缩微号各层次之间。

… 用于节略内容。

□ 用于每一个残缺文字和未考证出时间的每一数字。未考证出的责任者及难以计数的残缺文字用三个"□"号。

5.2 著录用标识符使用说明

5.2.1 除"题名与责任说明项、排检与编号项"外，各项目连续著录时，其前均冠".－"。如遇回行，不可省略该标识符。但各项目另起段落著录时则可省略该标识符。

5.2.2 ".－"符占两格，在回行时不应拆开；"；"和"，"各占一格，前后均不再空格。

5.2.3 如某个项目缺少第一个单元（小项）时，应将现位于首位的单元原规定的标识符改为".－"。

5.2.4 凡重复著录一个项目或单元时，其标识符也需重复。

5.2.5 不著录的项目或单元，其标识符应连同该项目或单元一并省略。

6. 著录条目格式

6.1 段落符号式条目格式

分类号		档案馆代号
档 号	电子文档号	缩微号
正题名＝并列题名：副题名及说明题名文字：文件编号／责任者＋附件．－稿本：文种．－密级：保管期限．－时间．－载体类型：数量及单位：规格．－附注		
提要		
主题词或关键词		

段落符号式条目格式将著录项目划分为四个段落。第一段落中分类号、档号分别置于条目左上角的第一、二行，档案馆代号、微缩号分别置于条目右上角第一、二行，电子文档号置于第二行的中间位置。第二段落从第三行与档号齐

头处依次著录题名与责任说明项、稿本与文种项、密级与保管期限项、时间项、载体形态项、附注项，回行时，齐头著录。第三段落另起一行空两格著录提要，回行时与一、二段落齐头。第四段落另起一行齐头著录主题词或关键词，各词之间空一格。

6.2 表格式条目格式

实际工作需要使用表格式条目时，其著录项目应与 6.1 相同，其排列顺序可参照 6.1。

6.3 无论著录对象为单份文件、单个案卷还是一组文件或一组案卷，均按 6.1 或 6.2 格式依次著录。

6.4 著录条目的形式为卡片式时，卡片尺寸一般为 12.5cm×7.5cm，著录时卡片四周均应留 1cm 空隙，如卡片正面著录不完，可接背面连续著录。

7. 著录用文字

7.1 著录用文字必须规范化。

7.2 汉字应使用规范化的简化汉字。外文与少数民族文字应依照其文字规则书写。

7.3 文件编号项、时间项、载体形态项、排检与编号项中的数字应使用阿拉伯数字。

7.4 图形及符号应照录，无法照录的可改为其他形式的相应内容，并加"[ ]"号。

8. 著录信息源

8.1 著录信息来源于被著录的档案。

8.2 单份或一组文件著录时主要依据文头、文尾。

8.3 一个或一组案卷著录时主要依据案卷封面、卷内文件目录、备考表等。

8.4 被著录档案本身信息不足时，参考其他有关的档案资料。

9. 著录项目细则

9.1 题名与责任说明项

9.1.1 题名

题名，又称标题、题目，是表达档案中心内容、形式特征的名称。

9.1.1.1 正题名

a. 正题名是档案的主要题名，一般指单份文件文首的题目和案卷封面上的题目。正题名照原文著录。

b.单份文件没有题名，依据其内容拟写题名，并加"[ ]"号。

c.单份文件的题名不能揭示内容时，原题名照录，并根据其内容另拟题名附后，加"[ ]"号。

d.单份文件的题名过于冗长时，在不丢失重要信息和损伤原意的情况下，可删去冗余部分，节略内容用"…"号表示。

e.案卷题名不能揭示案卷内容或题名过于冗长时，一般应重新拟写，将原题名修改好后再著录。

9.1.1.2 并列题名

并列题名是以第二种语言文字书写的与正题名对照并列的题名，必要时并列题名与正题名一并著录，并列题名前加"＝"号。

9.1.1.3 副题名及说明题名文字

副题名是解释或从属于正题名的另一题名。副题名照原文著录，正题名能够反映档案内容时，副题名不必著录。说明题名文字是指在题名前后对档案内容、范围、用途等的说明文字。必要时说明题名文字照原文著录。副题名及说明题名文字前加"："号。

9.1.2 文件编号

9.1.2.1 文件编号是文件制发过程中由制发机关、团体或个人赋予文件的顺序号。文件编号包括发文字号、科研试验报告流水号、标准规范类文件的统编号、图号等。

9.1.2.2 文件编号除年度用"[ ]"号外，其余照原文字符号抄录，其前加"："号。

9.1.2.3 联合发文或档案上有多个文件编号时，一般只著录一个文件编号，但立档单位的文件编号必须著录。若著录多个文件编号，中间用"；"号隔开。

9.1.2.4 档案室一般应著录文件编号。

9.1.3 责任说明

责任说明著录责任者，必要时著录职责或身份（职务、职称等）。

责任者，也称作者，是指对档案内容进行创造、负有责任的团体或个人。

9.1.3.1 责任者只有一个时，照原文著录，其前加"/"号。

9.1.3.2 责任者有多个时，著录列居首位的责任者，立档单位本身是责任者的必须著录，其余视需要著录。被省略的责任者用"[等]"表示。第一个责任者之前加"／"号，责任者之间以"；"号相隔。多个责任者具有同一职责或身份又必须著录时，可将职责或身份置于最末一个责任者后的"（ ）"号中，责任者之间以"，"号相隔。同一责任者有多个职责或身份又必须著录时，可将多个职责或身份置于责任者后的"（ ）"中，职责或身份之间以"，"相隔。

9.1.3.3 机关团体责任者

a. 机关团体责任者必须著录全称或不发生误解的通用简称。

b. 历代政权机关团体责任者，著录时其前应冠以朝代或政权名称，并加"（ ）"号。

9.1.3.4 个人责任者

a. 个人责任者一般只著录姓名，必要时在姓名后著录职务、职称或其他职责，并加"（ ）"号。

b. 文件所署个人责任者有多种职务时，只著录与形成文件相应的职务。

c. 清代及其以前的个人责任者应冠以朝代名称，并加"（ ）"号。

d. 少数民族个人责任者称谓各民族有差异，著录时，应依照该民族的署名习惯著录。

e. 外国责任者，姓名前应著录各历史时期易于识别的国名简称，其后著录统一的中文姓氏译名。必要时著录姓氏原文和名的缩写。国别、姓氏原文和名的缩写均加"（ ）"号。

9.1.3.5 文件所署责任者为别名、笔名时，均照原文著录，但应将其真实名称附后，并加"（ ）"号。

9.1.3.6 未署责任者的文件，应著录根据其内容、形式特征考证出的责任者，并加"[ ]"号；考证无结果时，以三个"□"代之。

9.1.3.7 文件责任者不完整时，应照原文著录，将考证出的完整责任者附后，并加"[ ]"号。

9.1.3.8 文件责任者有误，仍照原文著录，但应考证出真实责任者附后，并加"[ ]"号。

9.1.3.9 考证出的责任者根据不足时，在其后加"？"，一并著录于"[ ]"号。

9.1.4 附件

a. 附件是指文件正文后的附加材料，只著录附件题名，其前冠"+"号。

b. 文件正文后有多个附件时，应逐一著录各附件题名，各附件题名前均冠以

"+"号。如附件题名过长，也可简略，其节略内容用"…"号表示，自拟附件题名加"[ ]"号。

c.若附件题名具有独立检索意义时，亦可另行著录条目，但应在附注项中加以说明。

9.2 稿本与文种项

9.2.1 稿本

稿本是指档案文件的文稿、文本和版本。稿本项依实际情况著录为草稿、定稿、手稿、草图、原图、底图、蓝图、正本、副本、原版、试行本、修订本、影印本、各种文字本等，其前加". −"号。

9.2.2 文种

文种是指文件种类的名称。文种项依实际情况著录为命令、决议、指示、通知、报告、批复、函、会议纪要、说明书、协议书、鉴定书、任务书、判决书、国书、照会、诰、敕、奏折等，其前加"∶"号。

9.3 密级与保管期限项

9.3.1 密级

密级是指文件保密程度的等级。

9.3.1.1 密级按 GB/T 7156—1987 第 4 章文献保管等级代码表划分为六个级别，名称与代码如下：

文献保密等级代码

名称	数字代码	汉语拼音代码	汉字代码
公开级	0	GK	公开
国内级	1	GN	国内
内部级	2	NB	内部
秘密级	3	MM	秘密
机密级	4	JM	机密
绝密级	5	UM	绝密

9.3.1.2 密级一般按文件形成时所定密级著录，对已升、降、解密的文件，应著录新的密级，公开级、国内级可不著录。密级前加"．－"号。

9.3.2 保管期限

保管期限是指根据档案价值确定的档案应该保存的时间，一般分为永久、长期、短期三种。

保管期限一般按案卷组成时所定保管期限著录，其前加"："号，若已更改的，应著录新的保管期限。

9.4 时间项

时间项视不同著录对象，分为文件形成时间、卷内文件起止时间等，其前均加"．－"号。

9.4.1 文件形成时间

一般公私文书、信札为发文时间，决议、决定、命令、法令、规程、规范、标准、条例等法规性文件为通过或发布时间，条约、合同、协议为签署时间，技术评审证书、技术鉴定证书、转产证书为通过时间，获奖证书、发明证书、专利证书为颁发时间，科研试验报告、学术论文为发表时间，工程施工图、产品加工图为设计时间，竣工图为绘制时间，原始试验记录、测定检验数据为记录时间等。

9.4.2 时间项一律用 8 位阿拉伯数字表示，第 1—4 位数表示年，第 5—6 位数表示月，第 7—8 位数表示日。

9.4.3 历史档案中的朝代纪年、农历、地支代月、韵目代日，应照原文著录，同时将换算好的公元纪年附后，并加"（ ）"号。

9.4.4 没有形成时间的文件，应根据其内容、形式特征等考证出形成时间后著录，并加"[ ]"号。

9.4.5 文件时间不完整或部分时间字迹不清时，仍著录原时间，原时间中缺少或字迹不清部分以"□"补之，再将考证出的时间附后，并加"[ ]"号。

9.4.6 文件时间记载有误或有疑义时，仍照原文著录，再将考证出的时间附后，并加"[ ]"号。

9.4.7 文件形成时间考证不出时，著录为"．－□□□□□□□□"，亦可著录文件上的收文时间、审核时间、印发时间等其他时间，但应在附注项中说明。

9.4.8 若考证出的时间根据不足时，在其后加"？"号，一并著录于"[ ]"号内。

9.4.9 文件起止日期

以一组文件、一卷、一组案卷为对象著录一个条目时，著录其中最早和最迟形成的文件的时间，其间用"−"号连接。起止时间的表示，无论是本年度或跨年度，著录时均不能省略年度。

9.5 载体形态项

载体形态项著录档案的载体类型标识及档案载体的物质形态特征。

9.5.1 载体类型

档案的载体类型分为甲骨、金石、简牍、缣帛、纸、唱片、胶片、胶卷、磁带、磁盘、光盘等。以纸张为载体的档案一般不予著录，其他载体类型据实著录，其前加".−"号。

9.5.2 载体形态

9.5.2.1 数量及单位

数量为阿拉伯数字，单位用档案物质形态的统计单位，如"页""卷""册""张""片""盒""米"等。著录时其前加"："号。

9.5.2.2 规格

规格指档案载体的尺寸及型号等，著录时其前加"："号。

9.6 附注与提要项

9.6.1 附注项

附注项著录档案中需要解释和补充的事项。附注项的内容依各项目的顺序著录，项目以外需解释和补充的列在其后。

每一条附注均以".−"号分隔。如每一条附注都分段著录时，可省略该标识符。各项附注中使用的标识符可与 9.1—9.5 相一致。

9.6.1.1 各著录项目中需要注明的事项

a. 题名附注：注明同一文件的不同题名或其他称谓。

b. 责任者附注：注明考证出责任者的依据和责任者项未著录责任者的数目或名称。

c. 时间附注：注明考证出时间的依据。若著录为非文件形成时间时，应注明为何种时间。

d. 载体形态附注：注明载体形态的破损、残缺、变质及字迹退变等情况。

9.6.1.2 著录项目以外需要注明的事项

a. 被著录文件有不同稿本者应予注明。

b. 被著录文件另有其他载体形式者应予注明。

c. 被著录文件的来源为捐赠、购买、交换、复制、寄存等情况时应予注明。

d. 被著录文件经考证为赝品者应予注明。

e. 被著录文件关系密切的相关文件应予注明。

f. 除上述附注内容外，需要注明的其他事项。

9.6.2 提要项

提要项是对文件和案卷内容的简介，应反映其主要内容、重要数据（包括技术参数等）。

提要在附注之后另起一段空两个汉字位置著录，一般不超过 200 字。提要内容依汉语的语法和标点符号使用法著录。

9.7 排检与编号项

排检与编号项是目录排检和档案馆、室业务注记项。

9.7.1 分类号

分类号依据《中国档案分类法》和 GB/T15418—1994 的有关规定著录，置于条目左上角第一行。

9.7.2 档案馆代码

档案馆代码依据《编制全国档案馆名称代码实施细则》所赋予的代码著录，置于条目右上角第一行。

档案馆代码在建立目录中心或报道交流时必须著录。

9.7.3 档号

档号是指档案馆、室在整理和管理档案的过程中，以字符形式赋予档案的一组代码。档号著录于条目左上角第二行，与分类号齐头。档号中各号之间以"–"号相隔。

9.7.4 电子文档号

电子文档号是档案馆、室管理电子文件的一组符号代码，著录于条目第二行的中间位置。

9.7.5 缩微号

缩微号是档案馆、室赋予档案缩微制品的编号，著录于条目右上角第二行，与档案馆代码齐头。

9.7.6 主题词或关键词

主题词是在标引和检索中用以表达档案主题内容的规范化的词或词组。

关键词是在标引和检索中取自文件题名或正文用以表达档案主题并具有检索意义的词或词组。

9.7.6.1 主题词按照 DA/T19—1999、《中国档案主题词表》及本专业、本单位的规范化词表进行标引。

9.7.6.2 主题词或关键词著录于附注与提要项之后,另起一行齐头著录。各词之间空一个汉字位置,一个词或词组不得分作两行书写。

第六节 电子文件的保管

电子文件的保管贯穿于文件的整个生命周期,其工作内容和方法都比较复杂。

一、电子文件的存储管理

1. *存储设备*

（1）*硬磁盘*。

硬磁盘即硬盘,是利用电磁信号转化来记录和读出信息。按照接口的类型分为 ST506、IDE、SCSI 接口;按照尺寸分为 14 英寸、8 英寸、5.25 英寸、3.5 英寸等。作为计算机系统中最常用的外存,其存储容量大,采用随机存储方式,存取速度快,数据传输率高,可靠性高。适宜作为在线存储介质。

（2）*磁带*。

磁带是最早出现的存储介质。目前的计算机系统多采用 1/2 英寸开盘式磁带和 1/4 英寸盒式磁带。磁带存储容量大,成本低,以串行方式记录数据,存取速度较慢,通常作为硬磁盘可靠又经济的大容量备份。

（3）*光盘*。

光盘采用激光技术写入和读出信息,主要包括只读光盘、一次写入光盘和可擦写光盘。只读光盘只能用来检索或者播放已经记录在盘上的信息,如 CD-ROM、CD-I、VCD、DVD 等。一次写入光盘可根据需要录入信息,但只能写一次,一旦录入便不能再进行修改和删除。可擦写光盘允许反复擦写信息。光盘成本低、制作简单、容量大、体积小。一次写入光盘是档案部门经常用的类型。

2. 存储方式

（1）在线存储。

在线存储是指存储设备和所存储的数据时刻保持可直接、实时、快速访问的状态，通常选用硬盘、磁盘阵列作为在线存储设备，性能好，但是价格昂贵。

（2）离线存储。

离线存储也称脱机存储，存储设备和所存储的数据远离系统应用，无法直接访问。通常选用磁带、光盘等作为离线存储介质，容量大，价格相对低廉。需要离线存储的数据包括在线数据的备份以及不常用的数据。

（3）近线存储。

近线存储即近似在线存储，是介于在线存储和离线存储之间的一个存储级别，所采用的设备通常是由廉价磁盘组成的磁盘阵列。访问量不大的数据可采取近线存储的方式。

二、电子文件信息维护

1. 电子文件信息维护体系

电子文件信息的损害因素有很多，有人为的，也有非人为的，因此，档案部门要建立包含制度、管理、人员、技术等在内的全面的信息维护体系，要制定出完善的规章制度，合理分配和有效监督各类人员的管理权限，培训和考核人员，采用可靠的安全保障技术等。

2. 电子文件信息维护的关键技术

（1）加密。

加密是防止非法用户读懂信息，原理是在参数的指示和控制下，通过一定的规则将原本可读懂的数据转换为随机的乱码。合法用户想要读懂信息，需要在密钥的指示和控制下，通过算法将密文还原为明文，这个过程称为解密。

（2）身份认证。

身份认证就是通过身份认证技术来确认用户的信息。在用户进入计算机系统时验证其身份的技术有口令认证、智能卡认证、USB Key 认证、生物认证等。在接收、查看信息时验证信息发送者的主流技术是数字签名。数字签名可以防止冒充和抵赖，同时还能验证信息在传送或存储过程中是否被篡改。

（3）权限控制。

为了保护知识产权、个人隐私、机构秘密，需要在分析机构规章制度、业务性质、利用风险的基础上，合理定义各类用户、各类文件的访问权限，并在业务系统和电子文件管理系统中实现，以保证合法用户访问的便利，防止非法用户的恶意访问。

（4）长期可存取。

长期可存取技术即保障电子文件长期可读性的技术，包括转换为开放格式、迁移、采用多格式阅读软件等。

（5）备份。

备份是信息安全保障最重要的辅助措施，可为受损或崩溃的信息系统提供良好的、有效的恢复手段。备份不仅是数据文件的备份，在复杂系统中，还需要对数据文件所依赖的系统环境和应用程序进行备份操作。备份时，需要根据相关制度确认备份的方式，确定备份的存储设备、套数，明确是否需要异地备份。备份最好自动执行。

（6）物理隔离。

物理隔离是将不同的网络相分离，保证其不相连，其目的在于隔断非法用户的访问链路。凡是涉及秘密的计算机系统，不可直接或间接地与公共信息网络相连接，必须实行物理隔离。

（7）防火墙。

防火墙是一种逻辑装置，通常处于机构内网与外网之间，通过检测、限制、更改跨越防火墙的数据流，限制来自外网的用户对内部网络的访问以及管理内部用户访问外界的权限，对外部网络屏蔽有关被保护网络的信息、结构，从而实现对网络安全的保护。防火墙不能有效控制发生在内部的非法访问。

（8）入侵检测。

入侵检测是用于监控网络和计算机系统是否出现被入侵或滥用的征兆，可以阻断发生在内部的非法访问，是对防火墙技术的有效补充。

附

电子文件管理暂行办法

第一章 总 则

第一条

为规范电子文件管理，确保电子文件的真实、完整、可用和安全，保存国家历史记录，促进信息资源开发利用，推动国家信息化健康发展，按照国家有关法律法规，制定本办法。

第二条

本办法所称电子文件，是指机关、团体、企事业单位和其他组织在处理公务过程中，通过计算机等电子设备形成、办理、传输和存储的文字、图表、图像、音频、视频等不同形式的信息记录。

第三条

电子文件管理应当遵循信息化条件下电子文件形成和利用的规律，坚持下列基本原则：

（一）统一管理。

对电子文件管理工作实行统筹规划，统一管理制度，对具有保存价值的电子文件实行集中管理；

（二）全程管理。

对电子文件形成、办理、传输、保存、利用、销毁等实行全过程管理，确保电子文件始终处于受控状态；

（三）规范标准。

制定统一标准和规范，对电子文件实行规范化管理；

（四）便于利用。

发挥电子文件高效、便捷的优势，对有价值的电子文件提供分层次、分类别共享应用；

（五）安全保密。

按照国家有关法律法规和规范标准的要求，采取有效技术手段和管理措施，确保电子文件信息安全。

第二章 电子文件管理机构及职责

第四条

建立国家电子文件管理部际联席会议制度，由中共中央办公厅牵头，国务院办公厅、国家发展和改革委员会、工业和信息化部、财政部、国家档案局、国家保密局、国家密码管理局、国家标准化管理委员会等相关部门为成员单位，负责组织协调全国电子文件管理工作。国家电子文件管理部际联席会议的主要职责：

（一）负责统筹规划和组织协调全国电子文件管理工作；

（二）研究制定电子文件管理方针政策；

（三）审定电子文件管理规章制度、重要规划、重大项目方案；

（四）组织起草相关标准；

（五）研究解决全国电子文件管理中的其他重大问题。

第五条

国家电子文件管理部际联席会议日常工作由中共中央办公厅承担。

第六条

县以上党委、政府要结合实际，明确负责电子文件管理部门，承担本地区电子文件管理工作的组织协调和监督检查。

第七条

各有关部门应当为电子文件管理提供必要的保障措施。

各级信息化行政管理部门应当将电子文件管理工作纳入信息化发展规划，为电子文件管理工作提供信息化保障。各级发展改革、机构编制等部门负责为电子文件管理工作提供政策保障。各级财政部门应当为电子文件管理工作提供资金保障。

第八条

电子文件形成单位应当对本单位电子文件管理工作进行统筹规划，建立管理制度，明确管理职责，规范工作流程，落实保障措施。

各单位文秘和业务部门负责电子文件日常处理；档案部门负责归档电子文件管理；信息化部门负责为电子文件管理提供信息化支持；保密部门负责涉密电子文件的保密监督管理。

第九条

各级国家综合档案馆负责接收和保管本馆接收范围内各单位形成的具有永久保存价值的电子文件，并依法提供利用；有条件的应当根据国家灾害备份的要求，建立本机电子文件备份中心或者异地备份库。

第三章 电子文件的形成与办理

第十条

电子文件形成单位在建立和完善信息系统时，应当组织文秘、业务、档案、信息化、保密等部门提出电子文件管理的功能需求。

第十一条

电子文件在形成和办理过程中，应当具备国家法律法规规定的原件形式，并符合下列要求：

（一）能够有效表现所载内容并可供调取查用；

（二）能够保证电子文件及其元数据自形成起完整无缺、来源可靠，未被非法更改；

（三）在信息交换、存储和显示过程中发生的形式变化不影响电子文件内容真实、完整。

涉密电子文件的原件形式应当符合国家有关保密法律法规的规定。

第十二条

电子文件应当采用符合国家标准的文件存储格式，确保能够长期有效读取。

第十三条

电子文件形成单位应当对电子文件形成的过程稿及其相关信息的留存和安全保密等做出明确规定。

第十四条

在电子文件传输、交换时，应当遵循相关要求，对传输、交换过程予以记录。

第四章 电子文件的归档与移交

第十五条

电子文件形成单位应当根据国家有关规定明确电子文件归档范围和保管期限，并对具有保存价值的电子文件及时进行归档，由本单位档案部门负责管理。

第十六条

电子文件归档应当符合下列要求：

（一）电子文件应当在办理完毕后实时或定期归档，定期归档应当在第二年6月底前完成；

（二）归档电子文件的保管期限划分准确；

（三）电子文件及其元数据应当同时归档；

（四）电子文件归档时，应当进行真实、完整、可用方面的鉴定、检测，并由相关责任人确认；

（五）电子文件应当以国家规定的标准存储格式进行归档，属于国家秘密的电子文件应当使用专用保密存储介质存储，并按保密规定办理归档手续；

（六）具有永久保存价值或者其他重要价值的电子文件，应当转换为纸质文件或者缩微胶卷同时归档。

第十七条

归档电子文件应当按照相关管理要求进行分类和整理。

第十八条

属于国家综合档案馆接受范围的电子文件，应当按照规定时限向同级国家综合档案馆移交。已建立电子文件备份中心的，应当按照其要求进行移交。

第五章 电子文件的保管和利用

第十九条

电子文件形成单位和各级国家综合档案馆应当配备电子文件管理、利用的设施设备。

第二十条

电子文件保管应当符合下列要求：

（一）按照国家信息安全等级保护标准和涉密信息系统分级保护管理规定建立电子文件管理系统和信息内容安全保密防护体系，执行严格的安全保密管理制度；

（二）定期对电子文件的保管情况、可读取状况等进行测试、检查，发现问题及时处理；

（三）电子文件运行的软硬件环境、存储载体等发生变化时，应当将其及时迁移、转换；

（四）电子文件应当实行备份制度；

（五）根据电子文件不同载体保管环境的要求，选择适宜的保管条件。

第二十一条

反映电子文件保管、利用过程的相关信息应当记录和保存。

第二十二条

加强电子文件利用基础设施建设，建立健全相关制度，采取有效措施促进信息资源共享，保证电子文件在规定时间、地域、机构、人员范围内得到方便快捷的利用。

第二十三条

属于信息公开范围的电子文件的利用，应当按照国家有关规定执行；不属于信息公开范围的电子文件，按照国家有关档案、保密、信息安全、知识产权保护等方面法律法规的要求，可在规定范围内提供利用。

第二十四条

应当为利用者提供真实、可靠的电子文件，并采取有效措施确保电子文件不受损害。

第二十五条

电子文件的销毁应当履行有关审批手续；涉密电子文件的销毁应当按照国家保密法律法规的规定处理。

第六章 奖励与惩处

第二十六条

负责电子文件管理的部门和电子文件形成单位对在电子文件管理工作中取得突出成绩的单位或者个人，应当给予表彰或者奖励。

第二十七条

有下列情形之一的，由县级以上负责电子文件管理的部门责令限期整改；情节严重的，由有关主管部门对直接负责的主管人员或者其他责任人员按照有关规定给予相应的处分：

（一）电子文件管理不符合真实、完整、可用和安全保密要求的；

（二）不按照规定移交或者接收电子文件的；

（三）不按照规定提供电子文件的；

（四）损毁、丢失、篡改、伪造电子文件的；

（五）擅自提供、复制、公布、销毁电子文件的；

（六）擅自出卖电子文件的；

（七）玩忽职守，造成电子文件损失的。

有前款第四、五、六、七项情形，涉嫌犯罪的，要依法追究其刑事责任。

第七章 附 则

第二十八条

本办法所称元数据，是指描述电子文件内容、结构、背景和管理过程的数据。

第二十九条

军队系统的电子文件管理参照本办法执行。

第三十条

本办法由中共中央办公厅负责解释。

第三十一条

本办法自印发之日起施行。

高校档案数字化

第七章

第一节 高校档案数字化的概念和工作流程

一、高校档案数字化的概念

高校档案数字化是随着学校计算机网络技术、数据库技术以及多媒体技术的发展而产生的一种新型档案信息形态，它把分散于不同载体、不同地理位置的信息资源以数字化的形式存储，以网络化的方式互相连接，从而提供及时利用，实现资源共享，它的出现给现有的学校档案工作带来新的挑战和机遇。

可以转换为数字化信息的档案类型包括纸质档案、照片档案、录音档案、录像档案、缩微胶片等，转换之后的数字信息可以有文本、图形、图像、音频、视频多种媒体格式。

二、高校档案数字化的工作流程

由于档案工作的保密性，档案工作人员进行档案数字化工作必须制定安全保密管理机制，保障档案原件和数字化档案信息的安全。为了确保档案数字化工作的清晰、明确和可视，主要设计了以下工作流程。

1. 提取档案

从档案库房中提取需要数字化加工的档案原件，并填写好出入库登记表。针对此批档案案卷量进行划分批次，放置到扫描处理档案处存放，要确保纸质档案的安全。

2. 档案整理

将已经整理好的档案进行拆装，为档案扫描工作做准备。具体是将档案拆盒拆除装订，要注意保护档案不受损害，褶皱的档案原件要先进行压平或者烫平。整理过程必须校对每一卷档案的起始页码和页数，如果发现问题要记录下来，经过档案部门领导确认同意后修改。

3. 数字化转换

数字化的转换主要是将记录在传统载体上的档案信息通过模数转换技术和设备转换为以数字形式表示的信息资源。不同类型的档案，模数转换技术和设备不同。纸质档案、照片的数字化加工主要采用扫描仪、数码相机等设备加以扫描和拍照，缩微胶片的数字化主要采用缩微胶片扫描仪加以扫描。录音档案的数字化设备主要是音频采集卡，录像档案的数字化设备则是视频采集卡，录音、录像的输出设备通过特定的音视频传输线与音频采集卡、视频采集卡相连，音频采集卡、视频采集卡安装在计算机上。

这一阶段的主要问题是有关技术参数的选择。在选择技术参数时，要兼顾三个方面的问题：

（1）原始信息的保真，数字信息应该尽可能地清晰、准确地再现档案原件的面貌。

（2）用户利用的便利，数字信息应便于传输、浏览，可满足不同用户的操作要求。

（3）档案原件的保护，数字化加工过程要保证档案原件，尤其是濒危档案不受损失。

积极吸纳国际、国内成熟稳定的标准规范、指南、手册的规定和建议，切实把握数字化信息资源利用和管理的需求，将有助于提高数字化加工的水准。

4. 信息核查

运用专业的档案扫描管理系统或者直接运用专业的图像查看软件，对每一页扫描的影像进行检查，检查原件编码页数与数字化后的电子文件数量是否一致；针对档案页码颠倒错乱的情况，利用扫描管理系统进行调换；如果出现有缺页少页的必须补扫；如果有信息不清楚的必须重新扫描，并且替换原扫描信息。

5. 信息处理

对扫描之后的信息文件的瑕疵进行处理，包括纠偏、压缩、去边、去污、去燥、去干扰、图像拼接，采用光学符号识别（OCR）技术对图像中的文字进行识别，通过矢量化技术将光栅图像转化为矢量图形等。在需要的情况下，还可以嵌入数字水印，以保护数字化档案资源的知识产权。

6. 信息存储

此项工作的重点是信息存储格式的选择和信息的命名。存储格式的选择主要考虑对原始文件的保真程度、存储文件大小、格式的通用性和格式的标准程度。PDF 格式的电子文件因可长期保存以及具有较高的可信度，被专家推荐为可长期保持的电子文件的保存格式，也可作为信息存储的最佳格式。但在硬盘和光盘备份时，应该选择 TIFF 或者 JPG 格式存储。采用多种格式不同介质的存储方式有利于电子文件的保存和抵抗外面信息环境的变化。整个命名和存储信息的过程，可利用计算机的扫描系统和条码识别系统自动处理，条码识别系统会自动识别档案处理过程中所贴的条码，并据此命名电子文件。

7. 建立索引库

建立索引库即可查找相关电子文件元数据信息，包括各类描述性条目内容。如果档案管理系统中已经录入条目信息，可通过数据库管理软件导出通用数据格式的索引目录。没有录入条目信息的档案管理系统，可根据系统导入的数据格式制作索引目录。

8. 数据挂接和测试调阅

档案数字化转化过程中形成的目录索引与图像数据库，通过网络及时加载到数据服务器端汇总。通过编制程序或借助相应软件，可实现目录数据对相关联的数字图像的自动搜索、加入对应的电子地址信息等，整个导入过程必须严格遵照各高校档案管理系统技术标准要求，保障数据的安全性和完整性。对导入后的图像信息进行抽检式调阅测试，保证图像数据信息能在档案管理系统中正确流转和调阅。

9. 数据验收和数据备份

以抽检方式检查完成的数字化转换索引数据，包括目录数据库、图像文件、数据挂接的总体质量。整个过程需要有相应的检测报告。审核通过的电子图像数据必须即刻备份，为保证数据安全，备份载体的选择应该多样化，可采用在线、离线相结合的方式实现多套备份，并注意异地保存。

10. 档案装订还原

从图像核查存放处取出已经刻录完成的档案材料，按照批次核对检查和整理，做到和扫描前档案一致，并按照之前的装订方式重新装订。

档案数字化工作是档案信息化的基础。通过这一工作流程，可以看出档案数字化工作并不是神秘和繁琐的，运用科学的流程管理方法和现代计算机完全可以实现部分档案数字化工作自动处理。高校中有广大的学生资源，一些必须由人工处理的机械性工作可以交给学生来完成。但是在整个数字化过程中必须要有档案人员的指导和参与，才能有效把控档案信息数量的准确性和电子数据的有效性。随着科学技术的发展，信息化技术的不断进步，档案数字化流程一定会在工作实践中得到完善和补充。

第二节 档案数字化工作的要求

一、遵循国家的法律法规

档案数字化加工和服务要在法律框架和行业规范下进行，以保护合法权益，避免非法利用。档案数字化工作需要遵守的法律法规主要有以下几项。

1. 关于档案公开和保密的法律法规

高校档案部门提供数字化档案信息服务，既要履行法定的信息公开义务，又不能泄露国家秘密和学校秘密。主要的法规有《中华人民共和国档案法》《中华人民共和国保守国家秘密法》等。

《中华人民共和国档案法》规定：保密档案的管理和利用，密级的变更和解密，必须按照国家有关保密的法律和行政法规的规定办理。《中华人民共和国保守国家秘密法》规定：国家秘密是关系国家的安全和利益，依照法定程序确定，在一定时间内只限一定范围的人员知悉的事项。

2. 保护知识产权的法律法规

《中华人民共和国著作权法》规定，像部门档案、个人档案等，这些档案的数字化加工可能涉及其复制权，网络发布、提供利用可能涉及其发表权、信息网络传播权、汇编权，此类档案的数字化加工和提供服务可能引起法律争议。虽然《信息网络传播权保护条例》规定：图书馆、档案馆、纪念馆、博物馆、美术馆等可以不经著作权人许可，通过信息网络向本馆馆内服务对象提供本馆收藏的合法出版的数字作品和依法为陈列或者保存版本的需要以数字化形式复制的作品，不向其支付报酬，但不得直接或者间接获得经济利益。

3. 隐私权保护的法律法规

数字化档案的服务不得侵犯个人的隐私，关于这一点已经达成了共识。档案数字化工作要注意保护私人信息不受他人非法搜集、刺探、公开利用和侵扰。我国现在还没有专门的法律法规保护隐私权，只是散见于其他的法律法规中，如《中华人民共和国民法通则》《中华人民共和国民事诉讼法》《中华人民共和国未成年人保护法》等。档案数字化实践中的个人隐私保护，应当充分尊重国际惯例，尊重当事人的意见。

4. 网络服务行为规范

在一些情况下，除了通过网络提供原文和目录信息的查找服务之外，以数字方式加工三次文献并出版发行也是开发利用的具体方式，这时需要遵守《电子出版物管理规定》《互联网出版管理暂行规定》等有关规定。

二、遵循行业标准

标准的重要性只有在共享中才能显现，越普遍的共享，越需要以遵守标准为前提。

1. 标准概览

档案数字化涉及的要素很多，包括资源、软件、硬件、业务过程、业务方法等，这些要素都是标准化的对象。

（1）国际标准：

①空间数据与信息移交系统——开放档案信息系统（OAIS），代号ISO14721：2003，规范对象是系统设计；

②电子成像——文件图像压缩方法选择导则，代号ISO/TS12033:2001，规范对象是信息存储；

③文档管理——电子文档长久保存格式——第一部分: 1.4版PDF的使用(PDF/A-1)，规范对象是信息存储；

④档案数字化标准，规范对象是档案数字化整体工作(此项标准是待出台的)；

⑤信息与文献——电子文件长期保存需求，代号 ISO/CD TR 26102，规范对象是信息维护（ 此项标准是待出台的 ）。

（2）国家标准：

①文献档案资料数字化工作导则，代号 GB/T20530—2006，规范对象是档案数字化整体工作。

（3）行业标准：

①档案著录规则，代号 DA/T18—1999，规范对象是信息组织；

②纸质档案数字化技术规范，代号 DA/T31—2005，规范对象是数字化资源建设流程；

③明清档案目录中心数据采集标准——明清档案机读目录数据交换格式，代号 DA/T33—2005，规范对象是信息组织；

④全国革命历史档案数据采集标准——革命历史档案机读目录软磁盘数据交换格式，代号 DA/T17.5—1995，规范对象是信息组织；

⑤民国档案目录中心数据采集标准——民国档案机读目录软磁盘数据交换格式，代号 DA/T20.4—1999，规范对象是信息组织；

⑥电子文件管理系统功能需求，规范对象是系统设计(此项标准是待出台的)；

⑦电子文件归档光盘技术要求和应用规范，规范对象是信息存储（ 此项标准是待出台的)；

⑧电子文件管理细则之二: 长久保存格式需求，规范对象是信息存储（ 此项标准是待出台的)；

⑨缩微胶片数字化转换技术规范，规范标准是数字化资源建设流程（此项标准是待出台的）；

⑩录音档案数字化技术规范，规范对象是数字化资源建设流程（此项标准是待出台的）；

⑪录像档案数字化技术规范，规范对象是数字化资源建设流程（此项标准是待出台的）。

2. 标准的配套与执行

档案数字化工作一般遵循如下采标原则：凡是已有相应国家标准的，应优先采用国家标准；当国家标准尚未制定时，可参照和采用相应的国际标准。

在遵循标准的过程中还应该认识到标准升级或更新可能导致的风险。《文献档案资料数字化工作导则》（GB/T20530—2006）规定了两方面的指导原则：

其一，数据兼容。

在兼容未来发展技术的基础上，遵循普遍性、权威性、合理性等原则建立的行业标准或企业内部标准，可过渡性的保留使用。但其信息发布和数据传输部分的设计，应该采用模块化堆叠设计，以保证在国家标准或国际标准颁布实施时，信息发布和数据传输可根据新的标准体系方便地升级。

其二，数据共享。

为了使采用新标准对原系统的影响最小化，减少投入风险，凡采用内部标准设计的系统，均须考虑建立在二次检索基础上的数据共享接口设计，并至少为数据的重复使用和管理建立联机和脱机使用的两种模式。

三、目标合理

高校档案数字化的目标在于建立高质量的、便于使用的数字化资源，可以长久保存、反复使用，可以被广泛、方便地获取，可以应用于不同的环境。目标主要包括以下几方面。

1. 方便用户查询和利用

数字形式的信息最大的优点在于易于复制、更改，快速检索，异地传输、远程利用等操作。数字化可以极大地提高档案信息的实用性，为档案价值的充分发挥创造便利条件。这也是档案数字化工作最为重要的目标。

2. 汇聚分散保存的档案信息

通过网络可以汇聚高校分散存储在各部门的档案信息，实现更广范围内的资源整合和资源共享。目标的合理性很大程度上体现在数字化对象的鉴选上。《纸质档案数字化技术规范》（DA/T31—2005）中规定了两大鉴选原则：一是合法性原则，进行数字化的档案必须符合国家档案开放规定以及有关规定，属于开放范畴的档案才能数字化；二是价值性原则，属于归档范围且应当永久或长期保存的、社会利用价值高的档案可进行数字化。这两大原则要结合各高校的具体情况加以灵活运用。

3. 保护档案原件

档案数字化可以减少对传统档案载体的损害，有效地保护档案原件。此外，档案数字化的异地保存，还是防范天灾人祸对档案造成毁灭性打击的有效方法。

四、强化核查

档案数字化工作的内容较多，开展工作的人员众多，容易造成质量差错、安全事故风险，因此，要强化监督、审核和检查工作。

1. 数字化档案与原件进行核查

数字化档案与其原文件进行核查，包括对文字内容的校对，图像、音频、视频质量的检查，密级校核等。如果发现问题，及时弥补。

2. 机读目录核查

机读目录是档案检索的依据，因此应该确保其准确和完整。对这项工作的核查要十分重视，可以开展多次校核。

3. 数据挂接核查

用户如果想获取档案原文信息，不仅目录要准确，档案数字化原文还要与机读目录之间建立准确的挂接。一般采用抽查的方法来进行数据挂接核查，抽检比率不低于 5%。

4. 安全审查

安全审查贯穿于档案数字化的全过程。档案的出库、入库、拆卷、装订要进行检查，确保原文件不损坏、不丢失，内容不泄露；数字化的加工、存储、组织、服务、维护阶段要对各种安全技术、安全管理措施的效果进行检查和审计。

第三节 档案数字化的关键技术

档案数字化过程中每一个阶段都会用到现代科学技术的支持。此节主要讲述将模拟信息转化为数字信息的数字化加工技术及将数字化加工所得信息加以识别以提高计算机处理能力的自动识别技术。

一、数字化加工技术

数字化加工技术因档案的不同材质和记录方式不同而不同。纸质档案、照片、底片、缩微胶片的数字化主要采用的是扫描技术。如果扫描效果不好，或者载体无法扫描时，可以采用数码拍摄的方法。而录音档案和录像档案则主要采用针对声音、视频的模数转换技术，还可以采用数字录音、数字摄像的方法。

1. 扫描技术

扫描是通过扫描仪将档案原文图像转换成电子文件的技术。扫描仪是利用光电技术和数字处理技术，以扫描方式将图形或图像信息转换为数字信号的装置。扫描仪通常被用于计算机外部仪器设备，通过捕获图像并将之转换成计算机可以显示、编辑、存储和输出的数字化输入设备。扫描仪对照片、文本页面、图纸、美术图画、照相底片、菲林软片，甚至纺织品、标牌面板、印制板样品等三维对象都可作为扫描对象，提取和将原始的线条、图形、文字、照片、平面实物转换成可以编辑及加入文件中的装置。各高校可根据档案的特点和经费情况来选择扫描仪的种类。

（1）扫描仪的技术指标。

①光学分辨率。

光学分辨率是指扫描仪在扫描时所达到的精细程度，是衡量扫描仪性能高低的重要指标。它通过扫描元件将扫描对象每英寸可以捕获的点数来表示，单位是 dpi（dots per inch）。dpi 的数值越大，扫描的效果越好。它表示的方式是用垂直分辨率和水平分辨率相乘。如 600dpiX1200dpi，其中前一个数字代表扫描仪的横向分辨率，后一个数字代表扫描仪的纵向分辨率。扫描仪的纵向分辨率是横向分辨率的两倍，有时甚至是四倍。因此，在判断扫描仪光学分辨率时，应该以最小的数值为准。

②色彩位数。

色彩位数又称色深，是用于表示扫描仪所能辨析的色彩范围的指标，是对采样来的每一个像素点提供的不同通道的数字化位数的叠加值。通常，扫描仪的色彩位数越多，就越能真实反映原始图像的色彩，扫描仪所反映的色彩就越丰富，所扫出图像的效果也越真实，同时，所形成的数据量也随之增大，导致图像文件的体积也加大。

它一般采用红绿蓝（RGB）三通道的数值总和来表达。常见的 24 位、30 位、36 位彩色扫描仪，它们每通道的量化数值分别为 8 位，10 位，12 位，表示其每通道内有 256、1024、4096 阶层次的信息。一般，扫描仪的色彩位数取决于扫描仪内部的模数转换器的精度，当色彩位数精度增加时，扫描设备可以捕捉的色彩细节也会增多。影响扫描仪的色彩精度的因素，除了有较高的模数转换精度外，还需要有完善的光路系统设计。

③灰度级。

灰度级反映了扫描时提供由暗到亮层次范围的能力，即从纯黑到纯白之间平滑过渡的能力。灰度级越大，扫描结果的层次就越丰富，扫描的效果越好。常见的灰度级为 8 位，即 256 级。

④扫描幅面。

扫描幅面反映的是扫描仪所能扫描纸张的大小，它取决于扫描仪的内部机构设计和扫描仪的外部物理尺寸。扫描的幅面尺寸一般有 A4（297mmX216mm）、A4 加长（216mmX356mm）、A3（297mmX420mm）几种，工程扫描仪还有 A0（841mmX1189mm）幅面。

⑤扫描速度。

扫描速度是扫描仪的一个重要指标，是指扫描仪从预览开始到图像扫描完成后，光头移动的时间。扫描速度的表示方式一般有两种：一种用扫描标准 A4 幅面所用的时间来表示，另一种使用扫描仪完成一行扫描的时间来表示。扫描仪扫描的速度与系统配置、扫描分辨率设置、扫描尺寸、放大倍率等有密切关系。

⑥接口类型。

扫描仪与计算机连接的接口类型有 SCSI、EPP、USB、IEEE1394 等。

（2）扫描仪的种类。

①平板扫描仪。

平板扫描仪：主要扫描反射稿件。它的扫描区域为一块透明的平板玻璃，将原图放在这块玻璃平板上，光源系统通过一个传动机构作水平移动，发射出的光线照射在原图上，经反射或透射后，由接收系统接收并生成模拟信号，再通过 A/D 转换成数字信号，直接传送到电脑，由电脑进行相应的处理，完成扫描过程。

平板式扫描仪的扫描速度、精度、质量很好，光学分辨率在 300 ~ 8000dpi，已得到了很好的普及。

②滚筒式扫描仪。

滚筒式扫描仪：把原图贴放在一个干净的有机玻璃滚筒上，让滚筒以一定的速率（通常是每分钟 300 ~ 1500 转）围绕一个光电系统（常称为"探头"）旋转。探头中有一个亮光源，发射出的光线通过细小的锥形光圈照射在原图上，一次一个像素一个像素地进行采样。如果原图采用的是反射型介质（如不透明的纸张等），那么探头从滚筒的外面照射，反射回来的光线通过一套分光滤色系统将其分成 RGB 三束光，再由接收系统接收并生成模拟信号。如果原图是透射型介质（如幻灯片、投影用的胶片等），那么探头是从滚筒的内部照射，接收系统接收的是透射光。生成的模拟信号由 ADC（Analog to Digital Conversion，模→数转换器）将该模拟信号转换成数字信号，通过滚筒式扫描仪内的单板机处理后，将信号传送给计算机，完成扫描过程。

由于滚筒式扫描仪的结构特殊，其优点非常明显：光学分辨率很高（2500 ~ 8000dpi）、高色深（30 ~ 48bit）和很宽的动态范围、能处理大幅面的图像、速度快、生产率高。滚筒式扫描仪输出的图像普遍具有色彩还原逼真、阴影区细节丰富、放大效果优秀等特点。当然，它的缺点也很明显：占地面积大、造价非常昂贵（是平板扫描仪的 5～50 倍），市场上很少见到。

③胶片扫描仪。

胶片扫描仪：支持大幅面快速胶片扫描，图像不需要拼接。扫描后的图像自动转换为数字化 DICOM/DICONDE 格式，方便光盘进行胶片图像长期存储、快速查询、调阅光盘图像，方便对外交流。光学分辨率在 1000～2700dpi。全中文界面，操作简单。

2. 录音档案的模数转换技术

通过放音设备、音频采集卡、音频输入线、计算机等设备和相应的音频数字化软件共同搭建而成的档案数字化转换系统，可以将模拟声音信号转化为数字音频信号。

（1）音频模数转换器。

音频模数转换器，是把经过与标准量（或参考量）比较处理后的模拟量转换成以二进制数值表示的离散信号的转换器，简称 ADC 或 A/D 转换器。音频模数转换器最重要的参数是转换的精度，通常用输出的数字信号的位数的多少表示。转换器能够准确输出的数字信号的位数越多，表示转换器能够分辨输入信号的能力越强，转换器的性能也就越好。A/D 转换一般要经过采样、量化及编码三个过程。在实际电路中，有些过程是合并进行的，如量化和编码在转换过程中是同时实现的。

（2）采样。

模拟的声音信号是连续变化的。采样是指每隔一定时间间隔，采集模拟声音信号的幅度值作为样本，以样本表示原来的信号。采样频率是采样过程中的重要技术参数，即每秒钟采集多少个声音样本，这是用数字信号表达声音精确度高低的参数。采样频率越高，即采样的时间间隔越短，声音波形就表达得越精确。理论上采样频率应大于声音信号最高频率的两倍，常见的采样频率有 11.025kHz、22.05kHz、44.1kHz、48kHz 等。其中，达到 CD 音质的采样频率为 44.1kHz。

（3）量化。

量化是指度量样本幅度值并表示为二进制码的过程。量化之前要规定信号的量化精度。量化精度，又称样本大小、量化比特率，是指样本振幅值的等级，一般用二进制位数表示，如 8 位、16 位等，达到 CD 音质的量化精度是 16 位。16

位的量化精度可以划分为 2^{16} = 65536 个量化级别。根据量化精度，可以明确每一个量化级别对应的幅度范围，将样本幅度值与之比较，就可以得出离散的量化值。量化精度越高，量化级别就越多，声音还原效果越好。除了量化精度外，本阶段的主要技术参数还有声道数，常见的声道数包括单声道、双声道、5+1 声道、7+1 声道等，声道数越多，音质越好。

（4）编码。

编码是指用相应位数的二进制代码按照规定的格式表示量化后的样本。编码阶段的技术参数有编码方式、文件格式、压缩算法等。常见的编码方式包括脉冲编码调制（Pulse Code Modulation，PCM）无压缩编码和 MPEG-1 Layer3 压缩编码方式等，利用前者可形成 WAV 格式的音频文件，利用后者可形成 MP3 格式的音频文件。MAV 格式也支持多种压缩算法，通用性好，保真度高，常用作音频文件的存档格式。MP3 压缩比高，音质较好，是互联网上流行的音频格式，可用于录音档案的提供利用。此外，还可采用 RM、MOV 等流媒体格式提供网络利用。凡压缩编码形成的音频文件在使用过程中，重复编码和解码会导致内容质量的损伤。

3. 录像档案的模数转换技术

通过录像设备、视频采集压缩卡、视频输入线、计算机、编辑机等设备和相应的视频数字化处理软件共同搭建而成的录像档案数字化转换系统，可以将模拟视频信号转化为数字视频信号。主要过程包括采样、量化和编码。录像档案数字化过程比录音档案数字化过程复杂很多，除了采集音频信号之外，还要采集视频信号，而后者是由一系列静止的图像组成。录像档案数字化之后形成的视频文件，可根据用途选用 MPEG1（VCD 格式）、MPEG2（DVD 格式）、MPEG4、RM、MOV、ASF 等中的一种或多种格式。其中 MPEG1、MPEG2 主要用于存档，MPEG4、RM、MOV、ASF 则是用于网络传输的流媒体格式。目前档案部门多采用 MPEG2 格式，相应的数据传输率不低于 4Mbps。

二、数字化识别技术

在档案数字化领域得以应用的识别技术主要有光学字符识别技术和图形矢量化技术，还有一项具有很大潜力的语音识别技术。

1. 光学字符识别技术

（1）定义。

光学字符识别技术（Optical Character Recognition），是通过图像处理和模式识别技术对光学的字符进行识别，是自动识别技术研究和应用领域中的一个重要方面。它是一种能够将文字自动识别录入到电脑中的软件技术，是与扫描仪配套的主要软件，属于非键盘输入范畴，需要图像输入设备，主要是与扫描仪相配合。

（2）系统构成。

由于扫描仪的普及与广泛应用，光学字符识别软件只需提供连接扫描仪的接口，利用扫描仪驱动软件即可。因此，光学字符识别软件主要是由图像处理模块、版面划分模块、文字识别模块和文字编辑模块等四部分组成。

①图像处理模块。

图像处理模块主要具有文稿扫描、图像缩放、图像旋转等功能。通过扫描仪输入后，文稿形成图像文件，图像处理模块可对图像进行放大，去除污点和划痕，如果图像放置不正，可以手工或自动旋转图像，目的是为文字识别创造更好的条件，使识别率更高。

②版面划分模块。

版面划分模块主要包括版面划分、更改划分，即对版面的理解、字切分、归一化等，可选择自动或手动两种版面划分方式。目的是告诉光学字符识别软件将同一版面的文章、表格等分开，以便于分别处理，并按照怎样的顺序进行识别。

③文字识别模块。

文字识别模块是 OCR 软件的核心部分，文字识别模块主要对输入的汉字进行"阅读"，但不能一目多行，必须逐行切割，对于汉字通常也是一个字一个字地辨认，即单字识别，再进行归一化。文字识别模块通过对不同样本汉字的特征进行提取，完成识别，自动查找可疑字，具有前后联想等功能。

④文字编辑模块。

文字编辑模块主要对光学字符识别后的文字进行修改、编辑，如系统识别认为有误，则文字会以醒目的红色或蓝色显示，并提供相似的文字供选择，选择编辑器供输出等。

（3）工作流程。

①图像采集。

通过扫描仪等光学设备将图像传入计算机，这是第一步。

②图像预处理。

任务是将整体图像分割为一个个的文字图像，包括图像的正规化、去噪、图像校正、图像分析、文字行与字分离等。

③特征抽取。

这是光学字符识别技术的核心，目的是捕获字符的主要特征。特征分为两类：统计特征和结构特征。统计特征，如文字区域内的黑点和白点的数比；结构特征，如笔画端点、交叉点之数量和位置。现在，大部分采用的是结构特征抽取法。

④对比特征。

特征抽取之后，将之与比对数据库或特征数据库中的记录进行比对。

⑤判断识别。

根据不同的特征，选用不同的方法进行比较，识别出字符。

⑥人工校正。

光学字符识别技术的识别率还没有达到 100%，自动识别后，人工校对和更正是必须的，汉字、英文字母和数字的混排以及标点符号都是容易出错的地方。

⑦结果输出。

应将识别结果以恰当的方式进行存储，可以单独存成一份计算机文件，也可以将有关数据填入数据库中。

（4）识别技巧。

①分辨率的设置是文字识别的重要前提。

一般来讲，扫描仪提供较多的图像信息，识别软件比较容易得出识别结果。但也不是扫描分辨率设得越高识别正确率就越高。选择 300dpi 或 400dpi 分辨率，适合大部分文档扫描。注意文字原稿的扫描识别，设置扫描分辨率时千万不要超过扫描仪的光学分辨率，不然会得不偿失。下面是部分典型设置，仅供参考。

a. 一、二、三号字的文章段，推荐使用 200dpi。

b. 四、小四、五号字的文章段，推荐使用 300dpi。

c. 小五、六号字的文章段，推荐使用 400dpi。

d. 七、八号字的文章段，推荐使用 600dpi。

②扫描时适当地调整好亮度和对比度值，使扫描文件黑白分明。

这对识别率的影响最为关键，扫描亮度和对比度值的设定以观察扫描后的图像中汉字的笔画较细但又不断开为原则。进行识别前，先看看扫描得到的图像中文字质量如何，如果图像存在黑点或黑斑时或文字线条很粗很黑，分不清笔画时，说明亮度值太小了，应该试试增加亮度值；如果文字线条凹凸不平，有断线甚至图像中汉字轮廓严重残缺时，说明亮度值太大了，应减小亮度后再试试。

③选好扫描软件。

选一款好的适合本单位的光学字符识别软件是做好文字识别工作的基础，一般不要使用扫描仪自带的 OEM 软件，OEM 的光学字符识别软件的功能少、效果差，有的甚至没有中文识别。再选一个图像软件，第一，光学字符识别软件不能识别所有的扫描仪；第二，也是最关键的，利用图像软件的扫描接口扫描出来的图像便于处理。

④如果要进行的文本是带有格式的，如粗体、斜体、首行缩进等，部分光学字符识别软件识别不出来，会丢失格式或出现乱码。如果必须扫描带有格式的文本，事先要确保使用的识别软件是否支持文字格式的扫描。也可以关闭样式识别系统，使软件集中注意力查找正确的字符，不再顾及字体和字体格式。

⑤在扫描识别报纸或其他半透明文稿时，背面的文字透过纸张混淆文字字形，对识别会造成很大的障碍。遇到该类扫描，只要在扫描原稿的背面附盖一张黑纸，扫描时，增加扫描对比度，即可减少背面模糊字体的影响，提高识别正确率，

⑥一般文本扫描原稿都为黑、白两色原稿，但是在扫描设置时却常将扫描模式设为灰度模式。特别是在原稿质量较差时，使用灰度模式扫描，并在扫描软件处理完后再继续识别，这样会得到较好的识别正确率。值得注意的是光学字符识别软件可以自己确定阈值，几个百分点的阈值差异，可能就会影响识别的正常进行。当然，得到的图像文件的大小会比黑白文件大很多。在进行大批量文稿扫描时，必须对原稿进行测试，找到最佳的阈值百分比。

⑦遇到图文混排的扫描原稿，首先明确使用的识别软件是否支持自动分析图文这一功能。

如果支持的话，在进行这类扫描识别时，光学字符识别软件会自动计算出文本的内容、位置和先后顺序。文字部分可以按照标示顺序正常识别。

⑧手动选取扫描区域会有更好识别效果。

设置好参数后，先预览一下，然后开始选取扫描区域。不要将要用的文章一股脑儿选在一个区域内，因为现在的文章排版为了追求更好的视觉效果，使用图文混排的较多，扫成一幅图像会影响光学字符识别软件识别。因此，要根据实际情况将版面分成 N 个区域，怎么划分区域呢？每一区域内的文字字体、字号最好一致，没有图形、图像，每一行的宽度一致，遇到长短不一，再细分，一般一次最多可扫描 10 个选区。根据不同情况，合理地设置识别区域的顺序。这是提高识别率的有效手段。注意各识别区域不能有交叉，做到一切觉得完好以后再进行识别。这样一般的识别率会在 95% 以上，对于识别不正确的文字进行校对后，就可以进入相应的文字处理软件进行所需的处理了。

⑨在放置扫描原稿时，把扫描的文字材料一定要摆放在扫描起始线正中，以最大限度地减小由于光学透镜导致的失真。同时应保护扫描仪玻璃的干净和不受损害。文字有一定角度的倾斜，或者是原稿文字部分为不正规排版，必须在扫描后使用旋转工具，进行纠正；否则光学字符识别软件会将水平笔画当作斜笔画处理，识别正确率会下降很多。建议用户尽量将扫描原稿放正，用工具旋转纠正会降低图像质量，使字符识别更加困难。

⑩先"预览"整体版面，选定要扫描的区域，再用"放大预览"工具，选择一小块进行放大显示到全屏幕，观察其文字的对比度，文字的深浅浓度，据情况调整"阈值"的大小，最终要求文字清晰，不浓不淡，一般在"阈值"80 左右为宜，最后再扫描。

⑪用工具擦掉图像污点，包括原来版面中的不需要识别的插图、分隔线等，使文字图像中除了文字没有一点儿多余的东西；这可以提高识别率并减少识别后的修改工作。

⑫如果要扫描印刷质量稍微差一些的文章，比如说报纸，扫描的结果将不会黑白分明，会出现大量的黑点，而且在字体的笔画上也会出现粘连现象，这两项可是汉字识别的大忌，将严重影响汉字识别的正确率。为获得较好的识别结果，必须仔细进行色调调节，反复扫描多次才能获得比较理想的结果。另外由于报纸很薄且大部分纸质不高，导致扫描仪上盖板不能完全压住报纸，所以一般情况下报纸的扫描识别效果没有杂志的效果好。解决办法是在报纸上压一至两本 16K 的杂志，可以起到很好的效果。

2. 图形矢量化技术

（1）定义。

图形矢量化，是对扫描所得的光栅图像数据加以分析、识别，最终重建其中的图形对象、形成矢量数据的过程。矢量化的图形是用直线和曲线来描述，这些图形的元素是一些点、线、矩形、多边形、圆和弧线等。矢量化后的图形可以利用计算机直接调用、编辑、计算、统计、分析图形要素，如点、线、面等，从而提高图形的利用效率。在工程设计、工程管理、测绘等领域应用得比较广泛。

（2）优点。

矢量化图形有很多优点：首先，矢量化图形由简单的几何图形元素组成，比较紧凑，所占存储空间小；其次，矢量化图形易于进行编辑，对其进行编辑的时候，如进行旋转、拉伸、平移等操作时仅需要修改相应几何图形元素的参数信息；第三，用矢量表示的对象易于放大或者压缩，而且不会降低其在计算机中的显示质量，矢量化图形的放缩能够保持边角的尖锐等特性，不会出现模糊影响显示质量。

3. 语音识别技术

语音识别技术，也被称为自动语音识别 Automatic Speech Recognition（ASR），其目标是将人类语音中的词汇内容转换为计算机可读的输入，例如按键、二进制编码或者字符序列。它所涉及的领域有信号处理、模式识别、概率论和信息论、发声机理和听觉机理、人工智能等。其应用受到语音的词汇量、清晰度、口音等条件的限制。现在的语音识别技术还不够成熟，档案数字化领域还没有使用，但是它具有巨大的潜力。

附

纸质档案数字化加工技术规范（DA/T 31-2005）

1. 范围

本标准规定了纸质档案数字化的主要技术要求。本标准适用于采用各种设备对纸质档案的数字化加工处理及数字化成果的管理。

2. 规范性引用文件

下列文件中的条款通过本标准的引用而成为本标准的条款。凡是注日期的引用文件，其随后所有的修改单（不包括勘误的内容）或修订版均不适用于本标准，然而，鼓励根据本标准达成协议的各方研究是否可使用这些文件的最新版本。凡是不注日期的引用文件，其最新版本适用于本标准。

GB / T 17235.1-1998 信息技术连续色调静态图像的数字压缩及编码第 1 部分：要求和指南

GB / T 17235.2-1998 信息技术连续色调静态图像的数字压缩及编码第 2 部分：一致性测试

GB / T 18894-2002 电子文件归档与管理规范

3. 术语和定义

下列术语和定义适用于本标准。

3.1 数字化 digitization

用计算机技术将模拟信号转换为数字信号的处理过程。

3.2 纸质档案数字化 digitization of paper-based records

采用扫描仪或数码相机等数码设备对纸质档案进行数字化加工，将其转化为存储在磁带、磁盘、光盘等载体上并能被计算机识别的数字图像或数字文本的处理过程。

3.3 数字图像 digital image

表示实物图像的整数阵列。一个二维或更高维的采样并量化的函数，由相同维数的连续图像产生。在矩阵（或其他）网络上采样——连续函数，并在采样点上将值最小化后的阵列。

3.4 黑白二值图像 binary image

只有黑白两级灰度的数字图像。它对应于黑白两种状态的文字稿、线条图等。

3.5 连续色调静态图像 continuous-tone still image

以多于两级灰度的不同浓淡层次或以不同颜色通道组合成的静态数字图像。在纸质档案数字化过程中，通常表现为灰度扫描和彩色扫描两种模式。

3.6 分辨率 resolution

单位长度内图像包含的点数或像素数，一般用每英寸点数 (dpi) 表示。

3.7 失真度 distortion measure

对档案进行数字化转换后，数字图像与档案原件在色彩、几何等方面的偏离程度。

3.8 可懂度 intelligibility

数字图像向人或机器提供信息的能力。

3.9 图像压缩 image compression

清除图像冗余或对图像近似的任一种过程，其目的是对图像以更紧凑的形式表示。纸质档案数字化过程中，较常见的有 TIFF(G4)、JPEG 等压缩格式。

4. 纸质档案数字化基本要求

4.1 基本原则

纸质档案数字化的基本原则是使档案信息资源准确、方便、快捷地提供利用，使可以公开的档案信息资源得到共享，以满足社会对档案利用的需求。

4.2 数字化对象的确定原则

应当对所要进行数字化的对象按照一定的原则和方法进行确认，只有符合一定要求的纸质档案文献才能进行数字化。

4.2.1 符合国家法律法规的原则

纸质档案的数字化，必须符合国家档案开放规定以及有关规定。

4.2.2 价值性原则

属于归档范围且应永久或长期保存的、社会利用价值高的档案可列入数字化加工的范围。

4.3 基本环节

纸质档案数字化的基本环节主要包括：档案整理、档案扫描、图像处理、图像存储、目录建库、数据挂接、数据验收、数据备份、成果管理等。

4.4 过程管理

4.4.1 应加强纸质档案数字化各环节的安全保密管理机制，确保档案原件和数字化档案信息的安全。

4.4.2 纸质档案数字化的各个环节均应进行详细地登记，并及时整理、汇总，装订成册，在数字化工作完成的同时建立起完整、规范的记录。

5. 档案整理

在扫描之前，根据档案管理情况，按下述步骤对档案进行适当整理，并视需要做出标识，确保档案数字化质量。

5.1 目录数据准备

按照《档案著录规则》(DA / T18) 等的要求，规范档案中的目录内容。包括确定档案目录的著录项、字段长度和内容要求。如有错误或不规范的案卷题名、文件名、责任者、起止页号和页数等，应进行修改。

5.2 拆除装订

在不去除装订物情况下，影响扫描工作进行的档案，应拆除装订物。拆除装订物时应注意保护档案不受损害。

5.3 区分扫描件和非扫描件

按要求把同一案卷中的扫描件和非扫描件区分开。普发性文件区分的原则：无关和重份的文件要剔除，有正式件的文件可以不扫描原稿。

5.4 页面修整

破损严重、无法直接进行扫描的档案，应先进行技术修复，褶皱不平影响扫描质量的原件应先进行相应处理 (压平或熨平等) 后再进行扫描。

5.5 档案整理登记

制作并填写纸质档案数字化加工过程交接登记表单，详细记录档案整理后每份文件的起始页号和页数。

5.6 装订

扫描工作完成后，拆除过装订物的档案应按档案保管的要求重新装订。恢复装订时，应注意保持档案的排列顺序不变，做到安全、准确、无遗漏。

6. 档案扫描

6.1 扫描方式

6.1.1 根据档案幅面的大小(A4、A3、A0等)选择相应规格的扫描仪或专业扫描仪(如工程图纸可采用 0 号图纸扫描仪)进行扫描。大幅面档案可采用大幅面数码平台，或者缩微拍摄后的胶片数字化转换设备等进行扫描，也可以采用小幅面扫描后的图像拼接方式处理。

6.1.2 纸张状况较差以及过薄、过软或超厚的档案，应采用平板扫描方式；纸张状况好的档案可采用高速扫描方式以提高工作效率。

6.2 扫描色彩模式

6.2.1 扫描色彩模式一般有黑白二值、灰度、彩色等。通常采用黑白二值。

6.2.2 页面为黑白两色，并且字迹清晰、不带插图的档案，可采用黑白二值模式进行扫描。

6.2.3 页面为黑白两色，但字迹清晰度差或带有插图的档案以及页面为多色文字的档案，可采用灰度模式扫描。

6.2.4 页面中有红头、印章或插有黑白照片、彩色照片，彩色插图的档案，可视需要采用彩色模式进行扫描。

6.3 扫描分辨率

6.3.1 扫描分辨率参数大小的选择，原则上以扫描后的图像清晰、完整、不影响图像的利用效果为准。

6.3.2 采用黑白二值、灰度、彩色几种模式对档案进行扫描时，其分辨率一般均建议选择大于或等于100dpi。特殊情况下，如文字偏小、密集、清晰度较差等，可适当提高分辨率。

6.3.3 需要进行 OCR 汉字识别的档案，扫描分辨率建议选择大于或等于200dpi。

6.4 扫描登记

认真填写纸质档案数字化转换过程交接登记表单，登记扫描的页数，核对每份文件的实际扫描页数与档案整理时填写的文件页数是否一致，不一致时应注明具体原因和处理方法。

7. 图像处理

7.1 图像数据质量检查

7.1.1 对图像偏斜度、清晰度、失真度等进行检查。发现不符合图像质量要求时，应重新进行图像的处理。

7.1.2 由于操作不当，造成扫描的图像文件不完整或无法清晰识别时，应重新扫描。

7.1.3 发现文件漏扫时，应及时补扫并正确插入图像。

7.1.4 发现扫描图像的排列顺序与档案原件不一致时，应及时进行调整。

7.1.5 认真填写相关表单，记录质检结果和处理意见。

7.2 纠偏

对出现偏斜的图像应进行纠偏处理，以达到视觉上基本不感觉偏斜为准。对方向不正确的图像应进行旋转还原，以符合阅读习惯。

7.3 去污

对图像页面中出现的影响图像质量的杂质，如黑点、黑线、黑框、黑边等应进行去污处理。处理过程中应遵循在不影响可懂度的前提下展现档案原貌的原则。

7.4 图像拼接

对大幅面档案进行分区扫描形成的多幅图像，应进行拼接处理，合并为一个完整的图像，以保证档案数字化图像的整体性。

7.5 裁边处理

采用彩色模式扫描的图像应进行裁边处理，去除多余的白边，以有效缩小图像文件的容量，节省存储空间。

8. 图像存储

8.1 存储格式

8.1.1 采用黑白二值模式扫描的图像文件，一般采用 TIFF(G4) 格式存储。采用灰度模式和彩色模式扫描的文件，一般采用 JPEG 格式存储。存储时的压缩率的选择，应以保证扫描的图像清晰可读的前提下，尽量减小存储容量为准则。

8.1.2 提供网络查询的扫描图像，也可存储为 CEB、PDF 或其他格式。

8.2 图像文件的命名

8.2.1 纸质档案目录数据库中的每一份文件，都有一个与之相对应的唯一档号，以该档号为这份文件扫描后的图像文件命名。

8.2.2 多页文件可采用该档号建立相应文件夹，按页码顺序对图像文件命名。

9. 目录建库

9.1 数据格式选择

目录建库应选择通用的数据格式。所选定的数据格式应能直接或间接通过 XML 文档进行数据交换。

9.2 档案著录

按照《档案著录规则》(DA ／ T18) 的要求进行著录，建立档案目录数据库。

9.3 目录数据质量检查

采用人工校对或软件自动校对的方式，对目录数据库的建库质量进行检查。核对著录项目是否完整、著录内容是否规范、准确，发现不合格的数据应要求进行修改或重录。

10. 数据挂接

10.1 汇总挂接

档案数字化转换过程中形成的目录数据库与图像数据库，通过质检环节确认为"合格"后，通过网络及时加载到数据服务器端汇总。通过编制程序或借助相应软件，可实现目录数据对相关联的数字图像的自动搜索、加入对应的电子地址信息等，实现批量、快速挂接。

10.2 数据关联

以纸质档案目录数据库为依据，将每一份纸质档案文件扫描所得的一个或多个图像存储为一份图像文件。将图像文件存储到相应文件夹时，要认真核查每一份图像文件的名称与档案目录数据库中该份文件的档号是否相同，图像文件的页数与档案目录数据库中该份文件的页数是否一致，图像文件的总数与目录数据库中文件的总数是否相同等。通过每一份图像文件的文件名与档案目录数据库中该份文件的档号的一致性和唯一性，建立起一一对应的关联关系，为实现档案目录数据库与图像文件的批量挂接提供条件。

10.3 交接登记

认真填写纸质档案数字化转换过程交接登记表单，记录数据关联后的页数，核对每一份文件关联后的页数与档案整理、扫描时填写的页数是否一致，不一致时应注明具体原因和处理办法。

11. 数据验收

11.1 数据抽检

11.1.1 以抽检的方式检查已完成数字化转换的所有数据、包括目录数据库、图像文件及数据挂接的总体质量。

11.1.2 一个全宗的档案，数据验收时抽检的比率不得低于 5%。

11.2 验收指标

11.2.1 目录数据库与图像文件挂接错误，或目录数据库、图像文件之一出现不完整、不清晰、有错误等质量问题时，抽检标记为"不合格"。

11.2.2 一个全宗的档案，数字化转换质量抽检的合格率达到 95% 以上（含 95%）时，予以验收"通过"。

合格率 = 抽检合格的文件数 / 抽检文件总数 ×100%

11.3 验收审核

验收"通过"的结论，必须经分管领导审核、签字后方有效。

11.4 验收登记

认真填写纸质档案数字化验收登记表单。

12. 数据备份

12.1 备份范围

经验收合格的完整数据应及时进行备份。

12.2 备份方式

为保证数据安全，备份载体的选择应多样化，可采用在线、离线相结合的方式实现多套备份，并注意异地保存。

12.3 数据检验

备份数据也应进行检验。备份数据的检验内容主要包括备份数据能否打开、数据信息是否完整、文件数量是否准确等。

12.4 备份标签

数据备份后应在相应的备份介质上做好标签，以便查找和管理。

12.5 备份登记

填写纸质档案数字化备份管理登记表单。

13. 数字化成果管理

13.1 应加强对纸质档案数字化成果的管理，确保其安全、完整和长期可用。

13.2 纸质档案数字化成果提供网上检索利用时，应有制作单位的电子标识，并根据具体情况分别采用可下载或不可下载的数据格式。

高校数字
档案馆建设

第八章

第一节 数字档案馆的形成

一、数字档案馆的概念

随着计算机技术、数字存储技术与网络技术的迅速发展，数字时代已悄然到来，数字信息大量产生，给档案信息组织与管理带来了巨大的影响，于是便有人提出了数字档案馆的概念。1994年1月，美国档案界的代表人物玛格丽特·海兹乔姆在第二届国际人文学者与技术大会上提交的名为《电子档案馆：网络环境的集成与利用》的论文中，首次提出了"电子档案馆"的概念。1996年，美国电子记录管理专家戴维·比尔曼在第十三届国际档案大会上做了《虚拟档案》的报告，提出了数字档案馆的构想，并建构了虚拟档案管理的元数据体系。1998年，我国的冯惠玲教授在《无纸收藏——<拥有新记忆——电子文件管理研究>摘要之二》一文中概括了电子档案馆的概念，即"电子档案馆亦可称为'数字档案馆''虚拟档案馆''无墙档案馆'，它不是一个实体机构、一个存放处的概念。"2000年5月，国家档案局将"数字档案馆工程研究与开发"作为本年度全国重点档案科技攻关计划。从此，档案界便开始了数字档案馆的研究和建设工作。

数字档案馆的概念出现后，档案界对它进行了探讨和研究。

王宇晖认为，数字档案馆是"一个数字化的信息系统，它把分散于不同载体、不同地理位置的信息资源以数字化的形式存储，以网络化的方式互相连接，从而提供及时利用，实现资源共享"。

傅荣校认为，数字档案馆是"一个电子化信息的仓储，能够存储大量的各种形式的信息，用户可以通过网络方便地访问它，以获得这些信息，并且其信息存储和用户访问不受地域限制。它是把包括多媒体在内的各种信息的数字化、存储管理、查询和发布集成在一起，使这些信息得以在网络上传播，从而最大限度地利用这些信息"。

李国庆认为，数字档案馆是"建立在现代信息技术普遍应用基础上，利用数字化手段，以综合档案馆信息资源为处理核心，对数字档案信息资源进行收集、管理，通过高速宽带通信网络设施相连接和提供利用，实现资源共享的超大规模、分布式数字信息系统"。

王芳认为，数字档案馆是"以档案管理的基本原理为前提，以信息网络基础设施为基础，以数字化长期保存、资源共享与远程服务为目的，通过信息管理系统与档案网站，对由传统档案资源经过数字化转换、由电子文件归档形成的数字档案资源以及档案馆收藏的其他数字资料进行管理的新型档案管理方式，其实质是一种序化的数字信息空间，它超越了传统单个实体档案馆的界限，以数字档案馆联盟的形式和网络化服务为特征，大大提高了档案信息资源共享与开发利用的效率"。

潘连根认为，数字档案馆是"传统档案馆功能的扩大，它以统一的标准和规范为基础，将有价值的馆藏信息资源数字化和通过各种途径收集、捕获的有价值的电子文件信息，在加工处理后以数字化形式进行存贮，并以智能检索技术为手段，提供统一友好的检索界面，利用先进的信息处理技术和互联的计算机网络，向用户提供多媒体数字信息服务"。

2010 年国家档案局发布的《数字档案馆建设指南》对数字档案馆的定义是"各级各类档案馆为适应信息社会日益增长的对档案信息资源管理、利用需求，运用现代信息技术对数字档案信息进行采集、加工、存储、管理，并通过各种网络平台提供公共档案信息服务和共享利用的档案信息集成管理系统"。

2014 年档案行业标准《电子档案管理基本术语》对数字档案馆的定义是"运用现代信息技术对电子档案及其他数字资源进行采集、存储、管理，并通过各种网络平台提供利用的档案信息集成管理体系"。

由此可见，数字档案馆的概念可以分为广义和狭义。广义的数字档案馆是指存储和利用档案信息资源的信息空间，是一个由众多档案资源库群、档案信息资源处理中心、档案用户群构成的数字档案馆群体。狭义的数字档案馆是指个体档案馆运用现代信息技术，对档案信息进行采集、加工、存储、管理，并通过各种网络平台提供利用的档案信息集成管理体系。

二、数字档案馆的发展

我国数字档案馆的发展从概念的引入到提法统一，从理论探索到实践应用，从模式推广到政策推动，从经验总结到深入发展共四个阶段。随着云计算、物联网、移动互联网等新一代信息技术的推广应用，数字档案馆的发展也面临着大数据时代的机遇和挑战，处于从档案信息资源建设和管理系统开发转向信息资源的利用与共享的转折时期。因此，我们首先要根据现在国内的现状，制订合理的建设对象；其次，要借鉴国内外数字图书馆的建设经验，统一规划和组织；再次，馆藏数字化时要有所选择，以利用者为中心提供信息资源服务；最后，做好人力资源的投入，立足培养档案管理人员的专业技能。

第二节 数字档案馆的特征和功能

一、数字档案馆的特征

1. 档案信息数字化

数字档案馆中的信息是经过计算机处理的文字、数值、视听资料、印刷文本、缩微等数字化信息，以计算机识别的二进制编码0和1数字形式存贮在硬盘、软盘、光盘等存储介质上，特点是存储能力强、体积小、节约空间。

2. 操作计算机化

数字档案馆的信息资源的存储、传输、检索、利用等都必须依赖计算机才能进行，计算机是数字档案馆管理各种档案信息的基本工具和手段。它是数字档案馆最基本的特征。

3. 传递网络化

网络化传输的优点是传递速度快。高校数字档案馆的档案信息资源不是在孤立的一个单独的档案馆电脑内，而是通过校园网融入国际互联网中，利用者的计算机只要与网络连接，就可随时随地在网上摄取所需的档案信息资源，且不受人为因素的影响。在网络环境下，可以实现异地交互服务而不需要面对面地服务。数字档案馆的利用者不只在本地区、本单位，不只是教师、学生，他可以是社会中的任何一员，坐在家里联网的计算机前，就可以得到所需要的档案信息服务。

4. 档案信息服务多样化

信息资源无论从内容上、形式上，还是来源上，都具有多样性，除了传统的信息服务内容外，可以远距离、快捷地向利用者提供两三次深加工信息服务，可以提供档案内容全文信息。数字档案馆提供的档案信息资源由纸质等介质为中心转变为以信息为中心。

5. 数字化档案馆的再生力强

数字化档案是在实体档案部门的支持下存在的，它是实体档案馆的一个"替身"，而且复制备份能力强。即使数字化档案馆遭受到意外"灾害"，只要其实体档案还存在，在各部门的努力下，一个与原来一样的新的数字档案馆很快就可建立起来，一般不会造成档案信息的永久性丢失。

二、数字档案馆的功能

1. 通过多层面的信息采集，形成社会综合信息资源库

与传统档案馆比较，数字档案馆的信息资源库将是丰富多彩的，不仅涵盖了原来的档案信息资源，其信息采集将进一步扩大到现行文件、资料、各行业专业数据库、社会公众服务信息、网上相关信息、数字图书馆信息等，其载体形式包括语音、视频、图形、图像等更为广阔的领域，是一个以档案信息为核心内容的社会综合信息资源库，能满足各方面对档案信息资源的需求，从而使其资源库通过计算机通信网络连接成为关乎国计民生的超大规模的战略性知识库群。

2. 海量数据存储

数字档案馆保存的各类信息主要是计算机生成的电子文件和用计算机进行数字化处理的各种档案信息及其他信息。电子文件的存储介质其密度大大高于以往各种人工可识读信息介质。随着技术的进步，电子文件介质的存储密度还将继续加大。因此，数字档案馆具有对数据"海量存储"的功能。

3. 档案信息的有效访问与查询

数字档案馆建立以用户为中心的服务模式，通过网络技术将各个分散的档案信息数据库连接起来，用户可以通过网络与档案馆建立联系，而不受地理位置和时间的限制，实现跨馆际查询。数字档案馆具有多种查询途径、强大的检索能力、友好的用户界面以及完善的借阅管理和调用控制功能。能根据检索项提供多条件组合查询，并能对常用检索途径进行优化，满足用户对查全率、查准率的要求；能根据用户需要设置目录检索、元数据检索、全文检索、图文声像一体化检索；能对查询结果进行显示、排序、转存、打印输出等技术处理；能通过数据调度和数据集成等方式建立检索机制，利用者可以通过网络对电子文件资源（包括目录、索引和全文）进行远程查阅和调用。经数字化处理，进入数字档案馆数据库的各地孤本、珍品档案资料也能在网上查询获取。

数字档案馆的咨询系统分为自我服务信息和请求帮助系统，前者能在各终端或微机上显示利用指南，可用菜单方式或窗口软件，自动指引利用者使用数字档案馆；后者为请示帮助系统，是用户与档案馆联系的渠道，用户可以通过电子咨询信箱向数字档案馆提出咨询，也可接受提供的信息服务。

4. 数字档案信息的安全保护

数字档案馆的安全包括网络、系统、信息、物理等方面，要由可靠的技术措施和完善的管理制度来保证各方面的安全。

（1）网络、系统安全。

数字档案馆的权限管理是保障网络、系统安全的重要措施，包括认证和访问控制。通常有三种认证：利用者身份认证、计算机认证（在处理机密档案信息时，系统需确认与哪些计算机相连）、档案信息的认证（用户需要确信接收的信息是真实可靠的，而不是被修改过的信息）。访问控制是指通过授权，控制用户访问资源的范围，防止非授权访问，保证网络和系统的安全。

（2）信息安全。

这是一个包括管理和技术多个层面的综合体系，需要从边界保卫、入侵检测和安全反应等环节着手建立信息安全保障体系。

（3）物理安全。

采取内外网隔离，物理断开的方法，通过防火墙连接内部网和因特网，确保信息安全。防火墙的作用是过滤每个通过的数据包，拒绝那些违反安全约束的数据包。管理良好的防火墙可以有效地阻止外部入侵者，保证涉密档案信息的安全。

5. 数字档案信息资源的系统管理

一个现实的数字档案馆将保存三种资源：完全公开的档案信息；有保密要求，需授权才可利用的档案信息；从外界采集的其他数字化信息。数字档案馆能通过专用软件系统，对进入数字档案馆的各类信息按不同的要求进行分类排序、价值鉴定、数据校验、目录生成、数据统计、自动标引、信息组织、打印输出等有序整合，确保其真实、完整、可读，使之形成一个有序的信息空间。能以文件形成者的职能和业务活动为依据，自动鉴定和存储所捕获的电子文件。并能运用身份认证、保密、访问控制等技术，确保档案信息的安全与合理利用，并有效地维护整个数字档案馆系统的安全。

三、高校数字档案管的功能定位

1. 对外宣传的窗口

由于高校档案机构保存的档案一般不向综合性档案移交，这样反映高校发展历程、科研成果、名人事迹的重要档案资料几乎都保存在校内，将这些重要的照片、图片、史料收集起来，深入挖掘其潜在价值，将成为高校对外宣传、展示自我的一个最佳窗口。很多高校的校史馆，校史博物馆正是基于学校档案馆藏建立的。

2. 教学、科研、决策的信息库

高校档案馆首先是一个服务机构，必须紧紧围绕为教学、科研、决策服务的目的开展数字档案馆建设。通过学校各类信息资源的整合与数字化，构建数字档案馆，将有效地改善学校信息服务质量，提高学校教学、科研及机关工作效率。

第三节 数字档案馆的建设

一、数字档案馆建设的现状

信息资源数字化建设已经成为一个国家信息基础性建设项目。美国在 1991 年就开始研究数字化资料馆，之后英国、法国、意大利、日本、德国等也都相继开始研究数字化资料馆。数字档案馆建设已经成为一种发展趋势。

目前，我国正在有目的、有计划地开展数字档案馆的建设，并得到不断推进。深圳、青岛是我国最早进行数字档案馆项目建设试点和规划的两个城市，并取得了大量的实践经验和理论成果。此后，北京、浙江、上海、天津、福建、江苏等地先后开展了数字档案馆的建设和规划。

二、数字档案馆建设的内容

1. 数字档案馆体系建设

数字档案馆的体系建设分为宏观和微观两个方面。宏观主要是根据国家信息化建设和档案事业发展的总体要求，进行设计，建立起一个以高校综合档案馆的数字档案项目为核心的数字档案馆体系。要制定体系中每一成员都应遵守的信息集成、信息交换和应用集成的管理标准、业务标准与技术标准、规范体系内成员的协同工作方式，建设统一的数字档案馆门户，促进信息资源的整合与共享。微观上主要是明晰数字档案馆建设项目的基础设施建设和安全保障要求、资源建设职责与标准，业务工作流程及应用系统功能需求设计标准等，优化资源配置，减少重复投入，增强数字档案馆建设项目的科学性和有效性。

2. 数字档案馆基础设施建设

数字档案馆的基础设施建设主要是指：

（1）网络。

网络建设需要遵循以下原则：

①标准化及规范化。

为了确保不同厂家设备、不同应用连接的互操作性，应该选择支持国际标准的网络接口和协议，以提供良好的开放性环境。

②整体规划与安排。

从广义数字档案馆建设的全局和全面工作需要出发，考虑数字档案馆的地理分布和通信条件，整体规划网络建设方案，对网络系统的总体结构、服务功能、经费预算、建设步骤做出具体安排。

③可扩展性。

为保证系统不断扩展的要求，有利于工程的分步实施，在经济合理的前提下，系统要预留功能扩展的接口。

④可管理性和可维护性。

数字档案馆管理系统应该强调方便、实用和安全，具有可管理性和可维护性，能满足实际使用需要。

⑤经济实用性。

数字档案馆要因地制宜，在充分整合现有资源的基础上，有效使用公共基础网络资源进行馆间互联，建设统一管理传输平台。

（2）主机。

主机要兼顾CPU的运算能力、内存及硬盘容量诸方面因素对系统应用的影响，可靠性、可用性、可扩展性及安全性等方面因素。

（3）应用服务器。

应用服务器应该具有稳定与可扩展的架构，又可提供一个易于开发和管理的应用环境。

（4）输入输出设备。

包括高速扫描仪、胶片扫描仪、视频采集卡、数码照相机、数码摄像机、激光打印机、光盘刻录机等。

（5）数据存储设备。

包括磁盘阵列、磁带机、光盘塔等。存储体系要考虑容量、应急能力、兼容性，便于保护重要资源。要根据数字档案馆的物理位置分布、存储对网络总体性能的影响，档案利用的特点，网络现状，选择合适的存储方式。

（6）数据库。

服务器端要采用高性能的可用数据库软件。

（7）操作系统。

应选用稳定、安全、友好、兼容性强的操作系统。

3. 数字档案馆资源建设

数字档案馆的资源类型主要有：

（1）目录数据库。

包括各种档案资料的案卷级、文件级目录。

（2）档案全文数据库。

包括对纸质档案资料进行数字化处理后形成的数字图像全文数据，缩微胶片数字化形成的数字图像全文数据以及在管理与业务信息系统中直接形成的电子文件全文数据。

（3）档案专题信息数据库。

如户籍档案、学籍档案、高级专业技术人才档案等。

（4）声像档案资料数据库。

包括感光材料的照片、模拟记录中的录音、录像材料进行数字化加工后形成的数字声像档案资料和直接接收、征集的数字声像档案资料及相关文字说明。

（5）档案编研成果数据库。

包括重要文件汇编、年鉴、大事记、组织沿革、基础数据汇集、专题概要、人物传记、优秀学位论文汇编等。

（6）网络数据库。

主要是指通过签约付费，可远程登录、在线利用的数字档案信息资源产品，如研究生论文数据库等。

（7）因特网资源导航库。

即根据实际需要，搜索、选择、挖掘因特网中具有档案意义的信息资源链接到数字档案馆的网页上，作为数字档案馆的虚拟馆藏。

（8）用户信息库。

包括用户基本信息和需求信息。

4. 数字档案馆应用系统建设

数字档案馆的应用系统应该具备以下功能：

（1）档案信息采集。

档案信息采集包括对馆藏档案信息资源进行数字化加工和多渠道接收、征集、搜集各类数字档案及资料。

（2）档案信息存储。

档案信息存储包括存储、备份、迁移等。

（3）档案信息管理。

档案信息管理包括分类、著录、编目、鉴定、统计、编研等。

（4）档案信息查询。

档案信息查询包括综合智能查询、个性化服务、主题发布与订阅、存取控制等。

（5）档案信息发布。

档案信息发布包括网上发布、光盘发布等。

（6）网上收费。

网上收费包括支付平台、银行转账、购买上网卡、微信支付、支付宝支付等。

（7）库房智能化管理。

库房智能化管理包括档案存放及出入库管理、库房环境自动控制等。

（8）内部事务管理。

内部事务管理包括信息公开、工作流程管理、设备管理、经费管理、人事管理、文件资料管理等。

此外，应用系统应该具有良好的开放性，支持各类主流操作系统，能提供多种层次的应用开发接口，为系统的二次开发提供方便。同时，系统应该由诸多功能模块构成，可以方便地进行组合，以便各高校档案部门根据实际需要选择相应的功能模块。

5. 网站建设

数字档案馆的网站建设是发布信息、提供档案信息资源集成利用服务的平台。是建设的重要内容之一。档案网站建设要美观大方、简洁明快、功能便捷、主题鲜明，应该具有科学性、知识性、美观性，充分体现档案馆神圣、凝重、休闲的文化形象，提升档案馆的影响力。

（1）建立信息发布系统，及时发布档案政策法规、国内外档案工作动态信息，公布开放档案，展示主题档案信息。

（2）建立档案信息查询系统，设立特色档案资源库，便于用户对档案信息资源的检索利用。

（3）建立交流互动系统，及时收集用户的反馈意见，解答用户的各种问题，增强档案馆与用户之间的联系与互动。

（4）建立多媒体档案展示平台，利用多媒体档案内容的真实性、形式的生动性、传播的便捷性、利用的大众性等特点，以声像图文并茂的方式进行展示，提高档案信息资源的利用效率。

（5）建立手机档案馆，拓展网站服务功能，借助移动通信等流行的大众传媒，方便用户随时随地访问档案网站，接收数字档案信息，拓展档案信息的服务范围、服务能力和传播效果。

6. 数字档案馆信息安全体系建设

信息安全体系包括技术体系和管理体系两方面。技术体系主要是指数字档案馆系统设备的物理安全保障、网络安全保障、系统安全保障以及应用安全保障等。管理体系主要是指数字档案馆的组织架构和管理制度等。

7. 标准规范体系建设

标准与法规是数字档案馆建设的重要保障。一个完善的标准规范体系的制定，应该借鉴国内外先进的标准规范，优先采用相关国际标准，吸收、参考相关行业规章制度和技术标准，适时制定国家标准规范和行业标准规范，根据本地区和各高校的实际情况，制定相关的地方标准，逐步形成数字档案馆建设所需要的标准规范体系。

8. 人才队伍建设

人才队伍建设是数字档案馆建设的关键。要通过数字档案馆建设的具体实践，培养一批在档案管理、系统开发和维护、计算机技术与网络技术应用、档案数字化加工与数字档案信息资源管理、标准法规建设与信息安全、多媒体档案编研、数字档案馆运行与管理等方面具有可持续发展能力的专业人才队伍。

三、高校数字档案馆建设的优势

1. 校园网的建设，为高校数字档案馆的建立提供了必要的基础设施

高校作为新兴技术的研究和传播的重要基地，计算机的普及程度相对较高，很多高校都已经建成了校园网，网络把行政管理、教学管理、实验室、图书馆等联结成一个有机的整体，形成了一个数字的网上世界。管理人员、教师和学生都能够通过各自的计算机上网查阅各类信息，下载所需文件。绝大多数高校通过教育科研网将校园网联到互联网上，形成了开放式的信息流通体系。因此，在高校建设数字档案馆，一方面可利用已有的良好的基础设施，大大降低建设成本；另一方面又可以充分发挥校园网的作用，丰富校园网的服务内容。

2. 高校办公自动化产生的大量电子文件为数字档案馆的建设提供了丰富的数字档案

数字档案馆提供的信息量取决于原档案数字化的程度，因此，建立数字档案馆最基础的工作是把实体的档案数字化。这一工作有两个途径：一是将原有馆藏的实体档案通过扫描及文字自动识别软件、排版软件等，把档案全文内容转换为数字信息；或用计算机对案卷目录、卷内目录、基础数据汇编、组织沿革等档案属性进行处理，形成档案数据库，并在此基础上进行两三次文献信息的开发；二是利用办公自动化系统采集档案信息，直接生成数字档案文件。现在，许多高校都开始采用自动化办公系统，实现无纸化办公，这为数字档案馆提供了丰富的数字档案馆，档案馆将这些办公自动化系统产生的电子文件归档后，可直接将其挂到网上。

3. 高校高素质的人才队伍为数字档案馆的建设创造了良好的条件

档案源信息的供给需要能熟练运用计算机技术的行政管理人员，高校办公自动化系统的广泛使用，为之创造了条件。高校拥有一支相对素质较高的管理者队伍，各类管理人员大多能熟练运用计算机进行文字处理和收发电子邮件，利用自动化办公系统进行日常的公文处理。这就为数字档案管理系统培养了大批成熟的原始档案的"供应者"，从供给方面为档案信息的数字化创造了条件。另外，高校良好的技术环境和技术基础也给数字档案管理系统的开发、档案工作人员的培训提供了便利。

数字档案馆对需求方也有着较高的技术要求，即具有较高技术、文化修养的"消费者"群体，而高校则是这类"消费者"最为集中的实体组织。在高校里，无论是教师、学生，还是行政管理人员，一般都能够熟练利用浏览器和搜索引擎来检索所需的信息，对信息的"消费"欲望也比较强，使得数字档案信息能得到充分利用，极大地提升了档案的经济和社会价值。

4. 数字档案馆的建设顺应了高校进一步改革和发展的需要

随着高等教育改革的发展，许多高校都已经跨越了以往在空间上相对集中的办学模式，地理分布越来越分散，组织架构日趋复杂，档案信息的形成、管理和利用也越来越分散化。在这种背景下，传统的档案工作模式已越来越不适应新的办学现状。有时候，为了查阅一个文件，用户不得不在路上花去大量时间；在某些特殊情况下急需调阅档案时，却因为路途遥远，或者档案工作人员休息而无法查阅所需的信息。此外，毕业生毕业后分散在五湖四海，在需要查阅档案时不得不回到学校，既耗时又费力。

相比之下，数字档案馆允许用户通过网络实行远程登录，提供全天 24 小时的服务；大规模的档案数据库、智能化的检索和查阅系统能够满足用户不同的信息需求。数字档案馆的这种特点顺应了高校改革过程中出现的教学点分散化、管理分权化和组织结构扁平化的发展趋势。同时，也进一步促进了高校对社会的开放。

第四节 数字档案馆建设存在的问题

数字档案馆与传统的档案馆相比，虽然有很多优势，但是也存在着许多问题。

一、基础理论落后

数字档案馆在基础理论方面还比较落后，没有形成一个完整的理论体系，已有的只是关于建设意义和发展前景的宏观性描述。数字档案馆的发展大部分是依靠实践推进，理论支撑和指导能力有限，而且在认识和建设方向上存在着分歧。基础理论研究的落后成为数字档案馆向更高阶段发展的理论瓶颈。

二、信息资源建设匮乏

数字档案馆在信息资源建设方面，目前还比较匮乏，与充分满足社会利用的数字档案信息需求量相比，差距较大。信息资源建设与开发利用能力普遍落后于基础设施建设；档案信息数字化缺乏统一的规范和标准，能否形成有效链接，提供远程利用，有待实践检验；馆藏中还存在结构单一的现象，影响利用成效。

三、技术标准不完善

电子文件管理和数字档案馆建设的标准研制虽然在提速，但还不够完善，没有相应的多媒体档案管理标准、数字档案管理技术标准、数字档案馆评价标准等。没有标准体系，不仅会使数字档案信息资源成为一座信息的孤岛，而且还会使电子信息的永久性消失。

四、法律法规不健全

《中华人民共和国档案法》正在修订中，对数字档案馆的地位、管理、利用等相关规范还缺少法律依据。数字环境下，电子档案的法律地位问题需要确定。如何对档案著作权、知识产权、隐私权进行保护，并处理好数字档案信息保密与信息共享利用的关系，在实践中仍是难以平衡的问题。数字档案馆的运行、建设中的相关法律法规不是孤立的，需要与电子文件管理问题协同解决，才能更好地保证和促进数字档案馆的良性发展。

五、安全风险问题突出

目前，数字档案馆的信息资源虽然采取了异质异地备份等保护措施，加强对数字档案信息和载体的安全保护，但是，立足于网络档案信息安全和数字档案信息长期保存的数字档案馆安全保障体系还未完全建立起来，各种潜在的技术安全风险和网络攻击风险时刻存在，威胁着数字档案信息的安全。

第五节 数字档案馆生态系统

一、数字档案馆建设思路探寻

面对数字档案馆建设和发展中存在的诸多问题，档案学理论研究者和档案实践部门专家正在积极思考，探索、寻求解决问题的办法。或强调技术优先，或提出系统保障，或要求标准先行，或倡导"顶层设计"，各种不同的看法，各种不同的声音，各种不同的观点，汇聚成一股学术潮流，共同开创数字档案馆的建设道路。正是这些实践和理论，为数字档案馆的建设和研究提供了理论基础和知识积淀。

随着数字档案馆研究的深入，人们深刻地认识到数字档案馆是一个复杂的信息系统和信息空间，包含着许多相互连接、相互作用的要素；需要寻求一套完整、系统的解决数字档案馆协调发展问题的方案；为了深化数字档案馆的研究内涵，需要从多学科的视角来发现并思考数字档案馆建设中从未关注过的问题；要探索数字档案馆的可持续发展，就要将数字档案馆纳入社会系统中分析和研究与社会环境的协调互动等。

因此，需要开展数字档案馆生态系统的研究，将数字档案馆作为一个有机的生态系统，综合多方面的知识，深入思考和阐释数字档案馆生态系统的构成、演化、运行、调控、管理中的深层次问题。

二、数字档案馆生态系统

1. 定义

数字档案馆生态系统就是用生态学的概念、理论和方法研究数字档案馆的结构、功能和管理运作。其内涵主要强调两个方面：一是数字档案馆生态系统是一个不可分割的整体。数字档案馆生态系统以整体的观点，把数字档案馆作为一个有机的生命体，除了研究它的形态结构，还要了解各个组成要素的特点、相互之间的关系、各要素之间以及要素与环境之间的信息流动、价值流动、能量交换以及人的活动所形成的格局和过程；二是数字档案馆中的人与生存环境通过相互协调，达到功能上的统一。在数字档案馆的产生、发展和壮大过程中，既离不开人在其中的主导作用，也同样离不开环境因素的调和与促进作用，两者相互影响，相互促进，从而使数字档案馆生态系统能够正常运行，不断输出符合需求的信息产品和服务，实现数字档案馆的社会价值。

2. 结构

数字档案馆生态系统是一个以人为主体而形成的人工生态系统，不完全符合自然生态系统的特点，所以不能按照自然生态系统来建构数字档案馆生态系统。数字档案馆生态系统中的各生态因子通过物质循环、信息流动和能量流动共同构成数字档案馆的生态系统。通过对数字档案馆生态系统各生态因子的分析，数字档案馆生态系统的结构如下：

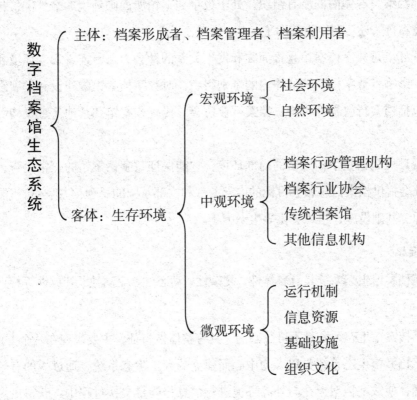

（1）数字档案馆生态系统的主体可以分为三类生态因子，即档案形成者、档案管理者、档案利用者。

这三个生态因子控制着档案馆的一切活动，直接决定着数字档案馆的生存和发展。

档案形成者是数字档案馆生态系统的基础，决定着数字档案馆生态系统中档案信息资源的质量，直接影响着数字档案馆生态系统的假设。

档案管理者是数字档案馆生态系统中最为重要的生态因子之一，是数字档案馆生态系统主体的核心。

档案利用者是数字档案馆存在和发展的根本所在，是数字档案馆服务的对象。

（2）数字档案馆生态系统的客体是指数字档案馆的生存环境。

根据生存环境的空间分类，可将其划分为宏观环境、中观环境、微观环境。

宏观环境是指为数字档案馆建设和发展带来机会或造成威胁的主要力量，影响着数字档案馆群体内的所有组织，处于数字档案馆所面临环境的最外围，包括社会环境和自然环境两个生态因子。

中观环境是数字档案馆直接面临和发生关系的社会力量，连着宏观环境和微观环境，影响着数字档案馆群体内的个别组织，对数字档案馆的建设和发展影响巨大，包括档案行政管理机构、档案行业协会、传统档案馆和其他信息机构等生态因子。

微观环境是指数字档案馆的内部环境，它能保证数字档案馆的正常运行，实现着为社会提供档案信息服务目标的内部条件和内部氛围的总和，包括运行机制、信息资源、基础设施、组织文化等生态因子。

3. 特点

数字档案馆生态系统具有整体性、复杂性、动态性、驱动性、开放性等特点。

（1）整体性。

数字档案馆生态系统是不可分割的，具有整体性特征，主要表现在两个方面：一是数字档案馆生态系统是以人为中心而建立的人工生态系统，通过人的有效组织和管理，使数字档案馆在与外界环境进行信息与能量交换过程中，获得更多的能量，从而加速数字档案馆的建设和发展。生存环境通过反馈机制，不断自我调整和自我维护，实现了人与生存环境的整体协调，从而保障数字档案馆生态系统的相对平衡。二是数字档案馆生态系统的整体功能大于各部分之和，它通过各个生态因子的有机组合来实现整体功能的最优化。

（2）复杂性。

数字档案馆生态系统的复杂性是由生态系统结构的层级性和生态因子的多样性决定的。首先，数字档案馆生态系统具有复杂、有序的层级性。整个系统可以划分为主体和客体两个层级；主客体又可以分别划分为三个层级；客体的三个层级又可以继续向下划分。小的层级系统受到更高的层级系统的影响和控制，同时各个层级系统之间环环相扣、相互补充、交叉催化，共同形成一个复杂的、有序的关系结构网络。其次是生态因子的多样性。多样性可以分为主体的多样性和客体的多样性。主体方面，按照《中华人民共和国档案法》可以划分为国家、机构和个人，但是这三类的构成十分复杂。客体方面，主要是社会和自然两大环境，它们涵盖了人类社会生产的各个领域。同时，主客体具有不同特点和功能的生态因子，彼此之间相互影响和作用。数字档案馆生态系统主客体的多样性决定了数字档案馆生态系统的复杂性。

（3）驱动性。

数字档案馆生态系统的驱动性是指数字档案馆的生存和发展与自然生态系统的自然演变进化不同，存在外部因子的刺激。首先，信息技术的广泛应用，改变着档案管理的方式和手段；其次，电子文件的产生为档案工作提供了新的管理对象；最后，数字档案馆存在的目标是为用户提供高效快速的信息服务。

（4）动态性。

首先，数字档案馆生态系统始终处于一个不断成长完善的动态演变过程中。数字档案馆生态系统具有自身特有的整体演化规律，每一阶段都有其特有的特点，并且，它从最初的概念演变、技术探讨到现在的数字档案馆生态系统的整体性研究，一直在发展演变着，而且，这种演变还为未来数字档案馆的发展提供科学的依据。

其次，数字档案馆生态系统的生态因子一直处于动态变化中。不同的生态因子在不同阶段都具有不同的特点，发挥着不同的功能，而且它的这种特点和功能会随着时代的发展而发生变化，或是弱化，或是强化。

最后，数字档案馆生态系统在动态变化中保持着相对平衡。数字档案馆生态系统与外界环境之间具有相互适应和调整的能力。其主体通过对外界环境的判断，制订战略目标和计划，改善服务内容、服务手段、服务态度，从而整合使用者需要的优质信息资源，主动提供利用服务。而外界环境通过反馈信息，引导生态系统主体的决策，从而保障数字档案馆生态系统的相对稳定，直到新的变化因素出现，再通过新的反馈达到一个新的平衡。

（5）开放性。

数字档案馆生态系统与外界环境不断交流，并不是一个封闭的系统，而是具有开放性的特征。这种特征主要表现在三个方面。一是信息资源的开放性。数字档案馆生态系统的信息资源有来自传统档案馆的资源，有来自计算机互联网上的信息资源，还有来自与其他信息机构合作共享的信息资源。二是数字档案馆生态系统具有开放性。其服务对象由原来的机关政府单位转向了平民百姓，这将是其发展的主要方向之一。三是数字档案馆生态系统自身就是一个特殊的开放性系统。其物质循环、信息流动和能量交换都离不开各种外部环境，同时，其发展和完善也需要与其他机构、部门和人员的合作。

数字档案馆生态系统还是一个新生事物，对于它的完善和发展需要我们进一步的探索和研究。

高校智慧档案馆建设和微信在高校档案利用中的初探

第九章

第一节 智慧档案馆概述

2009 年，"智慧地球"的理念提出之后，有关"智慧"的理论探讨与实践探索接踵而来。"智慧城市""智慧社区""智慧图书馆"等概念相继出现，以信息技术为基础，以数字化、网络化、智能化为标志的智慧档案馆也进入了人们的视野。现在部分高校都在积极地建设智慧档案馆，为使用者提供更大的方便。

一、智慧档案馆的定义和特征

1. 智慧档案馆的定义

智慧档案馆是采用物联网、云计算等新技术智能管理多元化档案资源、具有感知与处理档案信息能力并提供档案信息泛在服务的档案馆模式。

智慧档案馆的管理对象为多元化的档案资源。多元化的档案资源包括馆藏传统档案和新型档案的内容信息与载体信息，如原生的电子档案、档案数字化成果、档案目录数据库、档案载体信息库等；包括档案馆采取各类技术手段管理档案资源的档案管理信息，如档案馆楼宇智慧管理信息等。

2. 智慧档案馆的特征

智慧档案馆具有如下特征：

（1）沟通感知智慧化。

物联网是智慧型档案馆的技术基础，互联则是其核心要素。利用物联网实现内部及外部信息的交换，构成了一个基于物联网的通信智慧系统。通过物联网实现档案工作人员与档案、档案与用户、档案与馆舍、档案与设备、工作人员与用户、用户与用户，无所不在、无时不在的沟通与感知。从而实现用户、档案、设备等之间快速、便捷、无障碍对接，利用物联网技术实现更大范围的信息资源共享，实现用户最大范围的信息获取。

（2）资源管理智能化。

资源是档案馆的生命，档案资源不仅包括纸质文档，还包括数据库、多媒体等格式的电子文件，以数字资源为基础的智慧档案馆可以对所有的档案资源进行智能化控制、组织和管理，并对档案信息资源进行共享和发布，同时在后台建立起跨系统的应用集成，以此实现跨部门的信息共享、跨库网的互通和跨馆际的服务与管理。

（3）建筑设施智慧化。

环保、安全、绿色、智能等要素构成智慧型档案馆馆舍的发展目标，也是要对档案馆内部的各种设备实行智慧化管理，构成智慧化系统；对阅览设备、视听设备、视频会议等进行动态调度分配；对消防系统、温湿度控制、照明各方面自动调节。有了数字化、网络化、智能化的基础设施，无论是物理空间还是网络空间，都会为用户带来不一样的便捷体验。

（4）服务创新智慧化。

以人为本，高效服务是智慧型档案馆的灵魂。通过物联网进行信息交换和资源共享，构建一个具有分析事物、处理事务、管理和决策能力的智慧服务系统。在泛在的感知与互联前提下，无论是传统纸质文件还是数字信息，无论是检索还是编研成品，无论是文字还是多媒体，无论是传统的查借阅、信息咨询，还是用户业务分析，都可以通过手机、互联网及社交网络等信息手段，开展不受时空限制的检索、咨询。信息获取等服务。

3. 智慧档案馆的体系构成

构建智慧档案馆的基础体系结构，体现了智慧档案馆全面现代化管理的新特征。技术层通过支撑保障系统、档案仓储系统来保证档案馆对人、事、物的智慧感知，并将这些感知经过互联网、物联网、通信网传递到海量数据中心，实现档案资源的集约管理和全面整合。应用层通过智慧服务系统和智慧管理系统来满足智慧城市的服务需求，提供档案信息的集成服务和智慧启迪。

智慧档案馆基础体系结构图

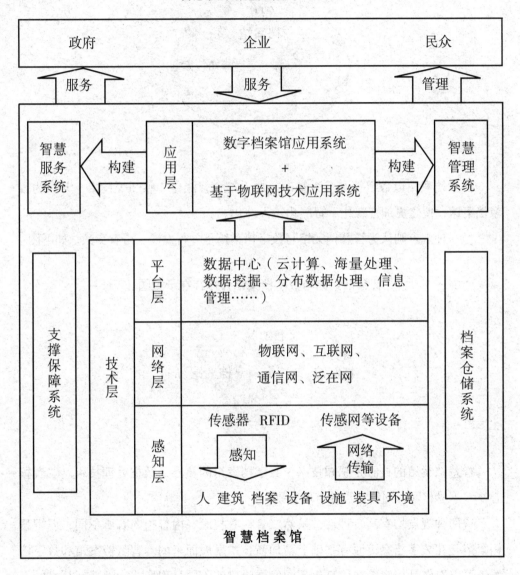

二、智慧档案馆和数字档案馆的关系

关于智慧档案馆与数字档案馆的关系，学术界有两种不同的观点。一种认为数字档案馆是智慧档案馆发展的基础，智慧档案馆是数字档案馆的升级。如下图：

智慧档案馆是数字档案馆的升级示意图

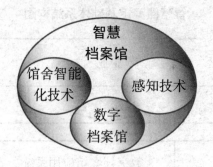

智慧档案馆以数字档案馆为基础，加入馆舍智能化和感知等技术，升级为智慧档案馆，使之更加智慧化、智能化、人性化。

另一种观点则认为智慧档案馆与数字档案馆是并行发展、略有交叉。如下图：

智慧档案馆与数字档案馆并行存在示意图

智慧档案馆的核心是感知技术，数字档案馆的核心是数据处理技术。二者核心技术不尽相同，则侧重点就有所差别。

这两种观点均有其合理性，虽然二者核心技术、内容指向有所不同，但智慧档案馆是在数字档案馆原有基础上增加新技术发展而来的。智慧档案馆和数字档案馆可以看作是档案馆在信息化不同发展阶段的不同呈现形式，随着新技术的不断发展，数字档案馆逐渐呈现出其局限性，智慧档案馆在数字档案馆的功能、资源整合挖掘再生及技术等方面做了提升，但同时数字档案馆又为智慧档案馆提供了数据支持。数字档案馆是智慧档案馆的基础和前提，智慧档案馆是数字档案馆发展的必然结果。

第二节 智慧档案馆技术系统的特征

智慧档案馆对现有数字档案馆信息整合的数字化、传输网络化、管理自动化、资源共享化等进一步深化。智慧档案馆的建设必须改变传统的单向思维方法，突破数字图书馆的桎梏，实现整体的蜕变和管理形态的进化。

一、信息化管理全面化

智慧档案馆将档案馆资源的信息化管理逐渐转变为业务的全方面信息化管理，借助现代智慧城市生态化建设的理念与信息技术特征实现了档案馆管理的全面信息化，无论是从档案具体资源的管理、档案信息基础设施建设、档案馆业务流程等方面都做出了很大程度的改进，进一步提升档案馆的运行效率，为生态城市建设提供更加有力的参考，为智慧城市整合消费者的广泛需求提供更优质的服务；另外，城市智慧档案馆能够捕获档案使用者的行为习惯，并形成文件形成者、档案工作者与使用者相互之间的桥梁，便于智慧档案馆的不断完善。

系统架构中的档案感知与获取系统、全面档案馆管理系统、档案智能服务系统是整个技术系统架构中最重要的四个方面，实现了与数据库的相互交互及智慧图书馆功能实现的具体目标。

二、信息资源库的精细化

智慧档案馆实现了信息资源的全面整合，因此对档案馆内部信息系统的构建提出更高的要求，一方面随着城市发展速度的不断加快，各种新资源的出现使得档案馆资源的来源与种类逐渐增多，资源的来源已经不仅仅局限于传统数字档案馆，而是将资源的范围扩展到现代计算机云数据中心、各类社交媒体、电子商务馆，这些资源的获得能够为社会发展提供更好的推力。智慧档案馆将所有资源进行统计并统一安排，能够满足各种需求，为人类的持续进步提供动力，并为构建资源提供全面的信息参考；另一方面，从档案馆数据整理、保管、处理与档案利用方面来看，智慧档案馆的建设并不仅仅包括接收数据库的信息资源，而且还要建立在支撑档案馆运作的相关基础设施、行政办公、财务管理、技术保障等所有业务构成，同时还要根据智慧档案馆业务特点实现各个部分的精细化管理，满足现代智慧档案系统运营的要求。

三、业务实现的感知化

1. 数据感知器

数据感知器主要是系统中用来实现数据集成、迁移、交换等的感应系统，利用现代计算机智能数据处理中心实现数据库之间的同步、转换。

2. 系统和数据之间的感知器

系统和数据之间的智能处理与自动感知系统，利用专用的信息化组件、数据整合设备、语义处理等技术实现相互之间数据的自动存储与高效访问。

3. 系统感知器

系统与系统之间进行的智能交互与业务协同行为，支持系统不同部门的业务协同与流程的优化，整体上提升了档案馆的运行效率。

4. 行为感知器

人与系统形成自动沟通与自动匹配过程，系统通过智能感和系统获取人的行为，并进行分析与处理，使得系统与人的契合度更高。

四、信息服务的知识化

随着数字档案馆的快速发展，档案馆资源的数量呈现出日趋上升的趋势，云计算技术的使用使大数据能够有效整合，并且能深层次挖掘大数据的价值，为社会发展提供服务。未来档案馆的发展将摆脱以"件"或"卷"为单位的档案资源的收集与保存，而更加体现档案在形成中的相关特征，通过记载人们在日常业务活动中形成的既定特征与业务开展的具体背景，分析或者进一步挖掘其中蕴含的深层次的内容，为社会发展提供更充足的经验、知识和方法。大数据的发展理念与计算处理方法使得传统档案馆的建设逐渐实现了全面数字化，提供信息资源检索目录以及关键词索引，为大数据资源存储中数据的调用提供有力的帮助，并且精确了资源的搜索，实现了资源的分享和利用。并且，利用数字化管理的数据分析、语义挖掘、智能处理等有效利用，能够进一步提升档案馆的信息服务能力，达到一个更高、更深的层次。智慧档案馆在建立立体数据仓库与数据挖掘系统的基础上，面向馆内组织运作提供资源的综合查询与社会发展辅助决策支持，向社会公众提供开放性的服务，并且实现了个性知识的智能化退订与知识定制服务。

第三节 高校智慧档案馆的建设

一、高校智慧档案馆建设的可行性

1. 社会层面

随着云计算、大数据和物联网概念的广泛应用，这些新一代信息技术以超高速的运算能力和低廉的运营成本，深受网络信息界的好评，被视为科学技术领域继计算机和互联网之后的二次革命。随着众多跨国信息技术行业公司，如 IBM、Google 等将这些新兴技术用于自身产品，并着力向政府部门、事业单位甚至企业推广，各大高校也开始推崇智慧化的多样应用，通过对海量数据存储、分享、挖掘、搜索、分析、利用、集成和融合技术，实现高校内各部门间信息的共享和业务协作，将档案数据作为学校无形财产进行统一有效管理，给师生乃至社会提供更多更人性化的公共服务。

2. 高校层面

高校信息化始于 20 世纪 80 年代，经过多年的数字校园建设，高校信息化水平已经大大提升，教学、科研、财务、资产、档案等高校主要业务领域都完成了一系列信息化建设。近年来，随着云计算、大数据、物联网、移动网络、社交网络等新型信息技术快速提升和广泛应用，高校信息化已经进入了新阶段——智慧校园时代。

清华大学蒋东兴教授对智慧校园的定义是"智慧校园是高校信息化的高级形态，是对数字校园的进一步扩展与提升，它综合运用云计算、物联网、移动互联、大数据、智能感知、商业智能、知识管理、社交网络等新兴信息技术，全面感知校园物理环境，智能识别师生群体的学习、工作情景和个体的特征，将学校物理空间和数字空间有机衔接起来，为师生建立智能开放的教育教学环境和便利舒适的生活环境，改变师生与学校资源、环境的交互方式，实现以人为本的个性化创新服务"。相比于传统的数字校园，智慧校园有以下主要特征：互联网络高速泛在；智能终端广泛应用；团队协作便利充分；集体知识共生共荣；业务应用智能整合；外部智慧融会贯通。

3. 档案业界层面

作为档案信息化建设的核心内容，在智慧城市、智慧校园等智慧生态快速发展的环境下，档案馆正在从当前重视馆藏档案资源数字化管理的思维，向档案馆全面信息化管理的智慧模式转变，智慧档案馆已逐渐代替传统数字档案馆，成为档案馆界最前端的理念。

数字档案馆是将传统的纸质档案馆数字化处理并保存，通过电脑、网络提供查询和利用，是一次档案信息脱离载体的解放；智慧档案馆作为档案馆发展的新形态，通过云计算、大数据、物联网等新技术实现对档案信息及其载体的智慧管理，对档案利用者的智慧服务，从而构建档案馆管理与运行的新形态、新模式。这种转变不仅出自档案管理理论和实践本身的发展需求，更有着来自社会变革。服务演进的深层次需求。

二、高校智慧档案馆的设计原则

高校智慧档案馆整体系统的设计应当遵循以下几个原则：

1. 先进性

设计一个高起点并有良好伸缩性的系统，采用模块化结构设计思想，能通过自扩展的方式适应资料信息的变化，便于扩展升级和延长系统的生命周期。

2. 规范性

无论是网络操作系统、网络协议、软件体系结构，还是传输介质、通讯方式和接口都必须符合国际标准；支持标准数据交换格式，按照国家档案馆制订的元数据标准格式定义，在业务规范、业务流程、数据格式、保密性能等方面确保系统的使用既方便又安全、既规范又灵活。

3. 实用性

系统设计以业务需求为主导，以完整的实现系统预期功能为目标，无论是在实施方案规划、应用平台构建、功能模块设计，还是在产品选型方面，都必须做到能够满足档案管理的核心业务逻辑需求和实际运作情况。

4. 安全性

系统应该在信息的处理、存储、管理、分类、安全分级、授权查询方面提供安全的、有效的、统一的、细致的权限管理、身份认证和审核机制，确保信息的原始真实性。

三、智慧档案馆建设的三大配置

1. 硬件配置

传统高校档案馆馆舍和库房的建造一般采用安防、门禁等监控系统进行环境安全控制，出现事故后由人工进行事后检查和分析。在档案库房中，一般沿用传统加湿器、空调等温湿度控制手段，对库房进行环境控制。智慧档案馆可以采用物联网感知技术对档案馆馆舍内外环境进行全面改造，收集并整理各种实时信息，依托校园管理网络，将馆舍外的行人交通流量以及库房内的温湿度变化以数据的形式汇总并分析，以数据为依据建造最节能、环保和智能的智慧档案馆。

2. 软件配置

（1）云计算。

数字档案馆时期，高校档案馆致力于馆藏资源数字化以及新增归档文件的电子化，通过开发各种档案信息管理系统对档案资源进行安全管理和信息检索，并将这些电子化的档案信息提供给利用者。智慧档案馆在管理这些电子化档案信息的基础上，以智慧校园的云服务中心为主，档案馆的计算机网络设施为辅，将档案信息保存在云端，一则确保信息的安全备份；二则也能提供异地档案查阅服务。

（2）大数据。

高校档案馆是高校教学、科研、管理信息的信息仓库，有着不可预估的潜藏价值。现在，深度挖掘这些浩如烟海的档案信息价值，在大数据时代成为可能。例如，可以通过对学生出国成绩办理数据进行分析，判断学校各专业出国率及发展态势；可以通过对利用者的查档记录数据进行分析，定位馆藏中利用率较高的档案并深度挖掘，给予利用者更加人性化的信息推送服务。

（3）物联网。

物联网就是物理相连的互联网，早期较多用于物流网络，之后被扩展延伸到各行业。RFID（射频识别）技术作为物联网的重要组成部分，已经逐渐被图书情报行业所认可，为其在档案信息服务领域的发展奠定了良好的基础。将 RFID 技术用于纸质档案的库房管理，并建立 RFID 应用系统连接起来，在广域网范围内对库藏档案进行智能化管理。RFID 技术通过射频信号自动识别目标对象并获取相关数据，识别工作无须人工干预，可工作于各种环境之下，既减少了对纸质档案的调阅率，同时也提高了档案管理的效率。

（4）互联网 +。

互联网 + 就是互联网 + 各个传统行业，但这并不是简单的两者相加，而是利用信息通信技术以及互联网平台，让互联网与传统行业进行深度融合，创造新的发展生态。高校档案馆通过使用网络信息技术手段，运用互联网技术实现档案数据的传输，将纸质档案等形式转换为电子档案的形式，实现档案信息资源的互联网上传与下载，让人人都能便利及时地享受档案资源，促进档案管理信息化的实践创新与发展，进而推进档案资源的充分开发、有效配置及合理利用。

3. 人员配置

数字档案馆依托各档案管理系统，要求档案管理业务人员熟练掌握使用计算机和档案管理系统，具备较高业务素质。智慧档案馆对领导、行政管理人员、档案管理人员和 IT 服务人员提出全面的要求，重点加强 IT 服务部门人员的档案专业服务技能和档案管理人员的 IT 技术技能的培育和提升，以这支技术队伍来保障智慧档案馆优质、高效、便捷地运转。

第四节 微信在高校档案利用中的初探

在高校的档案利用服务中，微信还没有得到开发和利用。通过微信可以快速地发送语音短信、视频、图片和文字，支持多人群聊，它已经成为当下人与人之间交流沟通的新宠。因此，依托微信平台，创新服务途径，提升服务能力，是高校档案利用服务工作面临的时代契机。

一、微信在高校档案利用中的可行性

1. 用户群体庞大

高校档案利用服务的对象主要是学生、教师和毕业的校友，这部分人文化程度较高，对微信的使用程度也高。微信拥有如此庞大的用户群，通过添加好友和关注公众号的方式来获得档案信息，非常方便。如果高校档案馆开通了微信功能，对于老师和学生来了解档案是一个很好的机会。

2. 易于宣传高校档案和校史文化

对于宣传高校档案和校史文化，微信可以发挥巨大的作用。微信公众平台可以帮助高校档案部门发布具有个性化、有趣的档案校史信息，并且以文字、音乐、图片、视频等形式传播，信息的时效性较长，只要关注公众号，不论何时何地，登录微信账号，就能看到有关信息。

3. 在线查询，方便使用

高校档案馆可以将学生的学籍信息、成绩查询与打印、学生档案去向、科研项目查询、用人单位对毕业生信息的核实查询等档案信息放在公众微信平台上，让学生、教师、校友、用人单位等快速查询，便于查找，以此节约时间，提高办事效率。

4. 在线咨询，实时互动

档案利用者可以随时随地向高校档案部门提出信息需求，高校档案部门接到咨询后，可以及时进行确认和处理，最后借助移动通信平台向用户进行精确的在线反馈。微信这种"即发即送，即送即达"的优点，可以使高校档案部门做到即时信息反馈。

5. 经济实惠，成本低

微信更新快，版本新，不需要高校档案部门投入很大的费用。高校档案馆作为高校的辅助机构，不能产生任何的经济效益，而且自身的经费有限，因此，利用微信向利用者传播信息、提供服务，是最佳的选择。

二、微信在高校档案利用中的功能性

1. 利用服务

高校档案馆开展微信利用服务，档案查询和档案利用是必不可少的功能。这就需要实现与档案网站或数据库的对接，实现微信检索档案基本信息的功能。通过对接，可以直接向利用者发送高校档案网站的链接，提示利用者转向网页浏览，从而获取相关信息资源或者通过访问高校档案馆的数据库查阅档案信息。档案中有名的建筑、名人轶事被编辑成图片、文字、视频等，以学生、教师更容易接受的方式进行推送，不仅能够达到档案宣传的作用，还可以促进高校档案的编研工作。

2. 拓展服务

高校档案馆可以通过微信平台开展在线咨询、档案论坛、视频讲解、电子地图等功能服务。用户进入到微信平台界面，有了更多的选择，不仅可以浏览微网站获取资讯、观看微视频、在社交媒体发表评论等，还可以体验微信平台提供的个性化服务。此外，高校档案馆还可以通过微信发布档案校史知识问答比赛，来增加学生对校史的了解。还可以发布一些档案的征集公告，收集一些老校友有关学校的珍贵资料，丰富档案馆藏。

3.二维码，扫一扫

高校档案馆可以将档案馆的二维码粘贴在学校公共的地方，新生扫描可以了解自己的档案情况，同时起到了对档案和校史进行宣传的作用；毕业生扫描可以了解自己档案的去向；利用者扫描可以查出自己保留在学校的一些基本信息等。此外，学生和教师还可以通过扫描二维码查看档案馆的平面地图。

微信作为一种新生的事物还存在一定的不稳定性，但是高校档案馆如果合理地利用，必然会给档案利用者带来全新的体验和感受。高校档案馆对微信应用的探索，提升档案馆利用服务的能力。

高校档案的
法制建设

第十章

第一节 档案法制内涵和意义

一、档案法的含义

档案法的含义有广义和狭义之分。广义上的档案法是指调整公民、法人和其他组织在档案管理、保护和利用过程中所发生的社会关系的法律规范的总和，既包括档案基本法，也包括有关调整档案关系的法律、法规和行政规章。狭义上的档案法是指国家为了管理档案事务而制定的统一调整档案关系的基本法律，即《中华人民共和国档案法》，它是有关档案收集、整理、保护、利用及档案行政管理等档案诸种行为的准则，是制定和实施各种档案行政法规及档案规章的依据和基础。

档案法是全社会共同遵守的行为规范，它调整的对象是档案关系，即有关档案的形成、收集、管理、保护、利用、交换及档案行政管理活动而形成的社会关系。在我国，国家档案行政管理部门、各级各类档案馆与其他国家机关、社会团体、企事业单位之间，档案机构与公民个人之间，在档案事务活动中，经常不断发生着各种各样具体的档案关系。这种档案关系经过档案法对它做出的规定和调整，就形成了档案活动上的权利和义务关系。档案法正是通过具体的档案法律关系，调整一定范围的档案关系，确保国家管理档案意志的实现。

档案法与其他法律一样，具有法律的一切属性。档案法代表的是国家的意志，是由国家制定和认可的，以国家强制力保证实施。同时，档案法又是专门调整档案关系的法律规范，具有广泛性和综合性的特点。档案法调整的档案关系，涉及的范围非常广泛，包括政治、经济、科技、教育、文化、卫生、军事、外交各个领域。从国家政治活动、经济建设、行政管理、科教文化到人民社会生活，都存在着档案关系。这些因档案管理活动而产生的社会关系，需要由档案法来调整。因此，档案法对各领域、各部门在档案管理活动中产生的社会关系，都具有跨领域、跨部门综合性法律调整的功能和作用。

档案法调整的档案关系不仅范围广泛，而且专业性强。档案法在调整档案关系的过程中，要求同社会档案事务密切相关。档案工作是一项专门性的业务管理活动，如文书立卷归档、档案整理、档案保护、档案开放、档案利用、档案行政管理、档案库房管理等，都是专门的档案业务，处处体现着技术性和专业性。在档案法中，有些本身就是技术性的法规，如关于案卷标准、档案保管期限、库房建筑、电子文件归档等方面的档案法规。随着科学技术和信息社会的发展，档案管理活动需要适应新形势不断地改进和完善。因此，档案法也必须根据档案管理活动的变化而做出相应地修正。

二、档案法制的含义

档案法制通常在三种意义上被使用：一是国家关于管理档案事务的法律和制度；二是依法治档，即依法治理档案事务；三是通过档案法的运行，即通过立法、执法、守法、法制监督等环节所建立的档案法的秩序。

档案法制是国家机关为实现依法治档，根据宪法和法律所赋予的职权而进行的档案立法。档案行政执法、档案普法的有机体系，它是国家法制的一个组成部分。这里的档案法制主要是指档案立法、执法、守法和法制监督，它同社会主义法制的基本内容"有法可依、有法必依、执法必严、违法必究"是一致的。

档案法制是一个有着丰富内涵的概念。它既指依法设置的档案机构、职责、权限等静态的法律制度，又指档案立法、档案行政执法、档案普法等动态的法律活动。从国家管理档案事务方面来看，档案法制是档案部门职权的制度化、法律化，全部的档案工作都要纳入国家法制的轨道。从档案法制主要环节方面来看，档案法制包括档案立法、档案行政执法、档案普法等内容。

档案法制和档案法治，档案界对这两个概念有不同的认识。认为档案法制重点在"制"，指的是档案法律制度；认为档案法治重点在"治"，强调的是依法治档的理论、原则和方法，是相对于人治而言的。虽然对这两个概念存在着分歧，但对二者存在的密切关系的认识却是一致的。档案法制与档案法治是档案法律存在的不同状态：在档案法制状态下，档案法律制度虽然存在和施行，但仅是被作为一种控制社会档案事务的手段；在档案法治状态下，档案法律具有最高权威性，一切公民、法人和其他组织都必须依照档案法律办事。

随着《中华人民共和国档案法》《中华人民共和国档案法实施办法》的相继颁布实施，以《中华人民共和国档案法》为核心的档案法规体系日趋完善。全国各省区陆续颁布了地方档案法规，国家档案局的档案规章和地方政府的档案规章也先后制定，各地方档案局制定有大量规范性文件。综上所述，表明我国的档案工作到了有法可依、有章可循的地步，档案法制建设进入了一个新的历史发展时期。

三、档案法制建设的意义

加强档案法制建设，在档案事业建设与发展中具有极其重要的地位和作用。

1. 加强档案法制建设是社会主义整体法制的重要构成

我国档案事业是国家规模的社会主义档案事业，依法建设管理档案事业是国家法制建设的重要内容之一。档案法制建设包括的档案立法、档案行政执法、档案普法等内容，与国家法制建设紧密相连。在档案立法上，虽然全国人民代表大会及其常务委员会行使制定档案法律的权力，国务院具有制定档案行政法规的职能，但是制定档案规章，参与组织起草档案法律、档案行政法规，却是档案法制工作的重要内容。在档案行政执法和档案普法上，档案行政管理部门更是主要执行者，承担着重要任务。

2. 加强档案法制建设可以为依法治档奠定基础

依法治档是建设管理国家档案事业的战略目标。所谓的依法治档就是依照档案法律来治理档案事业，管理档案事务，从而使档案事业的各项工作逐步走上法治的轨道，实现社会档案事务管理的规范化和法制化。档案行政管理部门担任着管理国家档案事务的职能，面对社会主义市场经济环境，档案事务管理出现的多元化、管理难度增大的趋势，必须在行政手段、经济手段管理的基础上，配合运用法律手段。通过档案立法和档案行政执法的方式，对大量繁杂的档案事务不断实践和总结经验，制定共同遵守的行为规范，严格实施，从而保证档案事业在法制轨道上高效率地运行，不断推进档案事业与国家经济、社会建设同步发展。

3. 加强档案法制建设是加快档案事业改革、实现职能转变的根本途径

根据党和国家深化行政体制改革的精神，档案事业也要加快由行政手段管理向法制手段管理改革的进度。要实现管理方式、管理方法、管理手段的创新，不断提高行政效率，加强宏观调控，建立行为规范、运转协调、公正透明、科学高效的档案管理体制。为此，必须大力加强档案法制建设，全面制定档案法律法规，提高档案立法质量，依法规范档案行政管理部门的设置、职责、权限，系统调整和理顺档案事业内部和外部的各种关系。对于档案事业管理来说，不仅微观的档案业务管理要用档案法律法规予以规范，而且档案行政管理部门在宏观管理过程中采用的各种手段，同样需要依照档案法律法规来规范。当代档案事业管理的发展趋势，决定了档案管理部门的主要职责就是依法进行宏观管理和监督指导。可以说，档案法制已经成为档案行政管理部门对档案事业进行管理的主要手段，也是档案事务管理的基本准则。

第二节 档案法规体系

一、档案法规体系的概念

档案法规体系是指以《中华人民共和国档案法》为核心的现行档案法规的有机统一整体。它具有以下几个方面的含义。

1. 档案法规体系的现行性

档案法规体系是由我国全部现行档案法规组成的，不包括历史上或当前已经失去效力的档案法规。

2. 档案法规体系的结构性

档案法规体系具有一定的结构和层次，档案法规体系除包括国家最高权力机关制定的档案法律外，也包括国务院制定的档案行政法规、中央机关制定的档案党内法规、中央军事委员会制定的档案军事法规，还包括省、自治区、直辖市以及较大的市的人民代表大会及其常务委员会制定的地方性档案法规以及国务院部门档案规章和地方政府档案规章。在档案法规体系纵向等级层次中，《中华人民共和国档案法》是核心。

3. 档案法规体系的统一性

档案法规体系作为一个整体，它的档案法律、档案行政法规和档案规章之间互相联系、协调配合，是一个有机统一的系统。

根据国家档案局 2011 年发布的《国家档案法规体系方案》，我国档案法规体系是由档案法律，档案行政法规、党内法规、军事法规，地方性档案法规，档案规章等四部分构成。

二、档案法律

1. 档案法律的概念

档案法律，是指由全国人民代表大会及常务委员会制定，并由国家主席签署主席令予以公布的关于档案和档案工作的规范性文件。档案法律的表现形式有：一是专门的档案法律，即《中华人民共和国档案法》；二是刑法、民法等基本法律及其他专门法律中涉及档案的内容或条款。

档案法律具有以下几方面的含义：

首先，档案法律是由国家制定或认可的，要求强制执行的规范性文件。具有档案法律立法权的机关是全国人民代表大会及其常务委员会，其他机关无权制定或修改。

其次，档案法律规定和调整国家管理档案活动中带根本性的重要问题。档案法律不是对全部的档案活动都进行规定，只是对档案、档案工作、档案事业建设中的主要根本性问题进行规范，解决档案事业建设中的方向性问题。具体的规定由档案行政法规、地方性档案法规和档案规章做出。

最后，档案法律具有明显的阶级性。档案法律体现的是统治阶级的意志，代表的是统治阶级的利益。我国档案法律以公有制经济基础和社会主义制度为基础，体现了工人阶级和广大劳动人民的利益和意志，维护和发展社会主义档案事业。

2. 档案法律的特点

档案法律除了具有其他法律的一般特点之外，还具有自身的特点。

第一，档案法律具有调整档案法律关系的直接性。

档案法律调整和规范人们在档案事务方面的行为规范，确定档案行政管理部门、其他国家机关、社会团体、企事业单位和公民在档案事务上的权利和义务，与其他法律相比，具有直接性的特点。档案法律是解决处理档案事务管理活动中出现问题的基本准绳，是依法治档的基本依据。

第二，档案法律具有内容的专业性。

档案法律调整对象具有行业性质，其内容针对档案、档案工作和档案事业。

第三，档案法律具有调整手段的综合性。

档案法律提供用来调整档案事务管理的法律依据。除此之外，它还具有行政手段和教育手段。如对违法行为进行行政处分，对档案事业有显著成绩的行为进行奖励。

3. 专门的档案法律

专门的档案法律是指《中华人民共和国档案法》，它是国家专门用以调整档案事务方面的法律，是我国档案法规体系的核心，具有最高的法律效力。

《中华人民共和国档案法》从 1979 年起草制定，经过 8 年的反复修改，1987 年 9 月 5 日第六届全国人民代表大会常务委员会第二十二次会议通过，于 1988 年 1 月 1 日起施行。1996 年 7 月 5 日经第八届全国人大常委会第二十次会议通过修改，并公布施行。

《中华人民共和国档案法》全文共 6 章 27 条，包括"总则""档案机构及其职责""档案的管理""档案的利用和公布""法律责任""附则"。

4. 其他法律中的档案法律规范

我国的其他法律中，规定有关于档案和档案工作的条款，都属于档案法律的范围。

如《宪法》第二十二条："国家发展为人民服务、为社会主义服务的文学艺术事业、新闻广播电视事业、出版发行事业、图书馆博物馆文化馆和其他文化事业，开展群众性的文化活动。国家保护名胜古迹、珍贵文物和其他重要历史文化遗产。"档案是重要的历史文化遗产,维护档案的完整与安全,是受宪法保护的。

又如《刑法》第三百二十九条:"抢夺、窃取国家所有的档案的,处五年以下有期徒刑或者拘役。违反档案法的规定,擅自出卖、转让国家所有的档案,情节严重的,处三年以下有期徒刑或者拘役。有前两款行为,同时又构成本法规定的其他犯罪的,依照处罚较重的规定定罪处罚。"

再如《文物保护法》第十五条:"各级文物保护单位,分别由省、自治区、直辖市人民政府和市、县级人民政府划定必要的保护范围,做出标志说明,建立记录档案,并区别情况分别设置专门机构或者专人负责管理。全国重点文物保护单位的保护范围和记录档案,由省、自治区、直辖市人民政府文物行政部门报国务院文物行政部门备案。"第三十六条:"博物馆、图书馆和其他文物收藏单位对收藏的文物,必须区分文物等级,设置藏品档案,建立严格的管理制度,并报主管的文物行政部门备案。县级以上地方人民政府文物行政部门应当分别建立本行政区域内的馆藏文物档案;国务院文物行政部门应当建立国家一级文物藏品档案和其主管的国有文物收藏单位馆藏文物档案。"

除了以上所列举的之外,其他的法律和行政法规中,如统计法中关于统计资料的管理制度,会计法中关于会计凭证、会计账簿、财务报告的管理规范,合同法中对合同档案的形成、形式、类型、构成、内容、期限的法律规范等,都是对该系统专门档案和档案工作的法律规定,也都属于档案法律范围。

三、档案行政法规、档案党内法规、档案军事法规

1. 档案行政法规的概念

档案行政法规,是指国务院根据宪法和法律的规定,按照立法程序制定具有普遍意义的档案规范性文件。

档案行政法规的概念具有以下意义:

第一,档案行政法规的制定主体是国务院。

国务院是最高的国家行政机关,是中央人民政府。只有国务院才具有行政法规的制定权,其他任何组织都没有权力制定档案行政法规。除国务院直接制定档案行政法规外,由国务院批准,经国家档案局制定发布的规范性文件,也属于档案行政法规。

第二，档案行政法规的制定是根据宪法和法律的特别授权。

国务院制定档案行政法规的依据，一是直接根据宪法和组织法授予的职权，如宪法规定国务院各项职权，包括制定行政法规的权限；二是根据档案法律的直接规定，如《档案法》第二十六条规定："本法实施办法，由国家档案行政管理部门制定，报国务院批准后施行。"

第三，档案行政法规制定要按照法定程序进行。

凡是依照法定程序制定的规范性文件，无论是直接发布的还是经过国务院批准由主管部门发布的，都属于档案行政法规。未经法定程序，国务院制定的行政措施，发布的决定、命令等规范性文件，不属于行政法规。

第四，档案行政法规具有法的效力。

档案行政法规具有普遍的约束力，它具有普遍性、规范性、法律强制性等法的基本特征。档案行政法规创制档案法律规范，确定档案行政管理双方的权利和义务，将档案法律规定的内容细化，在符合档案法律的前提下，做出带有创制性的规范，属于档案法律规范的一种形式。档案行政法规的法律效力，低于档案法律，高于地方性档案法规和档案规章。

2. 档案行政法规的特征

档案行政法规属于法的范畴，具有法的普遍性、规范性、强制性等一般特点。与档案法律、地方性档案法规和档案规章相比，档案行政法规还具有以下几方面的特点。

（1）档案行政法规的从属性。

档案行政法规为实施档案法律而制定，不能与档案法律相冲突。档案行政法规从属于档案法律，其效力低于档案法律。

（2）档案行政法规的主导性。

国务院作为最高国家行政机关的性质决定了档案行政法规的主导性。档案行政法规的法律效力高于地方性档案法规和档案规章。地方性档案法规、档案规章与档案行政法规相抵触时，国务院有权要求最高国家权力机关改变或撤销。

（3）档案行政法规的先行性。

档案法制建设中，档案行政法规制定实施先于档案法律。档案行政法规的实施，为制定档案法律积累了经验，准备了条件，成为档案法律的先导。

（4）档案行政法规的约束性。

档案行政法规对制定和实施地方性档案法规、档案规章有约束性作用。档案行政法规属于最高档案行政立法，对全国档案事务有法律效力。档案行政法规是地方性档案法规的立法依据，同时约束着档案规章。档案行政法规对地方性档案法规和档案规章的约束力是普遍存在的。

3. 档案行政法规的分类

档案行政法规主要分为三种类型：国务院发布的、国务院批准发布的、国务院办公厅发布的。

国务院发布的档案行政法规，主要是 1956 年发布的《关于加强国家档案工作的决定》，其规定了档案工作的基本原则和制度，是档案法颁布之前最重要的档案行政法规。

国务院批准发布的档案行政法规，是指由国家档案局或国务院职能部门制定发布，发布前经国务院批准。主要有两种情况：一是国家档案局根据档案法律授权而制定，报国务院批准后发布。《档案法实施办法》即是由国家档案局根据《档案法》的授权而制定，经国务院批准发布的。二是国家档案局会同国务院所属职能部门根据职权制定，经国务院批准后发布。《科学技术档案工作条例》是经国务院批准，由国家经委、国家建委、国家科委和国家档案局联合发布的。

国务院办公厅是国务院的综合性办公机构，它在一定程度上代表国务院进行活动，根据我国行政立法实践，国务院办公厅发布的关于外部行政管理的规范性文件，都作为行政法规，如《机关档案工作条例》等。

4. 档案党内法规和档案军事法规

档案党内法规由中国共产党中央机关发布。1959 年中共中央发布《关于统一管理党政档案工作的通知》，实行党政档案和党政档案工作的统一管理。

档案军事法规由中央军事委员会根据宪法和法律制定。2004 年中央军事委员会发布修订的《中国人民解放军档案条例》，对军队档案工作管理体制、信息化建设、档案开放、战时档案工作、档案工作者队伍建设、经费保障等问题进行规范，为军队档案工作提供了法制保障。

四、地方性档案法规

地方性档案法规，是指由依法享有地方性法规立法权的地方人民代表大会及其常务委员会依法制定并颁布施行的，在其各自的行政区域内具有法律效力的档案规范性文件。

1. 地方性档案法规的立法主体

地方人民代表大会及其常务委员会依法享有地方性法规的立法权，并不是所有的地方权力机关都有地方性档案法规的制定权限。依法享有地方性档案法规制定权限的地方权力机关有：省、自治区、直辖市的省级人民代表大会及其常务委员会；省会城市和经济特区所在地的市的人民代表大会及其常务委员会；国务院批准的较大的市的人民代表大会及其常务委员会。

2. 地方性档案法规的特点

地方性档案法规的特点，主要有如下几点：

（1）地方性档案法规的立法主体的地方性。

地方性档案法规由特定的地方权力机关制定，因此立法主体是特定的地方权力机关。

（2）地方性档案法规的效力的地方性。

地方性档案法规的法律效力不能超出本行政区域，仅在本行政区域内具有法律效力，对外没有法律效力。

（3）地方性档案法规的内容的地方性。

地方性档案法规的制定是根据地方档案工作的具体情况和实际需要，解决档案法律和档案行政法规没有解决的问题，针对性强，突出地方特色。

五、档案规章

1. 档案规章的概念

档案规章，是指行政立法主体依据法定权限，为实施档案法律和档案行政法规，制定并颁布的档案规范性文件的总称。

档案规章具有以下几方面的特点:

第一,制定档案规章的是特定的行政机关。

根据立法,有权制定国务院部门档案规章的是国务院各部、委员会、中国人民银行、审计署、具有行政管理职能的直属机构。有权制定地方政府档案规章的是省、自治区、直辖市和较大的市的人民政府。

第二,制定档案规章的依据是档案法律和档案行政法规。

档案规章是档案法律和档案行政法规的具体化,它不能突破档案法律和行政法规的内容。凡是档案法律和行政法规没有规定的权利和义务,它不能超前制定。

第三,制定档案规章要按照法定程序。

档案规章的制定必须遵循一定的方法、步骤,符合规范要求,只有按照法定程序制定档案规章,才是合法有效的。

第四,档案规章属于准法的范畴。

档案规章制定是抽象的行政行为,它本身并不属于档案法律规范的表现形式,不是严格意义法的范围。档案规章是档案法律和行政法规下位的规范性文件。但是档案规章具有法的普遍性、规范性和强制性的特点,属于准法的范畴。

第五,档案规章的效力等级低于档案法律和档案行政法规。

档案规章的效力范围与制定机关管辖地位相联系,制定机关管辖范围的大小,决定其制定的档案规章效力范围的大小。国家档案局制定的档案规章具有全国性效力,地方政府档案规章仅在本行政区域内发生效力。

2. 档案规章的分类

根据档案规章的制定机关,档案规章可以分为国务院部门档案规章和地方政府档案规章。

(1)国务院部门档案规章。

国务院部门档案规章,是指由国家档案局或国家档案局联合国务院部委,制定发布的各类档案规范性文件的总称。其主要分为两大类:一是国家档案局制定发布的档案规章,如《档案馆工作通则》《各级国家档案馆开放档案办法》等;二是国家档案局与国务院其他专业主管机关或者部门联合制定发布的档案规章,其涉及的领域很多。

（2）地方政府档案规章。

地方政府档案规章，是省、自治区、直辖市、较大的市的人民政府依据法定权限，为实施档案法律和档案行政法规制定的适用于本行政区域档案规范性文件的总称。其主要分为两类：一是地方人民政府发布的档案规章，如浙江省人民政府发布的《浙江省国家档案馆管理办法》等；二是地方人民政府批准或转发的档案规章。

第三节 档案立法

一、档案立法的概念

国家通过规范程序将国家管理档案事务的意志转化为档案法律和行政法规的过程，就是档案的立法活动。

档案立法通常有广义和狭义两种含义。广义的档案立法是指拥有立法权的国家机关依照法定权限和法定程序制定、修改、废止档案规范性法律文件的活动。狭义的档案立法是指国家最高权力机关制定、修改、废止档案法律这种特定规范性文件的活动。

在我国，档案立法首先是国家最高权力机关及常设机关制定档案法律的活动；其次是国家最高行政机关及其各部门制定档案行政法规和档案规章的活动；最后是特定的地方权力机关和行政机关制定地方性档案法规与档案规章的活动。

档案立法是国家机关依照法定职权进行的专有活动，是国家机关依照法定程序进行的活动，是制定、修改和废止档案规范性法律文件的活动。

二、档案立法的原则

档案立法的原则是进行档案立法活动的基本准绳，体现了国家档案立法的意图，为了正确而有效地进行档案立法活动，需要明确档案立法的原则。

1. 档案立法要坚持国家法制统一性原则

档案立法坚持国家法制统一性原则，首先，档案立法应当依照法定的权限和程序；其次，档案立法应当从国家整体利益出发，正确调整档案事业发展同国家整体利益的关系，全面协调档案事业内部与外部、中央与地方、整体与局部、长期与短期各种利益；最后，档案立法应当维护社会主义法制的统一和尊严。档案立法要保持我国档案法规体系整体的协调统一，其体系建设还要在国家法制整体中进行，要与其他法律和法规协调一致，不能相互矛盾和抵触。

2. 档案立法要坚持民主性原则

档案立法坚持民主性原则，其根本要求是充分表达人民群众的意志，切实维护人民群众的利益。档案立法实现民主化、科学化和规范化的要求，充分发扬社会主义民主，坚持群众路线，广泛征求人民群众对档案法规的意见，充分保障人民群众在档案事务方面的权利和义务。

3. 档案立法要坚持实事求是原则

档案立法坚持实事求是原则，首先，档案立法应当从实际出发，充分考虑国情和档情，特别是地方档案立法，更应针对各地档案工作实际；其次，档案立法要做到从实际出发，需要深入调查研究，认真分析，找出我国档案事业建设的规律；最后，档案立法应当科学合理地规定权利和义务、权利和责任，既保证公民在档案事务上享有的民主权利，又切实履行保护档案的义务；既授予档案行政管理部门行政执法权力，又必须履行档案法规定的职责。

4. 档案立法要坚持协调统一原则

档案法规体系是以《中华人民共和国档案法》为核心的现行档案法规的有机统一整体，它包括多层次档案法律、法规和规章，创制档案法规在坚持总的基本原则基础上，各层次档案法规还应坚持各自的具体原则，注意各种档案法规之间的协调统一。档案法规要以宪法为指导，与其他法律部门协调一致，贯彻与宪法、法律不相抵触的原则。

5. 档案立法要坚持原则性与灵活性相结合的原则

档案立法时既要坚持各项必要的基本原则，把我国档案工作基本制度以法规形式固定下来，体现国家和广大人民群众的意志和利益，又允许在一定条件下对这些原则进行变通的运用，在有关法规条文中做出灵活的规定。如档案开放，《中华人民共和国档案法》规定了档案期满 30 年定期开放制度，但又根据不同性质和种类的档案规定了各自的开放期限，较好地体现了原则性和灵活性相结合的原则。

6. 档案立法要坚持稳定性与变动性相结合的原则

档案法规的稳定性是指一种档案法规一经公布实施，就不能朝令夕改，轻易地改变，而是应当使其处于相对稳定的状态。档案法规的变动性是指一种档案法规不是一成不变的，随着实际情况的变化，需要加以修改、补充或废止时，要积极、适时地修改、补充和废止，使稳定性和变动性统一起来。《中华人民共和国档案法》1987 年颁布实施，1996 年根据新形势对档案事业发展的客观需要进行了修改。与此相联系，国家档案局于 1999 年完成《档案法实施办法》修改工作，实现法规一致的原则。

7. 档案立法要坚持集中统一管理档案的原则

档案的集中统一管理，是世界各国档案立法的通用原则。我国档案法根据档案工作的实际情况，突出强调了档案集中统一管理的原则。首先，设立档案行政管理部门统一领导档案工作；其次，全国档案工作实行统一、分级、分专业管理；再次，国家所有的档案由各级各类档案保管机构分级负责，集中管理；最后，党政档案和党政档案工作统一管理。

8. 档案立法要坚持保护档案的原则

保护档案的原则是档案法立法应该遵循的重要原则，通过档案立法，调整各种档案关系，采取有力的管理手段和措施，加强档案的完整与安全。我们党和国家非常重视档案的保护工作，制定了强有力的法律规范，加强了国家对档案的管理，从而有效地保护和利用档案。

9. 档案立法要坚持为社会主义现代化建设服务的原则

我国是社会主义国家，国家制定的一切法律、法规和规章，都要有利于巩固和发展社会主义的政治制度和经济建设，档案法作为档案事务管理的立法，也不例外。国家管理档案的活动，最终目的在于提供档案为社会利用服务。目前，集中体现在为社会主义现代化建设服务方面。为社会提供服务是档案工作赖以存在的生命线，也是检验档案工作的主要标准。档案工作是否有成效，主要标准是它能否开发利用档案资源，为社会主义现代化建设做出贡献，能否创造出显著的社会效益和经济效益。

三、档案立法的体制

档案立法体制，是指国家关于档案立法权限划分的制度，也就是哪些国家机关有权制定、修改和废止档案法律规范性文件的基本制度。科学合理的档案立法体制，能够维护我国档案法制的统一，正确处理国家权力机关档案立法和其他国家机关档案立法之间的关系以及中央档案立法和地方档案立法之间的关系，维护档案法规体系的协调统一。

我国的档案立法体制，从横向方面包括同级的国家权力机关和国家行政机关档案立法权限的划分，从纵向方面包括中央和地方的国家机关档案立法权限的划分。我国档案立法体制的结构：

全国人民代表大会

全国人民代表大会常务委员会

有立法权的地方人民代表大会及其常务委员会

国务院

国务院各部门

有立法权的地方人民政府

四、档案立法的程序

档案立法程序，是指档案立法机关依照法定的权限进行制定、修改和废止档案规范性文件时所必须遵守的法定的方法和步骤。

档案立法程序是由宪法、立法法、组织法等法律明确规定的，其主体是享有立法权的国家机关。

档案立法程序是档案立法过程中的方法和步骤，包括创制档案法律、行政法规和规章的方法和步骤以及修改、补充、解释、废止档案法律、行政法规和规章的方法与步骤。

档案法律的立法程序是提出法律案、审议法律案、通过法律案、公布法律等四个阶段。

档案行政法规的制定程序是规划、起草、审定和发布四个阶段。

地方性档案法规的立法程序是规划、起草、审议和公布等四个阶段。

档案规章的制定程序是规划、起草、审定、发布、备案等阶段。

五、档案立法的完善

1. 档案法规的修改和补充

档案法规的修改和补充，是制定档案法规的国家机关对现行档案法规实施变更的活动。档案立法是个系统工程，除制定档案法规外，还包括档案法规的修改和补充活动。在我国，法规修改和补充是立法活动的重要组成部分，已经形成较完备的制度。修改的目的在于使现行档案法规更加完善，以适应不断发展的档案事业的需要。

档案法规的修改和补充，作为档案立法的重要内容，必须是有档案立法权的国家机关作为主体，其程序一般与制定新档案法规的程序相同。对档案进行修改和补充的原因和意义主要有以下几方面。

第一，档案法规以调整社会关系和适合社会关系的需要为任务。当一个档案法规公布后，经过若干年施行，当它所调整的社会关系发生变化时，为适应新形势，需要对档案法规进行修改和补充，使其适应新形势的变化。

第二，由于制定档案法规时考虑不周，现行的档案法规中有不科学之处，如不明确、容易引起歧义或有遗漏或不切合实际等毛病，随着档案工作实践的发展，这些问题已经带来明显的弊端，如难以执行、适用和遵守，因而有必要加以修改和补充。

第三，现行的档案法规本身是暂行的或试行的，经过一定阶段的实践，有必要加以变动，以便从暂行或试行的形式过渡到正式的形式。

第四，保持档案法规体系协调一致。档案法律修改了，也要引起其他档案法规的修改和补充。

2. 档案法规的废止

档案法规的废止，是制定档案法规的国家机关根据职权的程序，对现行档案法规实施变动，使其失去效力的活动。

档案法规的废止是在档案法规清理的前提下进行的。为了避免档案法规之间互相矛盾、重复等现象，使其统一和谐，需要定期对档案法规进行清理。审查档案法规是否适应现实需要，对于完全不适应的，应予废止；对于部分不适合的，部分废止；对于互相抵触矛盾的，消除矛盾之处。通过废止档案法规，使档案法规体系更加科学完善。

档案法规废止的方式主要有四种：

一是在新档案法规中明确规定废止旧档案法规；二是新档案法规颁布，旧档案法规自然失效；三是公布专门立法性文件废止。对于档案法规实行定期清理，把需要废止的档案法规集中，明文废止；四是自行失效。档案法规调整的对象消失，或已过适用期，或已完成任务，即自行失效。

第四节 档案行政执法

一、档案行政执法的含义和基本要求

1. 档案行政执法的含义

档案行政执法作为国家行政执法的重要组成部分，是档案法律法规得以贯彻落实的关键。档案行政执法，是指县级以上人民政府档案行政管理部门依照档案法律、法规、规章的规定，对行政相对人采取的影响其权利义务以及对行政相对人行使档案权利、履行档案义务进行监督检查的行政行为。

我国《档案法》及《档案法实施办法》明确规定了国家档案行政管理部门主管全国档案事业，县级以上地方各级人民政府的档案行政管理部门主管本行政区域内的档案事业，并赋予了县级以上人民政府档案行政管理部门行政处罚权，各级档案行政管理部门具备执法主体资格。档案行政执法的主要内容可以分为两类：一是档案行政管理部门依法做决定,采取措施,直接影响个人或组织的权利和义务;

二是通过各种形式，对个人、组织是否依法正当行使权利和履行义务的情况进行监督检查。

2. 档案行政执法的基本要求

档案行政执法的基本要求贯穿于档案行政执法活动的全过程，是档案行政执法行为应当遵循的基本准则，也是行政法基本原则在档案行政执法领域的具体体现。档案行政执法应该遵循以下几项基本要求。

（1）档案行政执法的合法性要求。

档案行政执法的合法性要求是指档案行政管理部门在执法活动中必须严格遵守法律规范的要求，不得享有法律规范以外的特权，超越法定权限的行为无效，行政违法行为依法应受到法律制裁，行政主体应对其行政违法行为承担相应的法律责任。具体包括档案行政执法的主体合法、档案行政执法的行为合法、档案行政执法的程序合法等内容。其中，档案执法行为合法是档案行政执法的核心。

（2）档案行政执法的合理性要求。

档案行政执法的合理性要求是指档案行政管理部门不仅应当按照法律、法规规定的条件、种类和幅度范围做出行政决定，而且要求这种决定应符合法律的意图和精神，符合公平正义等法律理性。合理性原则是基于档案行政执法过程中的行政自由裁量权而产生的。所谓行政自由裁量，是指行政机关对行政权的行使，法律规范虽有规定，但规定的内容、方式、幅度都有一定的选择余地，行政机关在执行这些规定时，可以根据违法情节、造成后果多方面因素给予适当的处罚。而档案行政机关在自由裁量范围内做出的行政行为，应该受到合理性约束。

（3）档案行政执法的效率要求。

效率是市场经济对行政执法的直接要求，也是行政执法的生命。在档案行政执法中树立"效率是执法生命"的观念，做到政令畅通、执法及时的同时，还要坚持以合法、合理为基础，做到合法、合理、高效相容并存。只有档案行政执法做到合法、合理，才能减少纠纷，降低执法成本，提高行政效率。

（4）档案行政执法接受监督的要求。

档案行政执法是档案行政权的运作过程，只有将档案行政执法活动置于严格的监督之下，才能使档案行政执法活动在保证行政高效率的情况下做到严格依法进行。对档案行政执法活动的监督包括权力机关的监督、司法机关监督、上级行政机关监督、社会监督多种形式。对档案行政执法加强监督，有利于保证执法的公平和公正，推进我国的档案管理法治化进程。

二、档案行政执法的形式

1. 对档案法规和规章的备案审查

为了完善以档案法为中心的档案法规体系建设，加强对档案法制的宏观管理，国家档案局根据国务院《法规规章备案规定》的精神，实行档案法规、规章备案制度。对备案的档案规章和规范性文件主要审查是否与档案法律、档案行政法规相抵触，各规章和规范性文件之间是否矛盾，是否符合程序和规范化要求。发现问题，及时纠正。

2. 开展档案行政执法检查

档案行政执法检查，是指档案行政管理部门对贯彻实施档案法律的检查以及依法对违反档案法行为的查处。可分经常性和专指性两种。经常性档案执法检查应与档案业务工作紧密结合起来，根据档案法规的实施情况确定检查的内容和重点，必要时可组织有关方面进行范围较广、内容较全面的大检查。专指性档案执法检查，是指根据经常性执法检查所发现的问题，在特定范围内针对特定问题而进行的检查。

3. 实施档案行政处罚

档案行政处罚，是档案行政执法主体对违反档案法律规范尚未构成犯罪的行为人实施的行政制裁。为规范档案行政处罚，国家档案局发布了《档案行政处罚程序暂行规定》，对档案行政处罚的依据、原则、管辖、种类、设定、执行都做了明确规定。各地方也相继制定地方档案行政处罚程序，为档案行政处罚提供了规范依据。

4. 提出档案行政奖励

档案行政执法不仅是查处档案违法行为，也是奖励贯彻实施档案法律、行政法规取得优异成绩者的行为。实施奖励的主体是各级人民政府或档案行政管理部门，档案行政执法可以对贯彻实施档案法律、法规取得优异成绩的行为人提出奖励建议，由有奖励权力的主体根据事迹实施表彰。档案行政奖励具有强化、激励、示范等功能，它在档案行政执法中成为普遍运用的一种形式。

5. 建立档案行政执法报告制度

档案行政管理部门通过建立所辖地区或专业系统实施档案法律的报告制度，了解和掌握档案行政执法情况，对档案行政执法活动做出客观评价，更有针对性地做好执法工作。档案行政执法情况报告按时间分为定期报告和不定期报告，按内容分为综合报告和专题报告。

6. 受理群众的举报、申诉

群众对档案违法行为的举报和对档案行政执法问题的申诉，对于更好地实施档案法律有重要作用。它既能使档案行政执法部门密切联系群众，也能保证人民群众行使民主权利，有利于纠正档案行政执法出现的偏差，保证做到依法执法。各级档案行政管理部门必须充分听取群众的举报、申诉，对群众提出的事实、理由和证据，进行认真追查和复核，对于群众提出的事实、理由、证据成立的，档案行政管理部门应当采纳。

三、档案行政处罚

档案行政处罚，是指法定的有档案行政处罚权的档案行政管理部门或者档案法规授权的主体，依照档案法律，对公民、法人或其他组织档案违法行为所给予的制裁。

1. 档案行政处罚的原则

（1）档案行政处罚以有关法律、法规为依据的原则。

档案行政处罚是一种严厉的行政制裁手段，依法进行档案行政处罚是档案法制的根本要求。为了规范档案行政处罚行为，保障和监督档案行政管理部门依法行政，保护公民、法人和其他组织的合法权益，档案行政处罚必须以有关法律、法规为依据。主要依据的法律、法规有《行政处罚法》《中华人民共和国档案法》《档案法实施办法》等。

（2）档案行政处罚以事实清楚、证据充分、程序合法、处罚适当为原则。

以事实为根据，以法律为准绳，是我国法制的重要原则之一。档案行政处罚也应当贯彻这一原则，档案行政处罚决定应当以档案违法行为的存在为前提，以确定查清档案违法事实为基础。档案行政处罚决定做出之前，必须查清档案违法事实，没有档案违法事实或者档案违法事实不清楚的，不能给予档案行政处罚。在事实清楚、证据充分、程序合法的基础上，档案行政处罚应根据档案违法行为的目的、性质、情节和危害程度，选择适当的档案行政处罚的方式和种类，合理适用档案行政处罚额度和法律规定。

（3）档案行政处罚以公正、公开、及时为原则。

公正是指档案行政处罚必须做到客观、公平、合理。实施档案行政处罚必须以事实为根据，坚持实事求是，过罚相当，档案违法行为的种类、程度与所应受到的处罚种类、幅度相一致。公开是指档案行政处罚各个环节让当事人和社会公众知晓，有利于他们对档案行政处罚的监督。及时是指档案行政处罚必须符合法定的期限。

（4）档案行政处罚以处罚与教育相结合为原则。

实施档案行政处罚，纠正档案违法行为，应当坚持处罚与教育相结合的原则，教育公民、法人和其他组织自觉遵守档案法。这个原则要求档案行政处罚既要对违法者给予行政处罚，同时更要加强对当事人的法制教育，使其认识自己档案违法行为的危害，改正错误，从而提高守法的自觉性。档案行政处罚是手段，不是目的，不能单纯靠处罚，为处罚而处罚。要树立教育先行的观念，档案行政执法部门主动宣传档案法，使档案法律规范成为全社会共同遵守的规范，减少档案违法行为的发生。

2. 档案行政处罚决定的程序和执行

（1）档案行政处罚决定的程序。

档案行政处罚决定的程序，是指档案行政管理部门在实施档案行政处罚行为时依法采取的步骤和方式。它包括从立案开始，调查取证，认定当事人的违法事实，到做出档案行政处罚决定以及档案行政处罚生效等具体步骤。档案行政处罚决定的程序，通常分为一般程序和听证程序两种。

档案行政处罚决定的一般程序，是档案行政处罚通常适用的程序，它适用范围广，程序严格，一般按立案、调查取证、审查调查结果、制作和送达档案行政处罚决定书等程序进行。

档案行政处罚的听证程序，是指对重大档案行政处罚决定做出之前，由档案行政管理部门主持，听取案件承办人员和当事人就案件事实及其证据，进行陈述、质证和辩论的法定程序。

（2）档案行政处罚的执行。

档案行政处罚的执行，分当事人自觉履行和人民法院的强制执行。前者是指档案行政处罚做出后，当事人在行政处罚决定的期限内，主动予以履行处罚决定所规定的义务；后者是指档案行政管理部门为使行政处罚决定得以实现，对不主动履行行政处罚决定的当事人申请人民法院采取强制措施，迫使其履行处罚决定所规定的义务。

四、档案行政执法监督

档案行政执法监督是一种法制监督，必须依法进行。其监督的主体是政党、国家机关、企事业单位、社会团体和公民个人，监督的对象是县级以上档案行政管理部门及其执法人员。

1. 档案行政执法监督的内容

档案行政执法监督，既包括对抽象行政行为的监督，又包括对具体行政行为的监督，还包括对档案执法人员的监督。主要内容有：

（1）制定和发布的规范性文件的合法性及存在的问题。

（2）档案法律、法规、规章和其他规范性文件的实施情况。

（3）档案行政执法主体的合法性。

（4）档案行政执法行为的合法性和合理性。

（5）档案行政执法的协调和监督。

（6）其他需要监督的事项。

2. 档案行政执法监督体系

我国现在已经形成了一个多层次的社会主义法制监督体系。从横向角度看，法制监督可以分为国家机关的法制监督和社会的法制监督两大系统。从纵向角度看，国家机关的法制监督可以分为权力机关的监督、行政机关的监督、司法机关的监督。两者相互交错，相互作用，形成了一个纵横交错的多层次的法治监督网络。

第五节 档案法制化存在的问题和对策

一、当前档案法制化建设现状及存在的问题

改革开放以来，党和国家高度重视档案法制化建设，把制定和实施档案法律法规纳入了依法治国、建立市场经济法律体系的重要内容，相继颁布了新的《中华人民共和国档案法》和《中华人民共和国档案法实施办法》。各级地方政府和档案部门以此为依据，加强了档案法规、规章的配套建设，目前已初步形成了以档案法及其实施办法为主体，档案行政法规、地方法规与档案行政规章相互补充的档案法规体系。各级档案行政管理部门认真履行职责，依法规范档案管理工作，积极开展各种形式的档案执法检查，及时查处了一些档案违法案件，为推进依法治档，促进档案工作健康有序发展发挥了重要作用。同时，各地还适应经济社会发展的新特点、新要求，不断探索总结依法行政的实践经验，使档案工作不断走向法制化、科学化和规范化。如：推行档案集中统一管理体制，将各部门分散管理的各种门类、各种载体的档案集中起来交由综合档案部门统一管理；在重点项目建设单位实施事前介入、中间控制、事后检查、验收把关的全过程管理，使重点建设项目的档案工作实现了与项目建设同步；妥善处置改制企业档案，防止改制或破产企业的档案流失等。可以说，各级领导的高度重视、全社会档案意识的逐步提高、档案法规体系的不断完善和执法管理机制的日益健全，使我国的建设有了长足发展，实现了档案工作的新跨越、新提高。

同时也要看到，与建设的要求相比，当前我们还存在很大差距，面临着诸多不容忽视的问题。

1. 档案法制意识淡薄

意识决定行动，档案法制意识在人们遵守和执行档案法规过程中起着重要作用。建设需要得到全社会，特别是各级领导的关心和支持，但由于档案工作不可能成为中心工作和重点工作，档案部门不处于热线，往往得不到足够的重视和支持，甚至档案部门自身也对档案行政执法存在认识上的偏差，致使档案行政执法"软弱无力"，不足以对违法者形成影响，更不可能真正制裁其违法行为。

2. 档案收集不完整，移交不规范

档案法及其实施办法明确规定，"按照国家档案局关于文件材料归档的规定，应当立卷归档的材料由单位的文书或业务机构收集齐全，并进行整理、立卷"，"对国家规定的应当立卷归档的材料，必须按照规定，定期向本单位档案机构或档案人员移交，集中管理，任何人不得据为己有""机关、团体、企事业单位和其他组织必须按照国家规定，定期向档案馆移交档案"。但实际工作中，这些法律条规并不能得到较好贯彻执行，常常会出现本应存档的档案不翼而飞或被擅自销毁的现象。一些部门、单位的基层工作人员包括领导缺乏根本的档案意识，把档案看作是私人财产，隐匿不交或者认为利用不方便，故不愿移交，以致不少宝贵档案未能及时进馆。且一些企事业单位大多没有规范建档，特别是转制破产小企业往往厂亡人散、人走档丢，造成无法弥补的损失。

3. 档案法规体系尚待健全

近年来，我国的档案法规建设取得了很大进步，重新修订了《档案法》，颁布了《档案法实施办法》，此外，各级地方档案事业管理部门也纷纷出台了地方性档案工作规章制度。这些法规为解决新时期档案工作遇到的新问题提供了依据，但是，与档案法制发达的国家相比，我国现有的档案法津法规缺乏系统性、可操作性以及执法严密性，远远不能适应建设的需要。

4. 档案行政执法队伍建设有待进一步加强

建设一支具有较高专业知识和法律知识的专职档案行政执法人员队伍，是推进建设的组织保证。而目前受种种因素制约，各地档案行政执法机构不健全，没

有执法机构，缺乏执法主体的现象非常普遍，许多市、县的档案管理部门只有几个人甚至一个人，业务指导与行政执法合二为一，没有专门的执法机构，建设很难进一步落实。此外，档案行政人员的法制业务素质、行政执法理念也都远远不能适应建设的需要。

二、加强档案法制化建设的对策和措施

1. 加强档案法律法规的宣传教育，增强全社会的档案法制意识

在档案工作至今尚未得到普遍重视的情况下，各级政府及档案部门要善于寻找合理定位，认真做好法制宣传教育，面向社会，突出重点，与普法教育相结合、与宣传档案工作相结合、与解决档案工作中的实际问题相结合，提高全社会的档案法制意识。要广泛利用新闻媒介和舆论工具，进一步宣传档案法律法规，通过实列汇编、声像、照片征集等档案服务主动开展社会宣传，进一步加强档案宣传效果，增强档案人员和单位领导的法制观念，树立档案部门在社会中的新形象，提高档案法制建设的权威性。

2. 加强调查研究，建立和完善档案法制体系

要针对现有档案法律法规实施中暴露出的各种问题和矛盾，认真借鉴国外的成功经验，继续加强档案的立法工作，逐步建立严密完善的档案法规体系，确保档案法律法规的严肃性、权威性。各级档案部门要根据有关法律法规，结合实际制定和完善相应的档案工作管理制度，认真总结个案纠纷中发现的管理纰漏和欠缺之处，剖析原因，找准对策，弥补缺漏，避免类似案件的再次发生。

3. 加强档案行政执法工作，确保建设顺利推进

各级政府和档案部门要把加强档案行政执法摆在档案工作的重要位置，认真解决档案工作中存在的问题，从人力、物力、财力等方面给予必要的支持，使建设与经济和社会发展同步。要进一步建立健全档案执法组织体系，努力提高档案执法人员的政治素质、文化素质和专业素质，努力建设一支具有专业知识和法律知识的专职档案行政执法人员队伍。要严格行政执法责任制，强化档案行政执法机构，努力实现档案监管工作三个转变，即工作方式由看门守摊向主动宣传，上门服务转变；工作重心由以单纯业务指导为主向以监督执法为主转变；管理模式由传统保管方式向现代化、信息化建设转变。要理顺档案执法工作的内外关系，

对内要摸索建立一套收集整理、保管利用等主要档案执法环节相互联系、相互制约的"一条龙"监督服务体系;对外要建立档案执法与司法、工商和新闻单位互通情况和定期联系制度,做到互相配合、相互支持,形成共同推进建设的合力。

4.加快档案服务社会化建设步伐,提升档案信息化水平

档案工作生命力的所在就是利用,档案工作的出发点和落脚点都必须是档案的利用工作。要深层次开发档案信息,提高馆藏资源的利用率,吸引更多的社会单位和人民群众走近档案,熟悉档案,提高档案馆的公共服务能力。要进一步加快档案信息化建设,提升档案工作的科技含量,探索利用网络平台,整合档案信息资源,努力实现信息资源的有效共享。

附 录

附一

中华人民共和国档案法

(1987 年 9 月 5 日第六届全国人民代表大会常务委员会第二十二次会议通过
根据 1996 年 7 月 5 日第八届全国人民代表大会常务委员会第二十次会议《关于修
改〈中华人民共和国档案法〉的决定》、2016 年 11 月 7 日全国人民代表大会常务
委员会第二十四次会议《关于修改 < 中华人民共和国对外贸易法 > 等十二部法律
的决定》修正)

第一章 总　　则

第一条

为了加强对档案的管理和收集、整理工作,有效地保护和利用档案,为社会
主义现代化建设服务,制定本法。

第二条

本法所称的档案,是指过去和现在的国家机构、社会组织以及个人从事政治、
军事、经济、科学、技术、文化、宗教等活动直接形成的对国家和社会有保存价
值的各种文字、图表、声像等不同形式的历史记录。

第三条

一切国家机关、武装力量、政党、社会团体、企业事业单位和公民都有保护
档案的义务。

第四条

各级人民政府应当加强对档案工作的领导,把档案事业的建设列入国民经济
和社会发展计划。

第五条

档案工作实行统一领导、分级管理的原则，维护档案完整与安全，便于社会各方面的利用。

第二章 档案机构及其职责

第六条

国家档案行政管理部门主管全国档案事业，对全国的档案事业实行统筹规划，组织协调，统一制度，监督和指导。

县级以上地方各级人民政府的档案行政管理部门主管本行政区域内的档案事业，并对本行政区域内机关、团体、企业事业单位和其他组织的档案工作实行监督和指导。

乡、民族乡、镇人民政府应当指定人员负责保管本机关的档案，并对所属单位的档案工作实行监督和指导。

第七条

机关、团体、企业事业单位和其他组织的档案机构或者档案工作人员，负责保管本单位的档案，并对所属机构的档案工作实行监督和指导。

第八条

中央和县级以上地方各级各类档案馆，是集中管理档案的文化事业机构，负责接收、收集、整理、保管和提供利用各分管范围内的档案。

第九条

档案工作人员应当忠于职守，遵守纪律，具备专业知识。

在档案的收集、整理、保护和提供利用等方面成绩显著的单位或者个人，由各级人民政府给予奖励。

第三章 档案的管理

第十条

对国家规定的应当立卷归档的材料，必须按照规定，定期向本单位档案机构或者档案工作人员移交，集中管理，任何个人不得据为己有。

国家规定不得归档的材料，禁止擅自归档。

第十一条

机关、团体、企业事业单位和其他组织必须按照国家规定，定期向档案馆移交档案。

第十二条

博物馆、图书馆、纪念馆等单位保存的文物、图书资料同时是档案的，可以按照法律和行政法规的规定，由上述单位自行管理。

档案馆与上述单位应当在档案的利用方面互相协作。

第十三条

各级各类档案馆，机关、团体、企业事业单位和其他组织的档案机构，应当建立科学的管理制度，便于对档案的利用；配置必要的设施，确保档案的安全；采用先进技术，实现档案管理的现代化。

第十四条

保密档案的管理和利用，密级的变更和解密，必须按照国家有关保密的法律和行政法规的规定办理。

第十五条

鉴定档案保存价值的原则、保管期限的标准以及销毁档案的程序和办法，由国家档案行政管理部门制定。禁止擅自销毁档案。

第十六条

集体所有的和个人所有的对国家和社会具有保存价值的或者应当保密的档案，档案所有者应当妥善保管。对于保管条件恶劣或者其他原因被认为可能导致档案严重损毁和不安全的，国家档案行政管理部门有权采取代为保管等确保档案完整和安全的措施；必要时，可以收购或者征购。

前款所列档案，档案所有者可以向国家档案馆寄存或者出卖。严禁卖给或者赠送给外国人或者外国组织。

向国家捐赠档案的，档案馆应当予以奖励。

第十七条

禁止出卖属于国家所有的档案。

国有企业事业单位资产转让时，转让有关档案的具体办法由国家档案行政管理部门制定。

档案复制件的交换、转让和出卖，按照国家规定办理。

第十八条

属于国家所有的档案和本法第十六条规定的档案以及这些档案的复制件，禁止私自携运出境。

第四章　档案的利用和公布

第十九条

国家档案馆保管的档案，一般应当自形成之日起满三十年向社会开放。经济、科学、技术、文化等类档案向社会开放的期限，可以少于三十年，涉及国家安全或者重大利益以及其他到期不宜开放的档案向社会开放的期限，可以多于三十年，具体期限由国家档案行政管理部门制定，报国务院批准施行。

档案馆应当定期公布开放档案的目录，并为档案的利用创造条件，简化手续，提供方便。中华人民共和国公民和组织持有合法证明，可以利用已经开放的档案。

第二十条

机关、团体、企业事业单位和其他组织以及公民根据经济建设、国防建设、教学科研和其他各项工作的需要，可以按照有关规定，利用档案馆未开放的档案以及有关机关、团体、企业事业单位和其他组织保存的档案。

利用未开放档案的办法，由国家档案行政管理部门和有关主管部门规定。

第二十一条

向档案馆移交、捐赠、寄存档案的单位和个人，对其档案享有优先利用权，并可对其档案中不宜向社会开放的部分提出限制利用的意见，档案馆应当维护他们的合法权益。

第二十二条

属于国家所有的档案，由国家授权的档案馆或者有关机关公布；未经档案馆或者有关机关同意，任何组织和个人无权公布。

集体所有的和个人所有的档案，档案的所有者有权公布，但必须遵守国家有关规定，不得损害国家安全和利益，不得侵犯他人的合法权益。

第二十三条

各级各类档案馆应当配备研究人员，加强对档案的研究整理，有计划地组织编辑出版档案材料，在不同范围内发行。

第五章　法律责任

第二十四条

有下列行为之一的，由县级以上人民政府档案行政管理部门、有关主管部门对直接负责的主管人员或者其他直接责任人员依法给予行政处分；构成犯罪的，依法追究刑事责任：

（一）损毁、丢失属于国家所有的档案的；

（二）擅自提供、抄录、公布、销毁属于国家所有的档案的；

（三）涂改、伪造档案的；

（四）违反本法第十七条规定，擅自出卖或者转让属于国家所有的档案的；

（五）将档案卖给、赠送给外国人或者外国组织的；

（六）违反本法第十条、第十一条规定，不按规定归档或者不按期移交档案的；

（七）明知所保存的档案面临危险而不采取措施，造成档案损失的；

（八）档案工作人员玩忽职守，造成档案损失的。

在利用档案馆的档案中，有前款第一项、第二项、第三项违法行为的，由县级以上人民政府档案行政管理部门给予警告，可以并处罚款；造成损失的，责令赔偿损失。

企业事业组织或者个人有第一款第四项、第五项违法行为的，由县级以上人民政府档案行政管理部门给予警告，可以并处罚款；有违法所得的，没收违法所得；并可以依照本法第十六条的规定征购所出卖或者赠送的档案。

第二十五条

携运禁止出境的档案或者其复制件出境的，由海关予以没收，可以并处罚款；并将没收的档案或者其复制件移交档案行政管理部门；构成犯罪的，依法追究刑事责任。

第六章 附　　则

第二十六条

本法实施办法，由国家档案行政管理部门制定，报国务院批准后施行。

第二十七条

本法自 1988 年 1 月 1 日起施行。

附二

中华人民共和国档案法实施办法

第一章 总　　则

第一条

根据《中华人民共和国档案法》(以下简称《档案法》)的规定，制定本办法。

第二条

《档案法》第二条所称对国家和社会有保存价值的档案，属于国家所有的，由国家档案局会同国家有关部门确定具体范围；属于集体所有、个人所有以及其他不属于国家所有的，由省、自治区、直辖市人民政府档案行政管理部门征得国家档案局同意后确定具体范围。

第三条

各级国家档案馆馆藏的永久保管的档案分一、二、三级管理，分级的具体标准和管理办法由国家档案局制定。

第四条

国务院各部门经国家档案局同意，省、自治区、直辖市人民政府各部门经本级人民政府档案行政管理部门同意，可以制定本系统专业档案的具体管理制度和办法。

第五条

县级以上各级人民政府应当加强对档案工作的领导，把档案事业建设列入本级国民经济和社会发展计划，建立、健全档案机构，确定必要的人员编制，统筹安排发展档案事业所需经费。

机关、团体、企业事业单位和其他组织应当加强对本单位档案工作的领导，保障档案工作的开展。

第六条

有下列事迹之一的，由人民政府、档案行政管理部门或者本单位给予奖励：

（一）对档案的收集、整理、提供利用做出显著成绩的；

（二）对档案的保护和现代化管理做出显著成绩的；

（三）对档案学研究做出重要贡献的；

（四）将重要的或者珍贵的档案捐赠给国家的；

（五）同违反档案法律、法规的行为做斗争表现突出的。

第二章 档案机构及其职责

第七条

国家档案局依照《档案法》第六条第一款的规定，履行下列职责：

（一）根据有关法律、行政法规和国家有关方针政策，研究、制定档案工作规章制度和具体方针政策；

（二）组织协调全国档案事业的发展，制订发展档案事业的综合规划和专项计划，并组织实施；

（三）对有关法律、法规和国家有关方针政策的实施情况进行监督检查，依法查处档案违法行为；

（四）对中央和国家机关各部门、国务院直属企业事业单位以及依照国家有关规定不属于登记范围的全国性社会团体的档案工作，中央级国家档案馆的工作以及省、自治区、直辖市人民政府档案行政管理部门的工作，实施监督、指导；

（五）组织、指导档案理论与科学技术研究、档案宣传与档案教育、档案工作人员培训；

（六）组织、开展档案工作的国际交流活动。

第八条

县级以上地方各级人民政府档案行政管理部门依照《档案法》第六条第二款的规定，履行下列职责：

（一）贯彻执行有关法律、法规和国家有关方针政策；

（二）制订本行政区域内的档案事业发展计划和档案工作规章制度，并组织实施；

（三）监督、指导本行政区域内的档案工作，依法查处档案违法行为；

（四）组织、指导本行政区域内的档案理论与科学技术研究、档案宣传与档案教育、档案工作人员培训。

第九条

机关、团体、企业事业单位和其他组织的档案机构依照《档案法》第七条的规定，履行下列职责：

（一）贯彻执行有关法律、法规和国家有关方针政策，建立、健全本单位的档案工作规章制度；

（二）指导本单位文件、资料的形成、积累和归档工作；

（三）统一管理本单位的档案，并按照规定向有关档案馆移交档案；

（四）检查、指导所属机构的档案工作。

第十条

中央和地方各级国家档案馆，是集中保存、管理档案的文化事业机构，依照《档案法》第八条的规定，承担下列工作任务：

（一）收集和接收本馆管理范围内对国家和社会有保存价值的档案；

（二）对所保存的档案严格按照规定整理和保管；

（三）采取各种形式开发档案信息资源，为社会利用档案资源提供服务。

按照国家有关规定，经批准成立的其他各类档案馆，根据需要，可以承担前款规定的工作任务。

第十一条

全国档案馆的设置原则和布局方案，由国家档案局制定，报国务院批准后实施。

第三章 档案的管理

第十二条

按照国家档案局关于文件材料归档的规定，应当立卷归档的材料由单位的文书或者业务机构收集齐全，并进行整理、立卷，定期交本单位档案机构或者档案工作人员集中管理，任何人都不得据为己有或者拒绝归档。

第十三条

机关、团体、企业事业单位和其他组织，应当按照国家档案局关于档案移交的规定，定期向有关的国家档案馆移交档案。

属于中央级和省级、设区的市级国家档案馆接收范围的档案，立档单位应当自档案形成之日起满 20 年即向有关的国家档案馆移交；属于县级国家档案馆接收范围的档案，立档单位应当自档案形成之日起满 10 年即向有关的县级国家档案馆移交。

经同级档案行政管理部门检查和同意，专业性较强或者需要保密的档案，可以延长向有关档案馆移交的期限；已撤销单位的档案或者由于保管条件恶劣可能导致不安全或者严重损毁的档案，可以提前向有关档案馆移交。

第十四条

既是文物、图书资料又是档案的，档案馆可以与博物馆、图书馆、纪念馆等单位相互交换重复件、复制件或者目录，联合举办展览，共同编辑出版有关史料或者进行史料研究。

第十五条

各级国家档案馆应当对所保管的档案采取下列管理措施：

（一）建立科学的管理制度，逐步实现保管的规范化、标准化；

（二）配置适宜安全保存档案的专门库房，配备防盗、防火、防渍、防有害生物的必要设施；

（三）根据档案的不同等级，采取有效措施，加以保护和管理；

（四）根据需要和可能，配备适应档案现代化管理需要的技术设备。

机关、团体、企业事业单位和其他组织的档案保管，根据需要，参照前款规定办理。

第十六条

《档案法》第十四条所称保密档案密级的变更和解密，依照《中华人民共和国保守国家秘密法》及其实施办法的规定办理。

第十七条

属于国家所有的档案，任何组织和个人都不得出卖。

国有企业事业单位因资产转让需要转让有关档案的，按照国家有关规定办理。

各级各类档案馆以及机关、团体、企业事业单位和其他组织为了收集和交换中国散失在国外的档案、进行国际文化交流以及适应经济建设、科学研究和科技成果推广等的需要，经国家档案局或省、自治区、直辖市人民政府档案行政管理部门依据职权审查批准，可以向国内外单位或者个人赠送、交换、出卖档案的复制件。

第十八条

各级国家档案馆馆藏的一级档案严禁出境。

各级国家档案馆馆藏的二级档案需要出境的，必须经国家档案局审查批准。各级国家档案馆馆藏的三级档案、各级国家档案馆馆藏的一、二、三级档案以外的属于国家所有的档案和属于集体所有、个人所有以及其他不属于国家所有的对国家和社会具有保存价值的或者应当保密的档案及其复制件，各级国家档案馆以及机关、团体、企业事业单位、其他组织和个人需要携带、运输或者邮寄出境的，必须经省、自治区、直辖市人民政府档案行政管理部门审核批准。海关凭批准文件查验放行。

第四章 档案的利用和公布

第十九条

各级国家档案馆保管的档案应当按照《档案法》的规定，分期分批地向社会开放。并同时公布开放档案的目录。档案开放的起始时间：

（一）中华人民共和国成立以前的档案（包括清代和清代以前的档案；民国时期的档案和革命历史档案），自本办法实施之日起向社会开放；

（二）中华人民共和国成立以来形成的档案，一般应当自形成之日起满 30 年向社会开放；

（三）经济、科学、技术、文化等类档案，可以随时向社会开放。

前款所列档案中涉及国防、外交、公安、国家安全等国家重大利益的档案，以及其他虽自形成之日起已满30年但档案馆认为到期仍不宜开放的档案，经上一级档案行政管理部门批准，可以延期向社会开放。

第二十条

各级各类档案馆提供利用的档案，应当逐步实现以缩微品代替原件。档案缩微品和其他复制形式的档案载有档案收藏单位法定代表人的签名或者印章标记的，具有与档案原件同等的效力。

第二十一条

《档案法》所称档案的利用，是指对档案的阅览、复制和摘录。

中华人民共和国公民和组织，持有介绍信或者工作证、身份证等合法证明，可以利用已开放的档案

外国人或者外国组织利用中国已开放的档案，须经中国有关主管部门介绍以及保存该档案的档案馆同意。

机关、团体、企业事业单位和其他组织以及中国公民利用档案馆保存的未开放的档案，须经保存该档案的档案馆同意，必要时还须经有关的档案行政管理部门审查同意。

机关、团体、企业事业单位和其他组织的档案机构保存的尚未向档案馆移交的档案，其他机关、团体、企业事业单位和组织以及中国公民如需要利用的，须经档案保存单位同意。

各级各类档案馆应当为社会利用档案创造便利条件。提供社会利用的档案，可以按照规定收取费用。收费标准由国家档案局会同国务院价格管理部门制定。

第二十二条

《档案法》第二十二条所称档案的公布，是指通过下列形式首次向社会公开档案的全部或者部分原文，或者档案记载的特定内容：

（一）通过报纸、刊物、图书、声像、电子等出版物发表；

（二）通过电台、电视台播放；

（三）通过公众计算机信息网络传播；

（四）在公开场合宣读、播放；

（五）出版发行档案史料、资料的全文或者摘录汇编；

（六）公开出售、散发或者张贴档案复制件；

（七）展览、公开陈列档案或者其复制件。

第二十三条

公布属于国家所有的档案，按照下列规定办理：

（一）保存在档案馆的，由档案馆公布；必要时，应当征得档案形成单位同意或者报经档案形成单位的上级主管机关同意后公布；

（二）保存在各单位档案机构的，由各该单位公布；必要时，应当报经其上级主管机关同意后公布；

（三）利用属于国家所有的档案的单位和个人，未经档案馆同意或者前两项所列主管机关的授权或者批准，均无权公布档案。

属于集体所有、个人所有以及其他不属于国家所有的对国家和社会具有保存价值的档案，其所有者向社会公布时，应当遵守国家有关保密的规定，不得损害国家的、社会的、集体的和其他公民的利益。

第二十四条

各级国家档案馆对寄存档案的公布和利用，应当征得档案所有者的同意。

第二十五条

利用、公布档案，不得违反国家有关知识产权保护的法律规定。

第五章 罚则

第二十六条

有下列行为之一的，由县级以上人民政府档案行政管理部门责令限期改正；情节严重的，对直接负责的主管人员或者其他直接责任人员依法给予行政处分：

（一）将公务活动中形成的应当归档的文件、资料据为己有，拒绝交档案机构、档案工作人员归档的；

（二）拒不按照国家规定向国家档案馆移交档案的；

（三）违反国家规定擅自扩大或者缩小档案接收范围的；

（四）不按照国家规定开放档案的；

（五）明知所保存的档案面临危险而不采取措施，造成档案损失的；

（六）档案工作人员、对档案工作负有领导责任的人员玩忽职守，造成档案损失的。

第二十七条

《档案法》第二十四条第二款、第三款规定的罚款数额，根据有关档案的价值和数量，对单位为1万元以上10万元以下，对个人为500元以上5000元以下。

第二十八条

违反《档案法》和本办法，造成档案损失的，由县级以上人民政府档案行政管理部门、有关主管部门根据损失档案的价值，责令赔偿损失。

第六章 附则

第二十九条

中国人民解放军的档案工作，根据《档案法》和本办法确定的原则管理。

第三十条

本办法自发布之日起施行。

案例：上海交通大学档案管理的信息化实例

一、上海交通大学档案信息化管理现状

上海交通大学档案馆坐落于徐汇校园东首，于1986年4月成立，是经国家教育委员会批准成立最早的高校档案馆之一。馆舍为具有传统欧式建筑风格的老图书馆，总面积约为1280平方米，库房面积约1000平方米，馆藏档案共分为6个全宗，馆藏档案17万余卷、照片档案近3万张、实物档案2000余件。

2008年，上海交通大学建成全国第一家高校数字档案管，2010年4月，档案馆和学校党史、校史研究室合并，形成了以档案管理、党史校史研究、博物馆建设为一体，多学科并举，实体与虚拟相融、研究与探索相结合的校史档案文博管理体系，档案馆建设成了"学校档案安全保管基地、爱国主义教育基地、校史研究基地、硕士生培养基地和档案信息化建设创新研发基地、为学校和社会建设提

供档案信息服务中心"。

上海交通大学十分注重对专职和兼职档案管理人员的培训,除了开展全校性的兼职档案管理人员的培训外,对档案馆内的专职工作人员也有相应的培训措施:每月一次的馆内业务学习;实行轮岗制度,安排员工在馆内不同岗位熟悉不同业务工作;遴选人员到校内其他部门和单位挂职锻炼;给予政策支持,鼓励员工参加在职学历学位教育;开展年终馆内业务评优工作,鼓励工作表现突出的个人。

上海交通大学档案馆现代化设施齐全,数字档案馆建设加速推进。2003年起,实行纸质文件与电子文件对应配套归档;存量历史、文书、教学、照片、基建档案数字化及馆藏案卷级、文件级著录工作已经完成;数字化档案开放鉴定纳入日常工作,历史、文书、人物、照片等档案实现校园网上档案全文信息的查询与利用。

上海交通大学根据各部门开展档案管理工作的需要,为各部门各单位"量体裁衣",档案工作手册实现从"共性"向"个性"的转变,分别编写了供机关部处及直属单位、院系使用的《档案年度归档工作指南》,具有较强的针对性和可操作性。除了日常业务制度外,上海交通大学还根据档案信息化工作的需要,制定了《电子文件元数据实施要则》《馆藏纸质档案数字化技术规范》《档案信息著录要则》等规章。

二、系统概况

1. 系统简介

上海交通大学档案馆按照学校创建世界一流大学的战略目标,本着"以优化服务为宗旨,齐全归档为基础,现代技术为手段,盘活馆藏为重点,档案文博利用为中心,为学校学术上水平、管理创一流做出贡献"的目的,积极开展档案信息资源的开发利用工作,从20世纪90年代后期就与学校信息统计中心合作,逐步开发建设档案信息管理系统。2000年,在学校的大力支持下,获得了"985工程"百万元的资金投入,和学校信息统计中心合作,加快了《上海交大档案信息服务与管理系统》一期的开发步伐。双方集思广益,先后几十余次研讨用户方案,始终坚持贯彻"开发一个,试用一个,成熟一个,推广一个"的工作思路,边建设、边调试、边试用,层层稳步推进。在观念上求新,在技术上求精,在管理上求简,在使用上求实,先后完成了收发文网上登记、文件材料网上预立卷和远程归档的前台系统、覆盖整个档案门类的后台管理系统、在线编研管理系统和网上发布管理系统的开发任务，全部投入实际使用已有 3 年。

2. 系统建设的总体策略

上海交通大学档案馆和学校信息开发主管单位信息中心联合研制开发的该系统。学校信息化建设作为一个系统工程，确定一位校领导分管数字化大学工作，统一领导，统一规划，统一建设，统一监管。学校各部门按照要求拟订本部门业务工作信息管理系统建设方案并纳入学校统一规划。该校按照一流大学、一流管理的创建要求，将档案信息化建设纳入学校信息化工作的整体规划中，跟进并融入学校信息化的进程，与学校信息化工作建设同步协调发展。这样既使档案信息系统的建设和学校的信息化建设均衡适配，又使档案馆里系统前台和后台有机结合，使档案信息管理系统与校务管理系统成为息息相通、休戚相关的有机整体，确保业务部门电子文件归档的系统性和完整性。

三、系统目标与功能

数字化大学建设和数字化教育给高校档案馆带来了新的发展机遇，该项目的目标是将创新的档案管理和先进的信息技术相结合，推动档案信息快速地向数字化方向发展，实现数字化的信息管理方式和档案利用方式，使档案信息成为可有效利用和共享的重要的数字资源，进一步扩展档案馆的传统功能，使其成为学校公共服务体系的重要组成部分。

该系统由面向院（系）部处的前台管理系统和面向档案业务处理的后台管理系统以及网上信息发布系统组成，系统架构先进、结构合理、功能齐全，符合国家档案专业有关规范和标准。

该系统建设与以往的档案管理系统相比，除具有计算机化的档案管理外，更强调档案作为信息资源的理念，更注重信息的共享和利用，还具有以下特点：

第一，档案馆业务流程处理和服务的全面数字化、网络化，并注入档案信息归档抓源头的新理念，系统架构先进、新颖。

第二，采用综合集成技术，实现了网上预立卷和档案馆信息系统与学校各个部门应用系统的无缝链接，为档案信息资源库建设提供了快捷、高效的整合手段。

第三，采用内嵌的可自主控制的网络搜索引擎，实现了在线档案编研和信息发布功能，促进了档案信息由静态管理向动态管理、被动服务向主动服务、分散管理向系统管理的转化。

第四，提供了自定义查询、全文信息查询功能，实现了跨门类、跨年度、跨载体等全方位的档案信息查询和利用，实现信息利用的智能化、大众化、知识化。

第五，系统良好的安全性和一体化设计管理。

该系统的成功将学校的档案信息管理纳入了科学化、规范化、即时化的轨道，从根本上改变了以往信息管理分散、传递不畅、利用滞后的局面，使档案工作化被动为主动，使档案信息成为可有效利用和共享的重要数字资源，进一步扩展了档案馆的传统功能，使其成为学校公共服务体系的重要组成部分，从而进一步发挥和提升档案工作在信息化社会中的作用和地位，促进了高校档案馆的跨越式发展。

1. 面向院（系）部处兼职档案员的前台系统

（1）收发文管理。

①收发文登记：进行收文、发文信息的登记、全文信息输入、领导批示输入等。

②收发文管理：进行收文、发文信息的修改。

（2）网上预立卷管理。

网上预立卷管理，即各部门已登记文件预立组卷。

①组织预立卷。

②预立卷管理：对预立卷进行修改、删除、增加，对预立完毕的案卷进行移交。

③文件待处理：对单个文件进行预立卷。

④预立文件管理：对单个文件进行删除或移交。

（3）前台系统查询。

前台系统查询，即已经登记的收发文、已经组卷的案卷和文件的查询。

①收发文查询：通过各种查询文件，进行所有收发文信息的查询，无论收发文处于何种状态。

②文件查询：可查询以单个文件形式提交的文件信息。

③卷查询：可查询任何状态的案卷级信息及其所属文件信息。

2. 面向校档案馆业务处理的后台系统

（1）档案审核。

档案审核模块主要是档案业务指导人员对兼职档案员从网上提交的归档案卷进行网上审核。按照审核情况，可以分为整卷接收、整卷退回、单个文件接收和单个文件退回几种。

对于归档案卷可以按照"按卷组卷"和"按件组卷"两种方式进行网上审核。

①"按卷组卷"方式审核。

A. 查询功能。

案卷查询：可根据案卷题名、分类代码、立卷部门对未移交案卷进行查询。查询结果可按照档号或总流水号排序。

文件查询：可根据文件题名、文号、分类代码、组卷情况进行查询。查询结果可按照文号或文件题名排序。

收发文查询：可根据文件题名、文号、签发人、立卷部门进行查询。查看组卷单位的收发文信息，判定此案卷组卷是否合理。

B. 查阅卷内文件功能。查看指定案卷的卷内文件。

C. 查看收发文功能。查看指定文件的收发文。

D. 审核和退回修改功能。

审核通过：将未移交案卷接收进档案馆。

退回修改：将未移交案卷退回原立卷部门再进行修改。

E. 文件组织进卷和卷内移出功能。

组织进卷：将未移交文件组织进案卷。

卷内移出：将已组卷的文件从卷内移出。

②"按件组卷"方式审核。

A. 查询功能。

文件查询：可根据档号、件题名、分类代码、立卷部门、文号、签发人、责任人、组卷情况进行查询。查询结果可按文号或件题名排序。

收发文查询：可根据文件题名、文号、签发人、立卷部门进行查询。

查看收发文功能：查看指定文件的收发文。

B. 审核和退回修改功能。

审核通过：将未移交件接收进档案馆。

退回修改：将未移交件退回原立卷部门再做修改。

（2）档案组卷。

档案组卷主要用于未从网上归档的或馆藏的档案信息录入、修改和移交工作，包括案卷级信息处理、文件级信息处理和全文信息处理。档案组卷包括以下几项工作。

第一，案卷信息、文件信息和全文（照片）内容录入和组卷。

第二，案卷移交，将档案移交到档案馆。

第三，案卷、文件和全文修改：用于对尚未移交的及由档案利用部门退回的有问题案卷进行修改。

第四，文件从卷内移出和组织进卷。

第五，案卷级、文件级和全文（照片）删除：用于档案业务室尚未向档案利用室移交，或由档案利用室退回的重复录入案卷，或由于其他原因决定删除的案卷执行删除操作。

第六，案卷级和文件级相关报表打印。

可以按照"按卷组卷"和"按件组卷"两种方式进行档案组卷。

① "按卷组卷"方式进行档案组卷。

A. 查询功能。

案卷查询：可根据档号、案卷题名、分类代号、立卷部门、总流水号、案卷状态对未移交案卷进行查询。查询结果可以按照档号或总流水号排序。

文件查询：可根据文件题名、文号、分类代码、组卷情况、责任人、签发人、正文内容、档号、文件形成时间进行查询。查询结果可按照序号或文件形成时间排序。

查阅卷内文件：查看指定案卷的卷内文件。

查阅图片／正文：查看指定文件包含的图片或正文内容。

B. 案卷操作功能。

组织新卷：新建立一个空案卷。

案卷修改：对指定未移交案卷的案卷级信息进行修改。

案卷删除：删除指定的未移交案卷。

C. 文件操作功能。

新增文件：在当前案卷中录入和增加一个新文件。

修改文件：修改当前案卷中指定文件的登录信息。

删除文件：在当前案卷中删除指定文件。

D. 文件组织进卷和卷内移出功能。

文件组织进卷：将未组卷文件组织进当前案卷。

文件卷内移出：将指定文件从当前卷移出，成为未组卷文件。

E.图片/正文操作功能。

手工录入正文文件并加入当前文件。

修改指定正文文件。

查找图片和文字文件并加入当前文件。

从当前文件中删除指定图片和文字文件。

F.打印功能。

案卷级打印：打印封面、备考表和著录卡。

文件级打印：打印著录卡和当前案卷的文件目录。

②"按件组卷"方式进行档案组卷。

A.查询功能。可根据档号、文件题名、分类代码、立件部门、总流水号、文号、签发人、正文内容、件状态进行查询。查询结果可按照档号、总流水号或文件形成时间排序。

B.操作功能。

件移交：对指定的未移交件进行移交处理。

新建件：新增加一个件。

修改件：对指定未移交件进行修改。

删除件：删除指定的未移交件。

C.打印功能。打印封面、备考表、著录卡。

D.科研档案管理子系统中增加了项目管理功能。

（3）案卷移交。

案卷移交是指档案业务指导室将案卷向档案利用室进行移交。移交内容包括业务指导室使用"档案审核"功能接收的案卷，使用"档案组卷"功能生成的案卷以及对被档案利用室退回之后修改完毕的案卷。

移交时，可以单个案卷移交，也可以批案卷移交。案卷一旦移交，档案业务指导室就不能对案卷级信息、文件级信息或全文级信息进行任何形式的修改。设立移交状态，是为了区分两个室的不同职责范围。在由档案业务指导室进行组卷的案卷未移交之前，或者被档案利用室退回之后，档案业务指导室操作人员可对其进行修改，修改工作分为三种情况。

A. 案卷级信息修改。

B. 文件级信息修改。

C. 正文／图片资料中只有手工录入的正文信息可以修改。

（4）档案接收入库。

① "按卷组卷" 方式档案接收入库。

A. 查询功能。

案卷查询：可根据案卷题名、分类代码、立卷部门对未移交案卷进行查询。查询结果可按档号或总流水号排序。

文件查询：可根据文件题名、文号、分类代码、组卷情况进行查询。查询结果可按文号或文件题名排序。

查阅卷内文件：查看指定案卷的卷内文件。

查阅图片／正文：查看指定文件包含的图片或正文内容。

B. 案卷接收和退回功能。

案卷接收：对指定已经移交的案卷进行接收处理。

案卷退回：对指定已经移交的案卷进行退回修改处理。

C. 修改功能。

案卷修改功能：对指定案卷级信息进行修改。

文件修改功能：对当前案卷中的指定文件的信息进行修改。

② "以件组卷" 方式档案接收入库。

A. 查询功能。可根据档号、文件题名、分类代号、立件部门、总流水号、文号、签发人、正文内容、件状态进行查询。查询结果可按照档号、总流水号或文件形成时间排序。

B. 操作功能。

件接收：对指定的已经移交件进行接收处理。

修改件：对指定件进行修改。

C. 打印功能。

打印封面、备考表、著录卡。

在科研档案管理子系统中增加了项目管理功能。

（5）**档案借阅**。

①档案借阅。

A. 查询方式。查询案卷，查询文件，查询件，查询全部（包括文件或件）。

B. 可查询项。在"查询案卷"方式下有档号、题名、归档单位、案卷主题词、分类代号、流水号、档案门类、借阅状态。

在其他三种方式下增加：文件题名、文号、文件主题词、正文内容、文件形成时间、责任者、签发人。

C. 查看功能。

查看案卷明细信息。

查看卷内文件。

查看图片／正文。

②借阅和注销。

A. 档案借阅：进行案卷级和文件级的借阅处理。

B. 借阅注销：在借出的档案归还后进行借阅注销处理。

（6）**档案鉴定销毁**。

①查询方式：与档案借阅相同。

②可查询项：与档案借阅相同。

③鉴定销毁处理：执行案卷级和文件级的鉴定销毁处理。

（7）**档案查询**。

上海交通大学档案馆数据库的设计采用以文件信息为中心的数据结构，支持多媒体和跨门类应用，淡化案卷和档号。

①提供全信息集查询。可按文件级、案卷级查询，也可不分文件级、案卷级进行查询。

②分门类、跨门类查询。以文件信息为中心的数据结构支持跨各个档案门类的查询。查询方式有模糊查询、准确查询、任意组合查询等。

③基于业务主题的自定义查询。

A. 提供灵活的基于业务主题的信息查询，查询条件任意组合，以可选的信息项来支持长度可变的动态查询报表，结果也可以文本的形式显示。

B. 信息的综合和编辑功能，可对查询结果进行编辑、加工和处理。可以导入、导出 EXCEL、WORO、TXT 格式的非格式化信息与报表一起进行综合，进行分析。

基于业务主题的自定义查询提供了信息源的重构和定义功能，可以对授权的物理数据库按照业务主题的方式进行再定义，使得使用人员只要按照熟悉的业务主题进行查询，而无须关心实际的物理数据库。同样，各主题的信息项也可按照业务名称和要求进行定义和命名。如果把系统内整个数据库看作是一个统一的逻辑数据库，那么业务主题则是由可定义的逻辑信息项组成的该逻辑数据库的信息子项。当然，该子集可以按照业务的要求创建和定义，也可以撤销。信息源的重构和集成功能，为面向主题和分析的使用人员提供了有力的支持，从而使使用人员专注于基于主题的信息分析。特别是当信息分析需求变化时，由系统支持人员重构主题。这样，系统既能适应咨询服务要求多变、内容需求各一的现状，同时为业务专家和非计算机人员构造咨询意见提供了灵活有效的支持。信息的重构和定义由两部分组成。

A. 主题的定义和管理。主题是一种逻辑表，一个物理表可以定义多个逻辑表，一个逻辑表也可由多个物理表组成。主题可见创建、修改和删除，也可以设置供咨询人员使用的主题显示次序。在对主题进行管理时，可以按照指定的物理表找到与其相关的所有主题，也可按照主题列出相关的物理表。同时，主题框架的内容可以显示和修改。

B. 逻辑信息项的定义和管理。主题定义后，就建立了主题框架，可以对主题相关的物理数据项进行选择、定义和命名。选择确定主题的信息范围，构成作为子集的逻辑表。信息项可以命名、设置值的范围和施加计算。信息项可以作为查询条件项，也可以作为显示项，或者二者之一。

逻辑信息项就是指对逻辑表信息项的构造和管理。逻辑信息项可以进行增加、删除、修改等灵活调整，以适应主题对信息项要求的变化。

（8）档案编研

档案编研是实现档案信息知识化的有效途径，是一种知识的创新工作。该系统是将传统的档案编研与计算机技术、网络技术相结合，提供面向馆藏档案和外部网络的档案编研工作平台，其特点是：

①对馆藏档案提供功能强大、自定义、跨门类的检索功能，检索信息可包括文字。图像、WORO、TXT 文件等，检索结果可以灵活地组织成事项、专题和主题，

并自动在网上发布。

②提供了自主控制的网络搜索引擎，该搜索引擎可以在互联网上按照用户指定的范围自动搜索并保存，编研时可再对搜索引擎的内容进行灵活的查询筛选，收集的结果可与检索到的馆藏档案一起组织成事项、专题和主题在网上发布。

通过档案编研工作平台，可以按照编研的目的，将多个文件资料编组到一个事项中，给事项加上题目和编研内容的文字描述。事项中的文件资料可以是馆内的，也可以是馆外的，不仅突破了门类的限制，还突破了馆际、地狱的限制。另外，一个文件资料可以编组到不同的是事项中，多个事项可以组成一个专题，多个专题又可以组成一个主题。档案编研工作平台可以灵活地组织和发布各种档案编研成果，提供主动式档案编研成果服务，同时体现了数字化档案馆虚拟化的特征，大大地提高了档案信息的可利用性和知识化程度。

（9）信息采集平台。

通过信息采集平台，与各个应用系统实现无缝连接，使档案馆信息系统成为各应用系统的后端，建立全面、完整的信息体系。教学档案就是通过信息采集平台，采集和转化来自于教务处、研究生院、成教学院、网络学院不同应用系统的相关信息。

（10）统计打印。

①打印案卷总目录。

②打印总目录的目录。

③打印指定档案二级分类的案卷级目录。

④打印指定档案二级分类，指定归档单位的案卷级目录。

⑤打印指定档案一级分类，指定归档单位的案卷级移交目录。

⑥打印指定档案二级分类的案卷级移交目录。

（11）系统维护。

①用户角色和权限管理。

②角色管理。

③系统表维护：下列各表的记录增加和名称修改。

A. 院系代码表。

B. 主题词表。

C. 类目代码表。

D. 利用方式表。

E. 利用目的表。

F. 利用者身份表。

G. 全宗号表。

H. 专项和二级分类对应表。

I. 获奖名称表。

J. 组卷方式设置表。

（12）个人管理。

①个人日志添加、修改和删除。

②修改个人密码。

该系统从2000年开始立项，2004年11月底通过鉴定，历时近4年，学校"985一期"投入近100万。现在，该系统在徐汇、闵行、七宝等校区安全运行，情况良好。档案馆的各业务环节已经全面使用本系统，并对多个门类的档案进行了数字化和业务处理。

附三

全国档案事业发展"十三五"规划纲要

"十三五"时期是全面建成小康社会的决胜阶段，是全面深化改革、全面依法治国、全面从严治党和实现中华民族伟大复兴的攻坚和关键时期。档案工作要树立创新、协调、绿色、开放、共享发展理念，主动适应经济发展新常态，抓住机遇、改革创新，为全面建成小康社会做出应有贡献。

一、发展环境与面临挑战

（一）"十二五"时期发展情况

"十二五"期间，以中共中央办公厅、国务院办公厅《关于加强和改进新形势下档案工作的意见》（以下简称两办《意见》）为标志，全国档案工作步入新阶段。档案事业在档案法制建设、档案馆库建设、档案资源建设、档案信息化建设、档案开发利用及服务民生等方面取得了新进展，机关、团体、企业事业单位以及城市社区和农业农村档案工作全面发展，档案事业发展"十二五"规划提出的主要目标基本实现。

——档案法制体系建设扎实推进。《档案法》修订列入国务院立法计划；《各级各类档案馆收集档案范围的规定》《企业文件材料归档范围和档案保管期限规定》《档案管理违法违纪行为处分规定》《电子档案移交与接收办法》等规章规范性文件和《档案信息系统运行维护规范》《电子档案管理基本术语》等十几项档案行业标准相继颁布。

——档案馆库设施大为改善。11 个副省级以上档案馆新馆落成；中央下达的1002 个中西部地区县级综合档案馆建设项目的完成，使档案馆库条件得到极大改善。

——档案资源配置逐渐优化。贯彻国家档案局令第 8、9、10 号，加强了对国家档案资源的管控；发布两批 100 种基本专业档案目录，初步形成覆盖人民群众的档案资源体系。

——档案基础工作深入拓展。机关、团体、企业事业单位和城市社区、农业农村档案工作的深度和广度进一步拓展，使档案和档案工作日益成为国家治理和社会运行的基本要素和重要支撑。

——档案开放利用成果丰硕。全国各级综合档案馆开放档案约 1.3 亿卷（件），公开出版编研资料 6080 种，21 亿字；举办特色展览、拍摄电视文献专题片、利用网络平台提供档案信息查询和推送档案公共产品；《本草纲目》《黄帝内经》《侨批档案》《元代西藏官方档案》和《南京大屠杀档案》入选《世界记忆名录》。

——档案安全保护切实加强。继续实施国家重点档案抢救和保护工作，抢救档案 224 万卷；发布《档案信息系统安全等级保护定级工作指南》；47 家副省级以上综合档案馆实施档案异地备份工作。

——档案信息化建设初具规模。初步建成以局域网、政务网、因特网为平台，以档案信息管理系统为支撑，以档案目录中心、基础数据库、档案利用平台、档案网站信息发布为基础的档案信息化体系。

（二）面临形势与挑战

从国际上看，开放政府和信息技术发展将档案推到政府治理和公共服务的重要位置。电子政务建设极大推进和实现了电子档案的形成、管理；档案信息化与互联网利用成为发展趋势；云计算、大数据和移动网络技术的发展，给信息安全、隐私保护和数字记忆留存带来挑战。从国内看，"四个全面"战略布局、国家大数据发展战略和"互联网＋"行动计划的推进，深刻影响档案工作的理念、技术、方法及模式；档案日益成为国家基础性战略资源；档案工作领域更加广泛、内容更加丰富、需求更加多样，地位和作用越来越重要。

在协调推进"四个全面"战略布局的新时期，如何适应法治中国建设推进依法治档、如何适应政务公开推进档案信息开放、如何适应社会多样需求改进档案服务、如何适应信息技术发展加强电子档案管理、如何适应现代化管理造就复合型人才队伍，正日益成为我国档案工作面临的主要挑战。

二、指导思想和发展目标

（一）指导思想

全面贯彻党的十八大和十八届三中、四中、五中全会精神，以马克思列宁主义、毛泽东思想、邓小平理论、"三个代表"重要思想、科学发展观为指导，深入贯彻习近平总书记系列重要讲话精神，紧紧围绕协调推进"四个全面"战略布局，牢固树立和贯彻落实创新、协调、绿色、开放、共享的发展理念，坚持档案事业依法管理、走向开放、走向现代化，深化两办《意见》落实，继续实施"以人为本、服务为先、安全第一"战略，深入推进"三个体系"建设，加快完善档案治理体系、提升档案治理能力，为夺取全面建成小康社会决胜阶段的伟大胜利做出积极贡献。

档案事业发展必须坚持以下基本原则：

——坚持把牢方向、着眼大局。坚持正确的政治方向，把高度的政治自觉和强烈的政治责任贯彻到档案工作始终，紧紧围绕党和国家工作大局推进档案事业发展。

——坚持以人为本、服务为先。把以人为本作为档案工作的核心，努力满足社会各方面对档案信息的利用需求，更好地为党和国家各项事业发展服务。

——坚持夯实基础、筑牢根基。注重协调、持续、健康发展，着力解决档案工作中的薄弱环节和重点难点问题，全面加强各项基础业务建设，推动绿色环保型档案馆库建设。

——坚持安全第一、守牢底线。把档案安全摆放在档案工作头等重要位置，坚持实体安全与信息安全并重，切实提升安全保障能力，牢牢守住档案安全底线。

——坚持创新驱动、开放带动。把创新作为档案事业发展的动力源泉，以开放、共享理念，积极构建百姓走进档案、档案走向社会新格局。

（二）发展目标

到 2020 年，初步实现以信息化为核心的档案管理现代化，基本建成与全面建成小康社会相适应、有效服务国家治理和"五位一体"建设的档案事业发展体系。

——档案治理法治化。基本形成较为完整的档案法规标准、高效的档案法治实施、严密的档案法治监督、有力的档案法治保障的档案法治体系，档案法治治理能力和水平显著提升。档案工作体制机制更加完善，在国家治理中的基础支撑作用明显增强。

——档案资源多样化。依法管理档案资源，各级国家机关、团体、企业事业单位档案实现应归尽归、应收尽收；档案资源更加齐全完整、丰富多元，覆盖人民群众的档案资源体系更加完善。

——档案利用便捷化。档案利用服务模式创新和档案信息开放取得实质性进展；档案信息整合共享程度明显提升，档案利用服务更加便捷普惠，方便人民群众的档案利用体系更加完善。

——档案管理信息化。全面推进档案资源存量数字化、增量电子化、利用网络化；创新档案信息化管理模式，加快与信息社会融合，以信息化为核心的档案管理现代化水平明显提升。

——档案安全高效化。档案安全的基本条件和应急、灾备机制更加完善，人防、物防、技防"三位一体"的安全防范体系更加健全，档案网络和信息系统风险管理能力全面提升。

——档案队伍专业化。扩大档案专业技术人才队伍培养规模，培养和造就高层次人才和特殊人才，建设全国档案专家信息库，拓展档案人才发展空间。

三、主要任务和实现指标

（一）全面推进档案法治建设

1. 科学规划和推进档案法规体系建设

加强重点领域档案立法，将档案法规的制定和国家各项事业发展结合起来，推动档案事业在法治的轨道上发展。健全档案法规标准体系，配合国务院法制办、全国人大法工委推进《档案法》修订工作；制修订《档案法实施办法》《档案馆工作条例》《机关档案工作条例》《干部档案工作条例》等法规规章；完善档案标准和制度建设，制修订《国家档案法规体系方案》《各级国家档案馆档案解密和划分控制使用范围的暂行规定》等规范性文件。

2. 强化档案行政执法和监督

落实《法治政府建设实施纲要（2015—2020年）》，深入推进依法行政。加强档案行政执法，规范档案行政权力运行，完成权力清单、责任清单梳理；完善档案行政执法检查程序；推进档案行政执法标准化、精细化；加强档案违法行为惩处和相关行政执法信息建库工作。

3. 增强全社会档案法治意识

做好档案"七五"普法，引导规范社会各方面、各行业依法建立健全档案工作，明确应当履行的文件材料定期归档和档案按时移交进馆的法定责任；推进档案部门依法公开档案，维护机关、团体、企业事业单位和其他组织以及公民的合法权益。

（二）有效推进档案资源体系建设

4. 丰富和优化档案馆藏

深入贯彻《各级各类档案馆收集档案范围的规定》，依法开展档案移交进馆工作，确保应进馆的各类档案及时接收进馆；科学规范专业档案管理制度和办法，明确各级档案馆接收专业档案的范围，对重点专业档案的形成和管理加强监督检查；加大对境内外具有重要保存价值的档案资料的征集力度；鼓励开展口述历史档案、国家记忆和城市（乡村）记忆工程、非物质文化遗产建档等工作。

5. 加强机关单位档案形成管理

继续落实《机关文件材料归档范围和文书档案保管期限规定》；宣传贯彻《归档文件整理规则》《数字档案室建设指南》；推动各单位制修订适合本机关、本系统的综合档案管理办法，建立健全机关档案工作制度体系；制订所属机构档案目录缴送备案制度、文件归档范围和文书档案保管期限表审批制度；进一步规范中央和国家机关各部门、所属单位及本系统档案工作；逐步开展所属机构和部分二级机构重要档案移交进馆工作。推进部门、行业和地方信用档案管理，确保信用档案齐全完整和长期可用。加强司法、廉政建设、审计工作记录材料的归档管理；加强对医疗卫生和社会保障工作档案管理的监督指导。

6. 促进企业档案工作深入发展

建立与经济体制发展改革及国有企业改革相适应的企业档案工作。明确档案行政管理部门对企业档案工作监管界线和纳入国家档案资源体系的企业档案范围，推进企业档案资源合理布局；修订《国有企业资产与产权变动档案处置暂行办法》《企业档案管理规定》等文件；推进食品、药品、环保、金融等领域企业的档案管理制度和标准规范建设；加强终止、关闭企业档案处置工作；加强对新经济组织、新兴行业、新兴产业档案工作的指导；加强对非国有企业档案工作的指导；加强境外投资企业档案工作；继续落实《企业文件材料归档范围和档案保管期限规定》，完成国有企业文件材料归档范围和保管期限表审核。

7. 加强对项目档案的监督管理

开展国家建设项目档案工作分类指导，组织、指导各行业建立、完善建设项目档案工作管理办法、标准规范；强化建设项目档案监督指导和检查，规范建设项目档案验收工作。服务"一带一路""长江经济带""京津冀一体化"战略，重点开展对高铁、民用机场等交通建设重点工程、核电等能源发展重大工程、智能电网等国家重大基础设施项目档案工作的监督指导；积极推动国家重大科学工程、重大科技专项和电子政务工程建设项目档案工作的监督指导，加大档案验收工作力度；实施三峡移民档案管理后续工作规划；深入推进南水北调工程档案工作监督指导，启动南水北调工程档案专项验收工作。加强科研项目档案管理，推动科研项目档案验收工作，建立重点产品、重点科研项目协调管理机制。

8. 完善农业农村和城市社区档案管理

制定《村级档案管理办法》、农村贫困人口脱贫档案工作制度办法，完善贫困人口和困难家庭建档立卡工作及相关措施；专项检查土地确权、集体林权制度改革、农村五保供养等档案管理工作；建立健全农业转移人口户籍和居住证档案管理制度；加强对农业现代化重大工程档案的监督管理；强化县级综合档案馆对农业农村档案的接收进馆工作；将档案工作纳入新型城镇化建设、"美丽乡村建设"等工程；继续推动村级建档，探索"村档乡管"模式；宣传贯彻《城市社区档案管理办法》，将具有永久保存价值的社区档案纳入国家档案资源体系。

（三）深化和拓展档案利用服务

9. 重点推进各级国家档案馆依法开放

完善各级国家档案馆开放制度，依法推进馆藏档案的公开，落实政府信息开放利用相关政策；完善各级国家档案馆鉴定开放工作机制和程序，明确权力和责任。

10. 加强国家重点档案开发力度

实施"十三五"时期国家重点档案保护与开发项目，引导和支持国家综合档案馆申报开发项目；每年安排若干重大专题进行档案开发，鼓励各级档案馆加强区域合作。加强明清、民国和革命历史档案目录中心建设；开展国家重点档案目录资源基础体系建设，建立国家层面的国家重点档案文件级目录数据库和专题库。

11. 提高档案公共服务能力

拓展档案馆开展普及型教育、专业型利用服务和定制型政府决策参考的能力，为"五位一体"建设提供便捷便利的档案服务，提高档案馆公共服务的认知度和用户满意度。创新服务方式，多渠道开发档案资源，不断向社会推出精品力作和举办受公众欢迎的活动；利用现代化技术手段，简化利用方式，推动辖区档案资源跨馆利用、跨馆出证工作。推进电子健康档案和居民健康档案的建立和完善；提高流动人员人事档案基本公共服务能力。

（四）加快档案管理信息化进程

12. 持续推进数字档案馆建设

积极响应数字中国建设，加快推进信息技术与档案工作深度融合。到2020年，全国地市级以上国家综合档案馆要全部建设成具有接收立档单位电子档案、覆盖馆藏重要档案数字复制件等功能完善的数字档案馆；全国50%的县建成数字档案馆或启动数字档案馆建设项目；全国省级、地市级和县级国家综合档案馆馆藏永久档案数字化的比例，分别达到30—60%、40—75%和25—50%。编制数字档案馆业务系统功能需求标准；采用大数据、智慧管理、智能楼宇管理等技术，提高档案馆业务信息化和档案信息资源深度开发与服务水平。开展企业示范数字档案馆建设，建成一批具有国际先进水平的企业数字档案馆；适时启动国家级电子（数字）档案馆系统项目建设。

13. 加快提升电子档案管理水平

积极参与国家政务信息化工程建设,制定相关标准和规范,明确各类办公系统、业务系统产生的电子文件归档范围和电子档案的构成要求;加强对业务系统电子文件归档管理,通过推进电子会计档案管理促进电子政务和电子商务文件归档管理工作;制定和完善信用、交通、医疗等相关领域的电子数据归档和电子档案管理的标准和规范;在有条件的部门开展电子档案单套制(即电子设备生成的档案仅以电子方式保存)、单轨制(即不再生成纸质档案)管理试点;探索电子档案与大数据行动的融合;研究制订重要网页资源的采集和社交媒体文件的归档管理办法;加强电子档案长期保存技术研究与应用;扶持中西部地区档案信息化建设项目。

14. 加快档案信息资源共享服务平台建设

实施国家数字档案资源融合共享服务工程。建立开放档案信息资源社会化共享服务平台,制订档案数据开放计划,落实数据开放与维护的责任;优先推动与民生保障服务相关的档案数据开放;积极探索助力数字经济和社会治理创新的档案信息服务;拓宽通过档案网站和移动终端开展档案服务的渠道。

(五)强化档案安全保障

15. 持续加强档案馆库建设

启动中央档案馆 3 号库建设;新建中国第一历史档案馆、中国第二历史档案馆馆库;建设北京、吉林、河北、河南、上海、湖北、重庆、贵州、云南、西藏、甘肃、青海、新疆等省区市档案馆新馆;推进地市级综合档案馆馆库建设达标;推进《中西部地区县级综合档案馆建设规划》实施,争取中央财政对 1083 个中西部地区县级综合档案馆继续给予投资支持,力争"十三五"时期国家综合档案馆建设全面达标;明确各级各类机关档案室房屋类型、建筑面积、硬件设施等建设要求;启动"标准档案室"建设,促进机关档案室硬件建设规范化。

16. 确保档案实体与信息安全

完善落实档案库房安全管理制度,加强档案库房的安全管理和检查;严格执行国家保密制度,完善档案信息公开发布保密审查程序;建立档案数据安全管理制度,保障安全高效可信应用;加强档案信息资源在公开共享等环节的安全评估与保护；加强对涉密信息系统、涉密计算机和涉密载体管理，强化涉密人员保密意识；建立健全人防、物防、技防"三位一体"的档案安全防范体系。改善档案库房环境，加强档案保护修复；以容灾为目标，制定相关标准和规范，开展数字档案资源异地异质备份；制订数字档案馆应急处理预案，加强演练，提高应对突发事件的应急指挥和处置能力。开展对机关、企业档案管理系统安全保护、档案管理应急预案的检查。

（六）加强档案队伍建设

17. 健全档案干部培养机制和人才评价机制

坚持正确用人导向，建立合理的激励机制，优化人才结构，将档案干部交流、使用列入干部培训和选拔任用统一规划，培养使用年轻干部，为档案事业可持续发展提供人才保障；统一规划各级各类档案人员的专业知识培训和岗位培训，创新培训内容，改进培训方式，全面提高档案干部素质。积极在党校、干部学院培训档案干部。建立科学的引才育才机制，坚持以品德、能力和业绩为导向，注重实践和贡献的评价标准，改进档案人才评价方式，拓宽档案人才评价渠道；引用信息化手段优化人才管理方式，促进档案人才队伍建设。建设全国档案专家信息库。

四、保障措施与实施建议

（一）组织实施

加强规划协调管理，争取各级党委和政府进一步重视和财政经费支持。要组织编制一批专项规划，细化落实本规划提出的主要任务；要围绕档案事业发展关键领域和薄弱环节，着力解决突出问题，形成落实本规划的重要支撑和抓手；地方规划要切实贯彻全国档案事业发展战略意图和统一部署，结合地方实际，突出地方特色。完善规划实施和评估机制，保障规划目标和任务的完成。本规划确定的约束性指标以及重点项目，要明确责任主体、实施进度要求，确保如期完成。

（二）创新驱动

全面提升档案事业发展协同创新能力，构建激励创新的体制机制，培育敢于创新、善于创新的文化。积极应对新技术、新业态、新模式发展对档案工作的要求和影响，创新档案管理理念和管理模式；探索档案区域协作发展模式，促进馆际合作；创新档案馆（室）业务绩效考核评估制度，建立基于风险评估的企业档案管理体系评价模式。鼓励档案社会化服务，加快档案服务外包系统标准规范的制订。推进档案标准化工作改革，优化完善档案领域标准，提升档案标准的先进性、有效性和适用性。

（三）科技支撑

组织引导具有前瞻性、战略性、创新性、先进性和实用性的档案科技项目研究，解决关系档案事业发展全局和档案基础业务建设环节的重大理论和关键技术问题。加大档案科技成果应用转化力度，促进科技与档案业务工作紧密结合；探索建立档案智库的机制和途径，充分发挥档案学术团体和专家学者的作用，推动档案学基础理论的发展和档案事业重大现实问题的研究和决策。

（四）人才培养

重视档案人员继续教育和职业发展，鼓励高等院校、职业院校和档案部门深入合作。加强档案教育培训规章制度建设和实施，加大档案教育培训财政投入。优化师资队伍结构，着力建设一支高水平的专兼职培训教师队伍。创新和加快档案课程和教材体系建设，逐步形成较为完善的课程和教材体系。启动全国档案教育培训网建设，开展远程网络教育培训；建立全国档案教育培训合作机制，促进全国档案教育培训机构和资源的共享。

（五）宣传推广

正确把握舆论导向，切实掌握档案宣传工作的主导权和主动权。加强理念创新、手段创新，充分运用新技术，利用档案报刊等媒体，特别是新兴媒体，有效传播优秀档案文化，扩大档案工作的社会影响力。通过在境外举办档案展览、参与"中国文化年"活动等形式，增强国际传播能力，主动讲好中国档案故事。

（六）合作交流

广泛开展国际交流与合作，加强两岸交流，积极拓展多边和双边合作项目。学习借鉴相关行业先进经验和国际领先的档案管理理念、制度和实践经验，积极参与联合国教科文组织世界记忆项目，促进中国文献遗产的保护和提供利用。积极参与国际档案理事会和国际档案理事会东亚地区分会等国际组织的活动，加强与各国档案界同行的业务交流和相互了解。积极参与国际标准化组织的工作，加大对国际标准的跟踪、评估和转化力度，提高国内标准与国际标准一致性程度。

附四

高等学校档案管理办法

第一章 总 则

第一条

为规范高等学校档案工作,提高档案管理水平,有效保护和利用档案,根据《中华人民共和国档案法》及其实施办法,制定本办法。

第二条

本办法所称的高等学校档案(以下简称高校档案),是指高等学校从事招生、教学、科研、管理等活动直接形成的对学生、学校和社会有保存价值的各种文字、图表、声像等不同形式、载体的历史记录。

第三条

高校档案工作是高等学校重要的基础性工作,学校应当加强管理,将之纳入学校整体发展规划。

第四条

国务院教育行政部门主管全国高校档案工作。省、自治区、直辖市人民政府教育行政部门主管本行政区域内高校档案工作。

国家档案行政部门和省、自治区、直辖市人民政府档案行政部门在职责范围内负责对高校档案工作的业务指导、监督和检查。

第五条

高校档案工作由高等学校校长领导,其主要职责是:

(一)贯彻执行国家关于档案管理的法律法规和方针政策,批准学校档案工

作规章制度;

（二）将档案工作纳入学校整体发展规划，促进档案信息化建设与学校其他工作同步发展;

（三）建立健全与办学规模相适应的高校档案机构，落实人员编制、档案库房、发展档案事业所需设备以及经费;

（四）研究决定高校档案工作中的重要奖惩和其他重大问题。

分管档案工作的校领导协助校长负责档案工作。

第二章 机构设置与人员配备

第六条

高校档案机构包括档案馆和综合档案室。

具备下列条件之一的高等学校应当设立档案馆:

（一）建校历史在 50 年以上;

（二）全日制在校生规模在 1 万人以上;

（三）已集中保管的档案、资料在 3 万卷（长度 300 延长米）以上。

未设立档案馆的高等学校应当设立综合档案室。

第七条

高校档案机构是保存和提供利用学校档案的专门机构，应当具备符合要求的档案库房和管理设施。

需要特殊条件保管或者利用频繁且具有一定独立性的档案，可以根据实际需要设立分室单独保管。分室是高校档案机构的分支机构。

第八条

高校档案机构的管理职责是:

（一）贯彻执行国家有关档案工作的法律法规和方针政策，综合规划学校档案工作;

（二）拟订学校档案工作规章制度，并负责贯彻落实;

（三）负责接收(征集)、整理、鉴定、统计、保管学校的各类档案及有关资料;

（四）编制检索工具，编研、出版档案史料，开发档案信息资源;

（五）组织实施档案信息化建设和电子文件归档工作;

（六）开展档案的开放和利用工作；

（七）开展学校档案工作人员的业务培训；

（八）利用档案开展多种形式的宣传教育活动，充分发挥档案的文化教育功能；

（九）开展国内外档案学术研究和交流活动。

有条件的高校档案机构，可以申请创设爱国主义教育基地。

第九条

高校档案馆设馆长一名，根据需要可以设副馆长一至二名。综合档案室设主任一名，根据需要可以设副主任一至二名。

馆长、副馆长和综合档案室主任（馆长和综合档案室主任，以下简称为高校档案机构负责人），应当具备以下条件：

（一）热心档案事业，具有高级以上专业技术职务任职经历；

（二）有组织管理能力，具有开拓创新意识和精神；

（三）年富力强，身体健康。

第十条

高等学校应当为高校档案机构配备专职档案工作人员。

高校专职档案工作人员列入学校事业编制。其编制人数由学校根据该校档案机构的档案数量和工作任务确定。

第十一条

高校档案工作人员应当遵纪守法，爱岗敬业，忠于职守，具备档案业务知识和相应的科学文化知识以及现代化管理技能。

第十二条

高校档案机构中的专职档案工作人员，实行专业技术职务聘任制或者职员职级制，享受学校教学、科研和管理人员同等待遇。

第十三条

高等学校对长期接触有毒有害物质的档案工作人员，应当按照法律法规的有关规定采取有效的防护措施防止职业中毒事故的发生，保障其依法享有工伤社会保险待遇以及其他有关待遇，并可以按照有关规定予以补助。

第三章 档案管理

第十四条

高等学校应当建立、健全档案工作的检查、考核与评估制度，定期布置、检查、总结、验收档案工作，明确岗位职责，强化责任意识，提高学校档案管理水平。

第十五条

高等学校应当对纸质档案材料和电子档案材料同步归档。文件材料的归档范围是：

（一）党群类：主要包括高等学校党委、工会、团委、民主党派等组织的各种会议文件、会议记录及纪要；各党群部门的工作计划、总结；上级机关与学校关于党群管理的文件材料。

（二）行政类：主要包括高等学校行政工作的各种会议文件、会议记录及纪要；上级机关与学校关于人事管理、行政管理的材料。

（三）学生类：主要包括高等学校培养的学历教育学生的高中档案、入学登记表、体检表、学籍档案、奖惩记录、党团组织档案、毕业生登记表等。

（四）教学类：主要包括反映教学管理、教学实践和教学研究等活动的文件材料。按原国家教委、国家档案局发布的《高等学校教学文件材料归档范围》（〔87〕教办字016号）的相关规定执行。

（五）科研类：按原国家科委、国家档案局发布的《科学技术研究档案管理暂行规定》（国档发〔1987〕6号）执行。

（六）基本建设类：按国家档案局、原国家计委发布的《基本建设项目档案资料管理暂行规定》（国档发〔1988〕4号）执行。

（七）仪器设备类：主要包括各种国产和国外引进的精密、贵重、稀缺仪器设备（价值在10万元以上）的全套随机技术文件以及在接收、使用、维修和改进工作中产生的文件材料。

（八）产品生产类：主要包括高等学校在产学研过程中形成的文件材料、样品或者样品照片、录像等。

（九）出版物类：主要包括高等学校自行编辑出版的学报、其他学术刊物及该校出版社出版物的审稿单、原稿、样书及出版发行记录等。

（十）外事类：主要包括学校派遣有关人员出席国际会议、出国考察、讲学、合作研究、学习进修的材料；学校聘请的境外专家、教师在教学、科研等活动中形成的材料；学校开展校际交流、中外合作办学、境外办学及管理外国或者港澳台地区专家、教师、国际学生、港澳台学生等的材料；学校授予境外人士名誉职务、学位、称号等的材料。

（十一）财会类：按财政部、国家档案局发布的《会计档案管理办法》（财会字[1998]32号）执行。

高等学校可以根据学校实际情况确定归档范围。归档的档案材料包括纸质、电子、照（胶）片、录像（录音）带等各种载体形式。

第十六条

高等学校实行档案材料形成单位、课题组立卷的归档制度。

学校各部门负责档案工作的人员应当按照归档要求，组织本部门的教学、科研和管理等人员及时整理档案和立卷。立卷人应当按照纸质文件材料和电子文件材料的自然形成规律，对文件材料系统整理组卷，编制页号或者件号，制作卷内目录，交本部门负责档案工作的人员检查合格后向高校档案机构移交。

第十七条

归档的档案材料应当质地优良，书绘工整，声像清晰，符合有关规范和标准的要求。电子文件的归档要求按照国家档案局发布的《电子公文归档管理暂行办法》以及《电子文件归档与管理规范》（GB/T 18894-2002）执行。

第十八条

高校档案材料归档时间为：

（一）学校各部门应当在次学年6月底前归档；

（二）各院系等应当在次学年寒假前归档；

（三）科研类档案应当在项目完成后两个月内归档，基建类档案应当在项目完成后三个月内归档。

第十九条

高校档案机构应当对档案进行整理、分类、鉴定和编号。

第二十条

高校档案机构应当按照国家档案局《机关文件材料归档范围和文书档案保管期限规定》，确定档案材料的保管期限。对保管期限已满、已失去保存价值的档案，经有关部门鉴定并登记造册报校长批准后，予以销毁。未经鉴定和批准，不得销毁任何档案。

第二十一条

高校档案机构应当采用先进的档案保护技术，防止档案的破损、褪色、霉变和散失。对已经破损或者字迹褪色的档案，应当及时修复或者复制。对重要档案和破损、褪色修复的档案应当及时数字化，加工成电子档案保管。

第二十二条

高校档案由高校档案机构保管。在国家需要时，高等学校应当提供所需的档案原件或者复制件。

第二十三条

高等学校与其他单位分工协作完成的项目，高校档案机构应当至少保存一整套档案。协作单位除保存与自己承担任务有关的档案正本以外，应当将复制件送交高校档案机构保存。

第二十四条

高等学校中的个人对其从事教学、科研、管理等职务活动所形成的各种载体形式的档案材料，应当按照规定及时归档，任何个人不得据为己有。

对于个人在其非职务活动中形成的重要档案材料，高校档案机构可以通过征集、代管等形式进行管理。

高校档案机构对于与学校有关的各种档案史料的征集，应当制定专门的制度和办法。

第二十五条

高校档案机构应当对所存档案和资料的保管情况定期检查，消除安全隐患，遇有特殊情况，应当立即向校长报告，及时处理。

档案库房的技术管理工作，应当建立、健全有关规章制度，由专人负责。

第二十六条

高校档案机构应当认真执行档案统计年报制度，并按照国家有关规定报送档案工作基本情况统计报表。

第四章 档案的利用与公布

第二十七条

高校档案机构应当按照国家有关规定公布档案。未经高等学校授权，其他任何组织或者个人无权公布学校档案。

属下列情况之一者，不对外公布：

（一）涉及国家秘密的；

（二）涉及专利或者技术秘密的；

（三）涉及个人隐私的；

（四）档案形成单位规定限制利用的。

第二十八条

凡持有合法证明的单位或者持有合法身份证明的个人，在表明利用档案的目的和范围并履行相关登记手续后，均可以利用已公布的档案。

境外组织或者个人利用档案的，按照国家有关规定办理。

第二十九条

查阅、摘录、复制未开放的档案，应当经档案机构负责人批准。涉及未公开的技术问题，应当经档案形成单位或者本人同意，必要时报请校长审查批准。需要利用的档案涉及重大问题或者国家秘密，应当经学校保密工作部门批准。

第三十条

高校档案机构提供利用的重要、珍贵档案，一般不提供原件。如有特殊需要，应当经档案机构负责人批准。

加盖高校档案机构公章的档案复制件，与原件具有同等效力。

第三十一条

高校档案开放应当设立专门的阅览室，并编制必要的检索工具（著录标准按《档案著录规则》（DA/T18-1999）执行），提供开放档案目录、全宗指南、档案馆指南、计算机查询系统等，为社会利用档案创造便利条件。

第三十二条

高校档案机构是学校出具档案证明的唯一机构。

高校档案机构应当为社会利用档案创造便利条件，用于公益目的的，不得收取费用；用于个人或者商业目的的，可以按照有关规定合理收取费用。

社会组织和个人利用其所移交、捐赠的档案，高校档案机构应当无偿和优先提供。

第三十三条

寄存在高校档案机构的档案，归寄存者所有。高校档案机构如果需要向社会提供利用，应当征得寄存者同意。

第三十四条

高校档案机构应当积极开展档案的编研工作。出版档案史料和公布档案，应当经档案形成单位同意，并报请校长批准。

第三十五条

高校档案机构应当采取多种形式（如举办档案展览、陈列、建设档案网站等），积极开展档案宣传工作。有条件的高校，应当在相关专业的高年级开设有关档案管理的选修课。

第五章 条件保障

第三十六条

高等学校应当将高校档案工作所需经费列入学校预算，保证档案工作的需求。

第三十七条

高等学校应当为档案机构提供专用的、符合档案管理要求的档案库房，对不适应档案事业发展需要或者不符合档案保管要求的馆库，按照《档案馆建设标准》（建标 103–2008）的要求及时进行改扩建或者新建。

存放涉密档案应当设有专门库房。

存放声像、电子等特殊载体档案，应当配置恒温、恒湿、防火、防渍、防有害生物等必要设施。

第三十八条

高等学校应当设立专项经费，为档案机构配置档案管理现代化、档案信息化所需的设备设施，加快数字档案馆（室）建设，保障档案信息化建设与学校数字化校园建设同步进行。

第六章 奖励与处罚

第三十九条

高等学校对在档案工作中做出下列贡献的单位或者个人，给予表彰与奖励：

（一）在档案的收集、整理、提供利用工作中做出显著成绩的；

（二）在档案的保护和现代化管理工作中做出显著成绩的；

（三）在档案学研究及档案史料研究工作中做出重要贡献的；

（四）将重要的或者珍贵的档案捐赠给高校档案机构的；

（五）同违反档案法律法规的行为做斗争，表现突出的。

第四十条

有下列行为之一的，高等学校应当对直接负责的主管人员和其他直接责任人员依法给予处分；构成犯罪的，由司法机关依法追究刑事责任。

（一）玩忽职守，造成档案损坏、丢失或者擅自销毁档案的；

（二）违反保密规定，擅自提供、抄录、公布档案的；

（三）涂改、伪造档案的；

（四）擅自出卖、赠送、交换档案的；

（五）不按规定归档，拒绝归档或者将档案据为己有的；

（六）其他违反档案法律法规的行为。

第七章 附 则

第四十一条

本办法适用于各类普通高等学校、成人高等学校。

第四十二条

高等学校可以根据本办法制订实施细则。

高等学校附属单位（包括附属医院、校办企业等）的档案管理，由学校根据实际情况自主确定。

第四十三条

本办法自 2008 年 9 月 1 日起施行。国家教育委员会 1989 年 10 月 10 日发布的《普通高等学校档案管理办法》（国家教育委员会令第 6 号）同时废止。

参考文献

1. 朱春巧 . 信息化时代下高校档案管理创新研究 [M]. 长春：东北师范大学出版社，2018.

2. 金波 . 档案学导论 [M]. 上海：上海大学出版社，2018.

3. 周耀林、张晓娟、肖秋会 . 档案学研究进展 [M]. 武汉：武汉大学出版社，2018.

4. 张楠等 . 高校档案工作探索与实践 [M]. 北京：中国政法大学出版社，2017.

5. 黄世喆 . 档案管理学 [M]. 北京：高等教育出版社，2016.

6. 上海市档案局 . 档案信息化建设 [M]. 上海：上海教育出版社，2016.

7. 王英玮、陈智为、刘越南 . 档案管理学（第四版）[M]. 北京：中国人民大学出版社，2015.

8. 梁建梅、陈少慧 . 教学档案的管理与信息化建设 [M]. 北京：中国书籍出版社，2015.

9. 党跃武 . 高校档案工作科学发展探索与实践 [M]. 成都：四川大学出版社，2014.

10. 金波 . 数字档案馆生态系统研究 [M]. 北京：学习出版社，2014.

11. 徐华 . 档案信息化建设实验教程 [M]. 北京：北京师范大学出版社，2012.

12. 丁海斌、方鸣，陈永生 . 档案学概论 [M]. 沈阳：辽宁大学出版社，2012.

13. 王晓珠、袁洪 . 高校档案管理探索 [M]. 昆明：云南大学出版社，2011.

14. 高金宇、唐明瑶. 档案管理实务 [M]. 北京：科学出版社，2010.

15. 王芳. 数字档案馆学 [M]. 北京：中国人民大学出版社，2010.

16. 王向明. 档案管理学原理 [M]. 上海：上海大学出版社，2009.

17. 朱玉媛. 档案学基础 [M]. 武汉：武汉大学出版社，2008.

18. 朱小怡等. 数字档案馆建设理论与实践 [M]. 上海：华东师范大学出版社，2007.

19. 张照余. 档案信息化理论与实践 [M]. 北京：中国档案出版社，2007.

20. 冯惠玲、张辑哲. 档案学概论（第二版）[M]. 北京：中国人民大学出版社，2006.

21. 陈兆祦、和宝荣、王英玮. 档案管理学基础（第三版）[M]. 北京：中国人民大学出版社，2005.

22. 潘连根. 数字档案馆研究 [M]. 北京：中国档案出版社，2005.

23. 金波、丁华东. 新世纪档案学专业高等教育教学改革研究 [M]. 北京：高等教育出版社，2004.

24. 李国庆. 数字档案馆概论 [M]. 北京：中国档案出版社，2003.

25. 杨公之. 档案信息化建设实务 [M]. 北京：中国档案出版社，2003.

26. 傅荣校. 档案管理现代化——档案管理中技术革命进程的动态审视 [M]. 浙江：浙江大学出版社，2002.

27. 杨公之. 档案信息化建设导论 [M]. 北京：中国档案出版社，2001.

28. 张照余. 档案信息网络化建设研究 [M]. 北京：中国档案出版社，2001.

29. 郑文. 档案管理学原理 [M]. 昆明：云南科技出版社，1999.

30. 韩玉梅. 外国现代档案管理教程 [M]. 北京：中国人民大学出版社，1995.

31. 周雪恒. 中国档案事业史 [M]. 北京：中国人民大学出版社，1994.

32. 任遵圣. 档案学概论 [M]. 南京：南京大学出版社，1989.

33. 吴宝康. 档案学概论 [M]. 北京：中国人民大学出版社，1988.